Upward Trajectory – Career Planning for
Business Major Students Revised Edition

方 向 的 力 量

——商科职业规划

（修订版）

陈思炜 著

上海大学出版社

·上海·

图书在版编目(CIP)数据

方向的力量——商科职业规划/陈思炜著.—修订本.—上海：上海大学出版社，2018.7（2020.4重印）
ISBN 978-7-5671-3209-2

Ⅰ.①方… Ⅱ.①陈… Ⅲ.①商业—职业选择—基本知识 Ⅳ.①F7

中国版本图书馆 CIP 数据核字（2018）第 167094 号

责任编辑　王　聪
封面设计　缪炎栩
技术编辑　金　鑫　钱宇坤

方向的力量——商科职业规划
（修订版）

陈思炜　著

上海大学出版社出版发行
（上海市上大路99号　邮政编码 200444）
(http://www.shupress.cn　发行热线 021-66135112)
出版人　戴骏豪

*

南京展望文化发展有限公司排版
江苏丹阳德埔印务有限公司印刷　各地新华书店经销
开本 787×960　1/16　印张 19.5　字数 328 千字
2018 年 7 月第 1 版　2020 年 4 月第 2 次印刷
ISBN 978-7-5671-3209-2/F・181　定价　48.00 元

不务虚，最务实——史上第一本专属商科学生的职业规划手册，专注商科领域，涵盖金融、财会、市场营销、咨询、供应链管理、人力资源管理与行政管理、酒店管理七大行业，拒绝通篇"大道理式的虚"！

结合工作实践与各行业调研的成果——深入行业的第一手资料，包含：行业现状与前景、业内企业与机构及其各部门各职位、各类工作的入门条件与薪资待遇、短中长期职业发展规划、职场竞争力提升建议等。

本书将揭开"金融、会计、财务、咨询、市场营销、酒店管理、供应链管理、物流管理、行政管理、人力资源管理"等这些"熟悉的陌生人"在真实职场上的庐山真面目！

目　录

序言　　　　　　　　　　　　　　　　　　　　　　　　　　　1

第一章　商科学生的职业规划　　　　　　　　　　　　　　　1

　一、大学生整体就业现状 …………………………………… 1
　二、商科学生的就业与职业规划 …………………………… 4

第二章　职业定位与职业规划　　　　　　　　　　　　　　　6

　一、由内而外——世界观、人生观与价值观 …………………… 6
　二、由内而外——性格与兴趣 ……………………………… 8
　三、由内而外——可行性分析 ……………………………… 12
　四、由外向内（由未来推现在）——行业分析和职业规划 …… 13

第三章　商科专业对应行业职业规划　　　　　　　　　　　15

　一、金融行业的职业规划 …………………………………… 16
　二、会计与财务管理——职业规划 ………………………… 75

三、市场营销——职业规划 ········· 92
　　四、咨询——职业规划 ········· 120
　　五、供应链管理——职业规划 ········· 143
　　六、人力资源管理与行政管理——职业规划 ········· 160
　　七、酒店管理——职业规划 ········· 176

第四章　进阶高等教育——职业发展的必经之路　187

　　一、国内深造 VS 海外深造 ········· 188
　　二、到底是否有必要留学 ········· 194
　　三、留学生毕业后的就业率如何 ········· 197

第五章　留洋后我们要面临怎样的职业发展选择　201

　　一、海外商科留学生应该如何合理安排学习与生活 ········· 201
　　二、回国工作 VS 短期留洋 VS 长期定居 ········· 213

第六章　"专才"还是"全才"　220

　　一、不得不提的中国式逻辑思维误区 ········· 220
　　二、"专才"与"全才"的结合体 & 王道的"先专后全"模式 ········· 222
　　三、"专才"如何成为"全才" ········· 225

第七章　做好这五点，找到理想工作才有希望！　228

　　一、职业定位与规划 ········· 228
　　二、垂直、扎实且相互间富有逻辑关联的实习经历 ········· 229
　　三、社交与资源整合 ········· 231
　　四、时间管理 ········· 235
　　五、求职战略与技巧 ········· 243

第八章　商科职业发展高频问题集　　246

一、二本本科毕业生想进投行或基金或证券,即使考到名校的硕士生是否也没戏,会受歧视?　　246

二、智能时代,学商科的职场竞争力将远不如学工科的?　　247

三、按工作强度看,"四大"薪资并不高,值得考虑吗?　　249

四、今后想成为CEO,如何提升领导力,该读什么专业?　　250

五、还把CFA当敲门砖?那你要小心了!　　252

六、商科留学VS国内读研,你怎么选?　　254

七、经济学是商科吗?开设在商学院下吗?　　257

八、双非院校、GPA<3.0、英语差,还有望进全球前50名校吗?　　259

九、什么情况适合读MBA? MBA的申请和其他硕士申请考量标准有何不同?　　261

十、出国留学申请的文书(PS)怎么写?　　264

十一、出国读研,去哪个国家比较好、性价比最高?　　266

十二、大学生创业?可行性有多高?　　267

十三、想做股票的二级市场,毕业后先进买方怎么样?那一级呢?　　271

十四、逻辑思维能力弱该如何提高?　　273

十五、你从美国的商科教育中收获最大的是什么?　　277

十六、新兴专业商业分析BA到底学什么?就业前景如何?　　281

十七、商科的技术性不如工科,学纯金融不如学金工或BA或CS?　　283

十八、国际事务与国际关系的专业内容与就业方向?　　285

十九、勤奋的人与不勤奋的人真有那么大差别?　　286

二十、笔者送给大家的一份礼物　　290

后续　　296

对于书中内容的解释与澄清　　298

特别鸣谢　　299

序言

作为过来人，笔者自己曾在本科毕业后的几年里奔着"专业对口"的"真理"，辗转于保险、商行、投行，却从未找寻到过属于自己的那份职业激情，在某一次职业性格测试后，笔者大胆地利用周末时间尝试了该测试推荐的职业清单中的部分工作，竟然找到了自己的真爱——教育培训与咨询！

从托福雅思老师做起的笔者在一次偶然的机会中接触到了留学行业，当下各类教育机构鱼龙混杂，各种不靠谱行径五花八门，大部分"中介"只管学生出去，根本不管学生去哪里、去干什么，其余的"咨询公司"人员专业度方面也参差不齐，不论你要申请的是计算机、微电子、航天航空、医学或是金融工程、市场营销，他们都声称有足够的"专业度"替客户做留学规划甚至职业规划！相比之下财务成本的浪费只能算小事，如果学生浪费了几年的机会成本甚至被误导了其职业与人生方向，这样的损失便不可估量。有的学生或许最终的确拿到了名校的录取通知书，但如若未能选择真正适合自己未来职业发展的道路，那么这张录取通知书绝不仅仅是废纸一张，而更意味着看不到尽头的"职业与人生弯路"的开始！所以我们会发现，市面上很少会存在真的可以给学生做职业规划的留学中介机构，也就更少有以职业发展为导向的留学公司了，大家看到的那些无非只是拿些诸如霍兰德测试等为诱饵的走马观花式的"职业规划"。

因此，笔者一直建议每一位学生在选择各商科对应行业发展前先弄清自己想要什么样的生活、未来适合做什么、该怎么发展与规划；在选择商科留学前先定位好自己今后的职业发展方向是什么、对应该念什么专业、是否需要留学，最后才是该去什么国家和学校。

讲到这里，许多人不禁要问：职业规划如此重要，职业规划师也诞生已久，但为何鲜有耳闻呢？究其原因，主要是由于传统职业规划师缺乏实际行业操作经验和专业度，只能一边倒地将重心倾斜在针对三观、性格测试和人生哲理等方面，从而越来越多地被扣上了"只能点到为止，听完无用"的江湖郎中帽子。工作数年后，笔者再次赴美留学读研，这期间，笔者不断总结自身曲折的职业生涯并最终找到了"真爱"的心路历程，身处在被大多有着丰富的各行业工作经验的同学及校友所包围着的商学院环境中，笔者意识到应该充分利用笔者这些年的工作经验和累积的资源来进一步地做一些调查研究，笔者有信心能够帮助商科领域的学生少走些弯路，早日使他们找到自己真正热爱的职业生涯发展之路！

经过一系列的努力，笔者逐步形成"陈老师职业规划公益私塾"体系，自2011年7月起每周日为学生进行职业规划指导，每期班为学生授课35小时；在其他业余时间里，笔者每天都会抽出数小时在互联网和其它各类平台中义务为学生们答疑解惑，不论是关于人生、职业发展还是留学规划方面的问题。让笔者倍感欣慰的是这些学生中有的因为确立了职业发展方向，执着地朝着目标努力最终圆梦世界顶级名校；有的则通过职业转型突破了原有发展中的瓶颈，生活状态发生了质的变化，见证了这些由笔者亲自指导的学生变得越来越好，笔者对这份教育事业的动力和热情也愈发高涨！

然而，在随后的教学过程中，笔者发现自己和学生之间存在着巨大的信息不对称问题，在这样短暂的咨询时间里笔者根本没法将那35小时的商科职业规划课程内容传授给学生们。因此，笔者希望能够通过编写书籍的方式将这些有价值的信息传递给更多的商科学生与想要选择商科的学生群体之中，让更多需要帮助的学生们从中受益。

2014年《方向的力量——商科职业规划》首次印刷出版，可以说这本书是当时乃至今日国内第一本专注商科学生的职业规划书籍，第一版面世后，全国有近百所高校图书馆和就业办采购了此书，随后出版社还进行过数次加印，在得到社会肯定的同时笔者逐渐意识到这本以数据为导向的职业规划类书籍在内容上将出现越来越多的时效性问题，且书籍内容涵盖范围也不可能解决所有读者的个性化问题。

因此，在过去的4年里，笔者对职业定位、职业规划、职业发展等领域及相关行业动态一直保持着密切关注，尽可能地与时俱进。随后的几年里，笔者有幸受聘至复旦大学等多所高校担任经管学院、商学院学生的职业生涯导师以及职业规划类课程的客座教授，这些也赋予了自己在教育事业上更强的使命感。在笔者为数百位学生完成了一对一的职业规划咨询的过程中，在笔者2014年创办的致力于提供基于职业发展的留学定制服务的世为教育创业过程中，笔者都持续投入了大量的时间、资金、人力等资源。在工作之余，笔者定期整理从职业规划实践中对从中收获的感悟升级为职业规划方法论，另外，笔者还通过微信、在行、知乎（笔者的原创职业规划与发展内容第一发布平台）等平台分享原创内容并为粉丝们进行答疑交流。其中笔者也发现了一些问题，即大部分学生即便在笔者为其完成系统的、双方100%认可的职业定位与规划后，却无法将规划落地执行，最终的结果令人无比惋惜。

出于上述原因，笔者开始着手对本书进行修订，除了对其中数据进行更新以增强时效性外，笔者还将过去几年里遇到的高频问题进行了整理。同时，笔者还针对职业规划后如何保障执行落地的要点进行了相关研究和总结，并将目前已得出的一些建设性结论添加进此版之中。纵然笔者深知"二八法则"的定律无可能被打破，但仍然执着地期盼能有更多的学生阅读到这本书，期盼让越来越多的学生成为这"二八法则"中的"二"，不单单在职业定位和规划的成功上，更要在职业生涯发展的目标实现上。

陈思炜

2018年4月15日

第一章

商科学生的职业规划

一、大学生整体就业现状

首先,让我们来了解一下当下大学生的就业现状。根据教育部统计,2017年国内高校毕业达 795 万人,另外,2017 年,我国出国留学人数首次突破 60 万大关,达 60.84 万人,同比增长 11.74%,同年留学人员回国人数较上一年增长 11.19%,达到 48.09 万人。在国内参与就业竞争的应届高校毕业生总计将达到约 850 万人!而在另一侧的需求端,各方统计均显示全国各用人单位对应届生的计划招聘岗位数量与往年同比还在持续下降!高校应届生在就业市场的竞争无疑将进一步白热化!

从绝对数量上来看,越来越多的大学生将面临失业、待业等窘境,也有越来越多的群体开始质疑读大学的意义,特别是近年来连续在各类媒体公布的"就业率最低的大学专业排行榜"上,文商科专业占据了最大的比重,这也更加催生了文商科学生的抱怨情绪。

如果仔细思考一下,除了我国就业人群的高等教育文化程度通胀和社会经济增速放缓等原因之外,是否也有求职者自身的问题呢?答案很明显是肯定的。而通过对这些问题的分析和总结为后来人提供前车之鉴,帮助大学生求职者提高自身社会竞争力,甚至使得一份难求的、用以谋生的"工作"变成自己坚定追求的"事业",才是本书要带给读者们的。

另外,对于"就业难"这一现象而言,就业结构性矛盾也是另一个主因,比如大学毕业生就业与劳动力市场的供需错位、高校学科设置缺乏特色、大学生自身

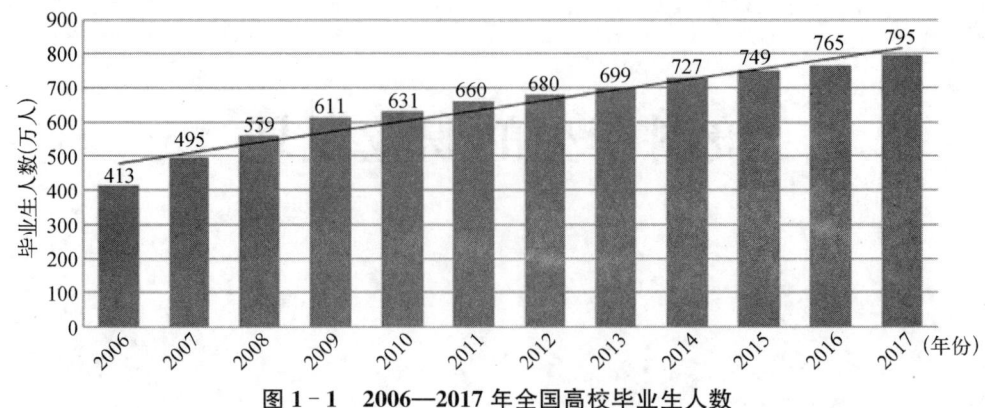

图1-1 2006—2017年全国高校毕业生人数

数据来源：中国国家统计局和教育部。

定位失衡等矛盾。

（一）毕业生与劳动力市场供需错位

各行各业在社会中扮演的角色和其劳动力需求量会随着社会的发展而变化，热门行业新旧更替变化无常。比如，2000年前后火爆的计算机行业由于人才需求极大，相关专业的大学应届生未毕业便被众多企业争着录用的现象非常普遍，但热门行业新旧更替变化无常，在2000年挤破头考入各高校这类专业的高考考生2004年、2005年毕业之时，就业状况发生了180°的巨大变化。反观商科专业的学生，就业市场需求量和经济发展有着非常密切的正相关关系，理论上商科专业的学生就业绝对不应该差才对，但仍旧有大量的学生找不到工作，或者最后勉强接受了"专业不对口"的工作。究其原因，不是毕业生与整个行业的需求错位，而是毕业生与其专业对应行业内细分领域的需求错位！例如，金融专业的学生抱怨找不到工作的时候，是否问过自己有无关心过国家对于金融行业细分领域的改革和支持方向？是否明白不论政策如何变化，今后中国的金融行业一定是对专项领域内的高级人才有特别需求？是否问过自己在金融、理财投资、风险控制等方面有无深入的研究以及是否特别精通？如果答案都是否定的，那么找工作难也自然在情理之中。商科专业的学生大都涉猎"广泛"，以"全能"和"综合素质"著称，殊不知这样"东打一枪，西放一炮"的方式只能让自己陷入"术业无专攻"和"就业无市场"的困境。

（二）高校学科设置缺乏特色

中国的高等教育一直在改革，但无论是哪个国家，教育系统改进的速度都难以跟上社会的发展速度。因为人们需要一定时间来观察社会发展和宏观政策导向的变化，即使对大学教育制度和相关专业的课程设置进行改革也需要投入大量时间，因此在校生不能太过指望学校的课程设置足够与时俱进、足够对自己负责，而是需要自己尽早地确定今后发展的大方向，先朝着"术业有专攻"的方向去努力，同时随着社会的变化不断进行微调。

> 本书将对商科各领域和行业进行深度解剖，让读者明晰什么样的行业和其细分领域的工作更适合自己；另外在每一个行业分析的过程中，笔者都会结合最新的国家宏观政策来分析整个行业及其细分领域的发展趋势，以协助读者更好地为自己的职业规划把脉，最后尽早地选定方向，在不久的将来成为"术业有专攻"的"抢手求职者"。

（三）大学生自身定位失衡

一直以来广大学生都对自己的定位有致命的误区，从小到大，我们都被告知要成为"全面发展"的好学生！不知何时开始，"偏科"这顶帽子不论在哪位学生的头上都会显得"丑陋无比"。这是一种什么样的逻辑？这是一种要求学生在心智尚不成熟的情况下就向着"全才"的方向拼命保持平衡的极端"完美主义"。在这方面，经历过求职就业的学生一定会和笔者有着共鸣，比如有"一技之长"的求职者和"什么方面都略懂皮毛"的求职者谁更受雇主们的青睐。其实很多积极向上的大学生并不知道，市面上存在着如此多类的适合大学生报考的技能考试，正是证明着社会所需要的应届生是那些拥有一技之长且真正能够在某个领域内迅速上手发光发热的"专才"！而这些进阶的职业技能证书正是能够让应届生在求职浪潮中鹤立鸡群的法宝！

> 本书第六章将结合现实生活中的实例向读者阐述如何理性地成为"专才"与"全才"，从而为今后的职业发展选定更明晰的方向，为自己今后的事业奠定更扎实的根基。

二、商科学生的就业与职业规划

商科专业近 10 年来愈发火爆,根据某大型机构统计,2017 年申请英国商科选择留学的中国学生中有 7 成会选择读商科。

随着中国经济的飞速发展,商业领域的快速发展对商业人才有着极大的需求,有如此多的商科专业学生的确也在情理之中,但过于火爆的现状和激增的商科毕业生人数将给商科专业学生就业带来更大的竞争压力。一般情况下,和理工科学生相比,偏文科的商科学生在职业发展上就稍处劣势,根据笔者上文提到过的"专才"观点,大多数理工科学生毕业时所掌握的技能都是较为特定领域内的专长,一般都是入职后即能迅速上手的谋生技能;相反,商科学生往往只有通过一些证书的考试磨炼才能获得类似的技能。另外,理工科学生要转型商科往往难度不大,上手时间很短,相反商科学生由于学习的知识体系偏文科,若在本科毕业后要转型往理工科方向发展,往往举步维艰。以金融行业为例,本科没有辅修数学、计算机等专业的金融或经济专业的学生,几乎不可能转型成为数量分析岗位的金融人才。相反,计算机、数学或物理等专业的本科生无论是申请传统金融研究生项目,还是金融工程或金融数学研究生项目,大部分都能毫无障碍地完成转型。

因此,商科学生特别需要为自己做好职业规划。每一个学生都有必要考虑清楚自己是否真的有必要修读商科专业、选择哪个专业进行下一步深造、在既定专业背景下选择哪个特定细分领域进行专攻等。

(一)致大学一、二年级的读者

通过本书的阅读,希望你能在自己的职业规划上有所触动,缩小社会实践和实习等活动的目标范围,更有针对性地为毕业求职做好准备。如果你打算留学深造,那么这样的实践对你的留学申请也会大有益处,因为有逻辑、有体系的特定领域的实习经验也是国外顶级商学院所青睐的"拥有成熟清晰的职业目标"这一商业潜质的一种体现。

(二)致大学三、四年级的读者

对你们而言,大学时光已过半或近尾声,或许很难抽出充分的时间调整自己的实习和相关社会实践。但通过对本书的阅读，若你能在茫茫大海般的职场中找到相见恨晚的职业方向，便仍然有时间调整好自己的职业规划，比如通过转专业进行深造或者为获取相关领域证书进行充电都为时不晚。例如本科理工科专业的学生选择读商科，可以考虑电子商务、物流管理等交叉学科硕士项目；IT专业的学生想转型读商科，可以考虑管理信息系统等交叉学科硕士课程；艺术专业的学生转商科，可以考虑艺术管理或传媒管理等硕士项目；体育专业的学生可以考虑运动类管理硕士课程；本科是法律专业的学生则可以考虑国际商法类商科项目。

（三）致已在职工作的读者

作为在职者，当你读完本书收获些许启发后，完全可以对自己感兴趣和有想法的领域做进一步研究，通过跳槽转型、报考相关职业技能认证考试获得证书逐步转型，抑或是申请研究生项目转换专业以求未来以新的技能或是应届生身份重新进入新的领域都是可行之举。另外，许多情况下结合现有工作经验通过一定努力往往可以让自己在新的领域内成为拥有"专长"的"全才"！例如，计算机行业的工程师通过工商管理硕士（MBA）的修读掌握一定的商业分析技能，往往可以转型成为IT管理咨询类公司的咨询师，职业发展、工作性质以及待遇都将上一个台阶；在物流行业的相关在职者，通过修读财经类的研究生项目，往往可以转型成为目前火热的商业银行供应链金融领域的人才；管理咨询公司的咨询师通过CFA、CPA等考试的技能磨炼，可以成为应聘投行分析师的有力竞争者。

第二章

职业定位与职业规划

本章主要介绍职业地图上的指南针——职业定位与规划四步法(如图 2-1 所示)。

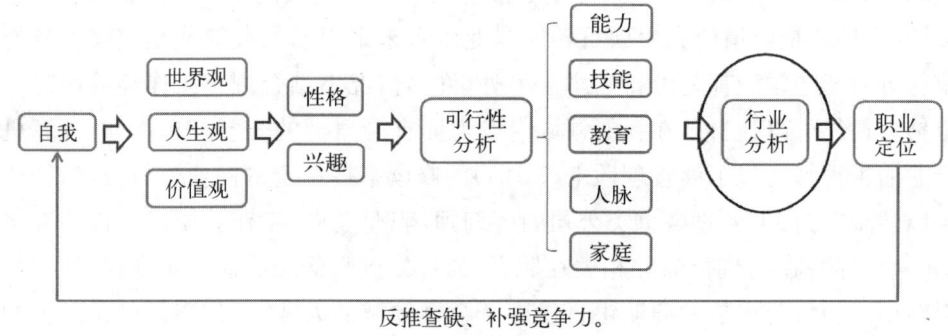

图 2-1 职业定位与规划四步法

一、由内而外——世界观、人生观与价值观

现实生活中每个个体都在努力地寻求自己想要的"幸福",而幸福与否恰恰是由每个个体的三观来决定的。

简而言之,由于每个人对三观的定位不同,对于"幸福"的定义也不同。比如,有的人把事业放在第一位,他们把事业的登峰造极作为实现人生价值的全部,为了这些甚至可以牺牲感情、家庭或生活的其他部分,那么在这些人的人生规划中事业就占据了主导,因此在考虑职业规划的时候可以减少对家庭、工作地点等因素的考虑,在这样的主基调确定的情况下,不限地域地寻找发展机遇一定会或多或少地增加成功的机会和发展的空间。而有的人则把家庭放在第一位,不会允许因为工作的过于忙碌而破坏了家庭的和谐,那么这样的人在做职业规划的时候就会把家庭、可自由支配时间、工作地点与居住地的远近放在非常重要的位置,所以这类人不太适合出差频率较高的工作,比如投资银行类工作、管理咨询类工作或对外审计类工作。这就是为什么笔者建议大家首先分析自己的三观,做好人生规划,再开始进行职业规划的原因。

职业规划的第一步应该是人生规划,为了确保第一步走得踏实而稳健,请广大读者务必保持耐心读读下面这些对于世界观、人生观、价值观的描述,然后再看本书的重点——职业规划。

(一)世界观

世界观是人们对整个世界的看法和观点。不同的人由于所处社会地位不同,思考问题的角度和出发点也不同,因此会形成不同的世界观。唯心主义世界观和唯物主义世界观是两种最基本的对比的世界观。

世界观又和人生观相互紧密联系着。基本上,世界观决定了我们的人生观,我们对人生价值和意义的正确理解,都以对各类事物客观规律的正确认识为前提。

(二)人生观

人生观是指对人们对人生的态度,包括对生死、幸福、荣辱、爱情等各方面人生价值的看法和态度。正确的价值观建立在树立正确人生观的基础之上。

（三）价值观

价值观是指人们对各类事物的价值和意义更微观的基本观点。价值观确立人们的价值取向和判断标准，是人们日常生活中思考问题与进行各类抉择的基础。在价值观成熟的基础上，人们对于人生的整体目标和追求才能有更好更理智的规划。

事实上，世界观、人生观和价值观三者是统一的：有什么样的世界观就有什么样的人生观，有什么样的人生观就有什么样的价值观。在进行职业规划前，若能从三观的角度明确自己的人生目标、价值取向和追求，随后基于较为确定的三观作出的人生规划才能给个人的职业规划作最好的指引，从而提高最终职业规划的准确性及对个体的适用性。

每个人的人生观在不同时期会发生变化，这种变化的外因是日新月异的世界。有的读者会问：自己的三观或许还不太成熟和稳定，是否就不应该做职业规划？笔者想说的是，世间有太多的不确定性，每一个人对于每一件事的最可靠的判断和决定永远都只能以当下为依据。再者，没有任何依据可以让我们参考自己的三观是否真的稳定，所以，如果你觉得自己到了做职业规划的年龄，自己觉得有必要做职业规划，那就请你专注于自身现在的三观，勇敢地继续阅读下面的内容，做好职业规划吧！

二、由内而外——性格与兴趣

在对自我的三观有了较准确、较清晰的定位之后，我们紧接着便需要由内而外从自身的性格、兴趣开始做进一步的定位。我们知道要想做好一件事、认清一件事首先要看清事物的本质，那么职业规划的本质是什么？首当其冲的应该是先看清自己的本质，往往只有先做到"知己"才会有下一步的"知彼"，而很多人的做法却是本末倒置的。

很多读者都只根据工作描述或者别人的感受来看待一份工作，但并不真的知道自己适不适合，也有很多人在入职后抱怨对自己做的东西没有兴趣和激情。那如何判断一份工作与自己的匹配度呢？笔者认为只有你能由内而外先看清自己（"知己"），才能在做判断的时候（"知彼"）成竹在胸。

那么如何做到"知己"呢？要做到"知己"，就要对自己的"性格""能力"和"兴趣"有深入的分析。以笔者的经验来看，想要在职业上有所发展的人都希望自己是成功的人，要有所作为，往往需要扬长避短，而扬长避短的前提便是认识自己。选择一份职业和一个行业，其基础是人的性格，这是最关键的一点，性格与这份工作、与这个行业合适了，再考虑能力和兴趣，而能力可以通过培养提高，兴趣则可以慢慢去挖掘，所以性格是能力和兴趣的前提。

在这个基础上扬长避短，找到自己的兴趣，激发自己对工作的激情和动力。在与各行业人士进行探讨的过程中，笔者发现大家都不谋而合地认为选择工作和事业，必须谨慎地以性格和兴趣为主导。如果委曲求全，只顾一些表面的东西，这不但是不明智的，且在与自己的性格相抵触，兴趣与激情全无的领域工作也很难在职业发展上获得太好的发展。大家可以想一下，做一份职业或在一个领域内的时间如果已经有10多年甚至20多年之久，当你体力和脑力都开始下滑，当你步入中年之后，还有什么东西能够支撑起你不断前进的脚步？还有什么东西才能让你经得住后起之秀猛烈的冲击？那很可能就是那份你对事业的热爱和激情，而热爱和激情往往都源自性格和兴趣。

（一）性格

性格和兴趣是事业成功与否的基础，性格是重中之重，性格不合适，能力和兴趣都是空中楼阁。

这里笔者举出自己的例子给大家做参考。笔者本科经济类专业毕业后，进入金融行业工作，先后辗转五个不同领域的金融机构，每一个雇主都名声在外，面子上非常有光。然而，在商行做公司信贷（供应链金融）的日子里，作为"信贷员"，谈的客户大多数都与我们处于不对等地位，需要千方百计地讨好客户。所以，主动而频频地开发客户、成天应酬、花言巧语、虚情假意、逢场作戏等工作模式与笔者自身的价值观以及性格都格格不入，在性格方面的抵触很快使得自己也失去了这金融的兴趣，在每周按时按量完成"使命"后几乎从不积极向上地考虑自己该如何提高，如何把工作做得更好，而是尽可能地去"珍惜"非工作时间里的那种"解脱"。在这样的状态下，笔者的职业发展遇到了极大的瓶颈，自己痛苦而无奈地挣扎着。三年时间转瞬即逝，笔者在2012年的1月起经历了8个月的实践后，终于挣脱枷锁彻底退出光鲜的金融行业，找到了适合自己的行业——教育培训和教育咨询，在那里笔者的性格、兴趣、能力都得到了激发。在此之后，自己的职业规划方向便越来越明确，虽然也进行过微调，但一步一个脚印，大的方向一直都坚定如初。

笔者列出自己的亲身经历并编写此书，正是希望更多的迷茫的年轻人能从笔者的经历中看清一些东西，少走弯路，努力通过对自己的定位找出适合自己的事业方向来！而性格则是实现这一点的关键，性格和工作有着非常直接和密切的联系，在性格满足的情况下，才能有余力去考虑自己的能力和兴趣是否会满足。那么，如何根据性格找到自己适合的职业呢？请看下文分解。

如何由"性格"来定位职业发展？

关于这点，前人早有研究，MBTI是一份基于对测试者性格进行分析后帮助测试者找到适合自己的职业的测试分析法，链接为 http://www.apesk.com/mbti/dati.asp。笔者当年正是凭借这份测试找到了自己的"真爱"，因此如果大家有兴趣，笔者强烈推荐完成该网页中"中文版93题版"的测试，这便是第一步。(MBTI的第二步测试是收费测试，将提供更详细的分析，大部分情况下笔者认为完成第一步测试已经可以给测试者提供八九不离十的分析结果了，但笔者还是购买了第二步测试的序列号，专门供需要进一步测试的同学免费使用，共有四次使用机会。)

接下来，更关键的一步就是利用测试结果提供的资料进行进一步的筛选与定位。首先，以笔者的测试结果为例，笔者会看到系统列出了近20个可能适合笔者的职业，其中有一些职业有共性，比如A行业销售人员，B行业销售人员，C行业销售人员。根据对自己的了解，笔者第一步就把这一类全部排除掉了。

然后，剩下部分中还会有一些难度明显很大、不现实的工作，比如电视节目主持人、歌手这种。

最后，剩下一些比如心理咨询师、培训师、咨询顾问等的职业，笔者的操作经验就是在完成测试获得推荐工作的清单后一定要去找机会实践，哪怕是免费的工作。以笔者当年为例，一周中的大部分时间都花在处理瑞士银行（UBS）的工作中，每天凌晨2点才下班，但仍旧挤出了有限的周末时间参加面试以及兼职参与教育培训与咨询，最终找到"真爱"。笔者想说，技巧、经验、方法必须付之于实践，实践出真知！如果你是一个积极生活的人，生活也一定会积极地回报你。大部分人的每一天都是忙碌的，但对于仍迷茫于职业定位的你来说，是时候去多挤出一些时间努力实践了!

(二) 兴趣

对于兴趣,笔者希望大家不要将其局限在某一具体的形式上,比如打游戏、踢足球等,和打游戏或踢足球相关的工作有多少?所以笔者建议将更多的精神层次的东西纳入考虑范畴,比如,项目完成后的成就感、市场策划完美实施后的那份激动、作咨询出差跑遍天南地北后无所不知的满足感等,这些其实都是兴趣的一部分。

如何由"性格和兴趣"来定位职业发展?

性格是否合适与是否有兴趣,这最关键的两点离不开对职业、对具体岗位和工作的全方位"了解",通读此书将能够让读者了解到商科专业对应的行业在现实生活中是如何运作的,各个行业下的细分领域有哪些方向可供选择,各不同分支下的机构有哪些,这些机构都有哪些部门和对应的职位,这些职位的待遇、社会地位怎样,晋升方向和途径都有哪些,等等。通过这些第一手信息,如果读者对某行业某种工作产生了强烈的兴趣,那千万不要忘记去及时实践;倘若部分读者并没有找到真正感兴趣的方向,或许还需要到实践中去感受并挖掘自己的兴趣所在,也或许根本就不适合商科。但如果有一部分读者明确了自身对某行业某类工作的强烈排斥,这同样是意义非凡,因为许多人往往在就职后才恍然大悟却受制于现有困境难以脱身,因此在丧失兴趣与斗志的心态下郁郁寡欢难有作为。通过此书,如果能让部分读者少走弯路,排除未来职业规划和人生规划中的障碍,笔者也能感到些许欣慰。

三、由内而外——可行性分析

（一）能力

许多人都认为能力才是决定一个人是否胜任一个工作、是否能够有所成就的最关键因素，但笔者将能力放在性格与兴趣之后正是要告诉大家，其实能力并没有大家想象得那么"至关重要"。性格决定命运，我们假定谈论的对象都是四肢健全、头脑正常、接受过正常教育的人，那么如果一个人的性格完全符合特定行业和岗位，加上兴趣方面的加成效果，能力一般都不是问题，往往在特定方面有热情、有激情的人都具备很强的该领域的才能，即便不是这样，在后天的工作中，相关的技能也很容易被开发、被激活。

从职业规划的角度来看，我们在能力这个点上需要注意的是自己在能力方面的长板与短板。长板指的是你自身的优势，短板指的就是你身上的劣势，这些优势和劣势更多的应该指的是你身上所先天具备（缺陷）的，或者说很难被超越（克服）的点。这里强调"先天"、强调"很难"是有原因的，举个例子，如果你发现自己的数学很差，而且即便非常努力，也最多在班级排名中等，那么基本可以判断你的数学分析能力、逻辑思维能力是你的短板，因此在职业规划中我们要避免涉及对这方面能力要求较高的工作，避免以卵击石。

因此，在"能力"这部分，希望大家通过分析自己的优势和劣势更好地认识自己的长短板，帮助自己进一步聚焦最适合自己的职业范围。

（二）技能

技能和能力的差别在于："技能"是在"能力"的基础上更上一个台阶的、可以使得我们拥有更显著的求职竞争力、在特定领域占据更多优势的能力。特别对于拥有一些职业资格证书或认证、一些得到过认证或评级的学生而言，这样的技能将可能成为你求职道路中的"敲门砖"，也可能是你职业起步阶段的一个"风向标"。因此，通过分析自身的技能特点，会为我们判断职业发展方向提供另一个维度的依据。

（三）教育

近年来，在笔者为成百上千的学员做职业规划的过程中，有来自不同学历背景的学员，在这样的情况下，职业规划是需要有针对性的考虑的，因为各行业、各领域对求职者学历的要求是不同的，比如在金融行业的投行范畴中，绝大多数的投行部门需要硕士学历及以上的求职者，而也有个别部门则不限制硕士及以上的学历。因此我们在做职业规划的时候必须对自身的教育背景做考量。

（四）人脉和家庭

职业规划可行性部分的最后一部分可能是占权比重最大的一部分。世间万物的运行几乎都需要遵循"马太效应"和"二八法则"，20%的人最终找到了理想的工作，80%的人则不能如愿，而这20%的人是如何找到好工作的？这往往出乎许多人的意料，在一定程度上，他们中的大部分都是通过有效的人脉资源整合做到的。他们有的通过校友，有的通过学校教授和就业办的协助，有的通过实习过程中的突出表现和维护与实习单位的融洽关系。当然也有通过更直接的家庭资源打通职场道路的，可怕的是，很多人把这些看作是"拼爹"，笔者指的是带有贬义和消极色彩的判断。但是，实际上这些被看似"一定是关系户"的人大多都是通过后天的努力才将自身拥有的资源整合成功的。

家庭资源的优势未必需要和你的目标发展直接相关，有时候可以是间接相关的，重要的是我们如何找到能产生协同的部分，并且通过努力去做整合！不要想着自己的资源就是马云、王健林等这些大佬的层次，绝大部分人的成功都没有你们想象得那么简单！综上所述，在做职业规划前的可行性分析过程中我们也应当对自身人脉资源和家庭资源做一定的分析。

四、由外向内（由未来推现在）
——行业分析和职业规划

简单来说，就是只有你知道自己想要什么，才能对症下药地在后续过程中加强对这方面的能力培养。前文说的是由内而外，那是第一步，当我们"知己"之后，要做的就是"知彼"了。这其中非常重要的一步就是对自己想要了解的行业做深度认知，这恰恰是国内职业规划行业常年缺失的部分。国内的职业规划行业往往在性格测试和职业测评后就戛然而止，他们或是举一些名人成功的例子来给大家打打"鸡血"，抑或是通过推荐大批量的工作方向让大家去尝试，前者让人倍感鼓舞却在一觉过后在人们脑中淡化，后者则让人望而却步，如此多的参考方向会使人感觉人生更加没有方向。因此，笔者在过去的几年内做商科职业规划私塾、在"在行"线上平台为诸多朋友做一对一的职业规划、在创办的"世为教育"留学服务上坚持提供"基于学生职业发展的留学定制服务"，把最擅长的、最了解的方向分享给大家，把尽可能全面的、客观的、细节的、以数据为导向的资源信息带给需要做职业规划的朋友们。本书的后几章将分别就金融、财务会计、市场营销、管理咨询和战略咨询、酒店管理、人力资源管理、行政管理、供应链管理等行业展开论述，希望能帮助到大家。

通过对行业的深入认知，我们同样可以通过排除法来缩小目标，结合上述多个维度，即"世界观、价值观、人生观、性格、兴趣、能力、技能、教育、人脉、家庭"，我们可以有的放矢地去参与部分的社会实践来切身感受职场氛围，当我们锁定目标之后，把目光放到未来自己想从事的方向上，然后开始往回倒推！打个比方，你梦寐以求的工作是做管理咨询，并且你通过科学的方法确定自己的性格应该很合适，于是你开始进行"知彼"这一步，你经过研究后发现这类工作需要很强的基础面分析能力和与客户打交道的能力，于是乎你就选择在在校期间额外加强会计和财务方面的技能培养与知识储备能力，选修比如高级公司财务（Advanced Corporate Finance）这类的课程和参加 CPA 考试，并且在平日里经常参加社交活动，以提高自己待人接物的能力等。这就是由外向内的含义。

在你"知己"的前提下：

只有确定了未来的大方向，你才能知道自己现在需要练就什么样的技能；

只有知道了需要什么样的技能，你才能有针对性地加强这方面的学习；

只有明确了哪里需要加强，你才能更明智地选课和考证；

只有知己知彼、对症下药，你才能少走弯路，更快地走向成功。

第三章

商科专业对应行业职业规划

在开始本章内容前,笔者想告诉读者,不论你是对下文各行业中的哪个领域感兴趣,对其中的哪个领域不感兴趣,笔者仍然强烈建议你能够耐心地读完本章对各行业的介绍。笔者建议这么做,第一个原因是,作为对真实世界所知甚少的人来说,你所认为你感兴趣的领域的工作有可能并不是你真正感兴趣的,而你原本对其他领域的工作不感兴趣或许只是因为你之前并不太了解它们,又或许在完成第二章的由"三观、性格、兴趣、能力"对自己重新定位之前,你对自己的了解都是有失偏颇的。所以,完整地阅读本章,一定有益于你更精准地对今后职业发展方向进行定位。

第二个原因则是关于"全才"和"专才"的博弈,在继续阅读之前,你可以先问

问自己,你想要做"全才"还是做"专才"？笔者认为,真正的商业领袖必须是"全才",但必须先从"专才"做起,逐渐全面后成为"全才",成为一个技能全面、博闻强识的复合型人才！如果你仍旧对笔者的这个观点非常好奇和感到疑惑不解,那么你也可以先阅读本书的第六章'专才'还是'全才'。

一、金融行业的职业规划

（一）火爆的金融行业——正视现实,摆正心态

2016年全国金融行业平均年薪117 418元,位列各行业之首,是全国平均水平的2.04倍。

在这个收入最高的金融行业中,在过去的几十年里各个主流的细分:保险、银行、证券、基金,基本保持着稳定的高低排序,即基金＞证券＞银行＞保险(特例是在2011年的时候由于政策利好信托业特别火爆,信托一度在行业收入排行上层超越基金),然后一个非常值得关注的现象是,四个主流方向中的基金和证券这两部分已经把银行和保险甩得越来越远了。

2016年来自choice的数据显示16家被统计的证券公司员工的人均年薪是74.99万元,而排名前16名的银行的数据则是15.9万元,排名前16名的保险公司的数据则更低。要知道这个差距在2010年前后差不多保持在基金45万元、券商35万元、银行25万元、保险15万元这样的水平。

这些年到底发生了什么？本书第一版就在本章的趋势判断一节分析了"大资管时代"的影响,而这样的影响确实快速蔓延了整个中国大陆的金融市场。如何应对？请见下文分解。

1. 社会地位

社会普遍认为金融工作——比如在

银行和证券公司工作,是一件很光彩的事,因为大家一直都认为银行、证券等金融机构是"朝南坐"的金饭碗,效益、福利优于社会大多数行业。

的确,根据上一段的平均收入数据来看,金融业几乎完胜所有其他行业。或许大家有听过一些"脍炙人口"的话,比如"一人在银行,全家来帮忙"。但其实这么描述金融行业甚至仅仅特指银行业是有失偏颇的,其仅仅特指银行内担任销售类工作的客户经理,并不能代表行业的整体情况。随着时代的发展,各类金融机构都不会停留在原有的模式上,对于人才的需求也在快速地发生着变化。更何况,销售工作都存在类似的压力,而并非金融或银行业的特殊情况。

2. 就业优势

随着中国的经济发展,金融业的发展也稳步前进着,国内金融业特别是金融高端行业,如PE(私募股权投资基金)、VC(风险投资基金)、内外资投行、内外资商业银行总行、资产管理公司、基金、信托等都对高素质、高学历金融人才的需求不断扩大。虽然这些工作机遇的确比较难得,但年薪百万、千万甚至上亿的收入水平确实是大多数人难以抗拒、愿意为之一搏的理由;对于那些有着十足激情和明确目标的金融方向的求职者、在读学生和金融专业申请者来说,那种迎难而上的拼劲值得肯定。有些人说金融行业过于火热了,大家不该这么一股脑都向这个行业冲,但那些几乎让所有人都垂涎三尺的好东西,往往都是需要我们付出更多的汗水去换取的,简而言之就是"没人想要的东西或许不是坏东西,但长期受人追捧且确能为人提供高额物质回报和社会地位的东西往往都是利大于弊的好东西"。

(二)按金融机构及其主营业务分类

笔者一直以来发现相当大比例的"金融人士"包括一大部分金融专业在读生,甚至不少身处金融业内的从业人员对金融行业的认知有很大的误区和偏差。如果大家要学金融、研究金融、做金融,请务必先问问自己:对金融了解多少?现实中的金融到底是什么?

要剖析金融业,对整个金融行业的组成结构,各金融机构以及金融业所提供的金融类职位进行了解是必不可少的。现代金融业体系已发展得非常庞大和错综复杂,可以按照金融机构的主营方式划分,可以根据金融业务所处的特定领域划分,也可以根据职责性质划分,由于金融体系已经发展得非常庞大,分类方式又五花八门,笔者思考再三,决定从两个角度引导大家理解金融业。

从"大金融"的角度划分，我们可以将金融分为银行、投资、保险等（如图3-1所示）。

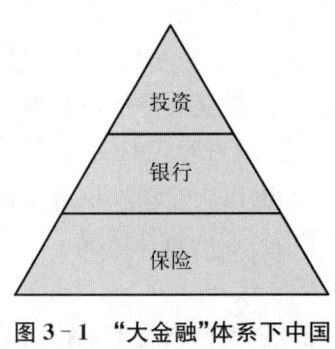

图3-1 "大金融"体系下中国金融业结构划分图

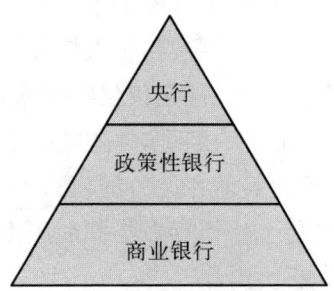

图3-2 按职能和性质划分的中国银行业结构图

1. 银行（非外资与外资商业银行）

按照性质和职能来分，银行有央行、政策性银行（向国家大型建设或贸易项目提供政策性专项金融服务）和商业银行（如图3-2所示）。这里将主要分析金融市场上对人才需求最大的商业银行，其主要分为以下两种：

（1）非外资商业银行

各大商业银行的分行构架有所不同，但都大同小异。除去商业银行分行总行内部的一些和金融无大关系的诸如HR、IT、客服部门之外，主要的部门有运营部、贸易融资部、资金管理部、金融市场部、投资银行部、零售银行部、公司银行部、清算中心、会计结算部、私人理财部、信用卡部、资产负债管理部、国际业务部、风控部。根据业务侧重领域，有的商业银行会有总行直属部门，有的商业银行总行的部门却并不一定设立在其总行所在地，主要是出于地理上的战略考虑。比如有的商业银行根据市场战略需要将其总行直属的汽车金融总部挂靠在上海——这个周边汽车产业发展比较集中的区域——这个全国的金融中心；也有不少商行将其总行直属的金融市场总部设定在上海。

对非外资商业银行而言，可以将其内部工作职位按照前、中、后台来划分，前台类工作指的是面向客户、以客户为中心、负责业务拓展的工作，常见的从业人员有柜员、客户经理、大堂经理等；中台类工作负责根据宏观市场环境和微观内部资源配置，行使风险管理（信贷管理）、计划财务、产品开发、渠道管理、人力资源管理、战略规划等职能；后台类工作主要指那些负责银行支持和支援的部门，包括业务和交易的处理与支持，以及共享服务，也包括会计处理、IT支持、呼叫中心、信贷审批集中作业部、单证部等。

另外，业内对商业银行的工作还有一种分类方式：不少业内人士将银行分成平行的三条线——零售银行（做个人），公司银行（做企业），总行及部分分行内负责审批、决策、产品设计、资金管理、金融市场投资、债券承销与交易等核心部分。这三条线的业务模式基本平行，交集较少，工资待遇和工作性质也有较大差别。

分支行层面上，有人索性将银行内部分为业务条线和非业务条线，所谓业务条线指的是直接面对消费者，为银行创造收益的人员，其中很大一部分是"信贷员"（即我们平时常见的客户经理）与柜员；而非业务条线主要指的就是分支行内负责审批、管理、法务、财务等的人员。如果从总行的层面来看，由于可开展业务的范围大了许多，因此业务条线的范围也就相应变大了许多，负责债券承销与交易、金融市场外汇期货等产品、银行间同业业务等部门都可以算作业务条线范畴之内。

金融业的大趋势是"金融大混业"，而"金融大资管时代"则是金融混业经营的前奏，从表象上我们可以看到比如保险公司的保险代理人代表保险公司销售保障类寿险产品，拥有一定资质的保险公司也可代理一些基金类的产品，同样，商业银行也代理保险产品（银保）、基金的承销，自2011年4月起券商与信托也可代销保险产品等，这些都属于金融机构相互合作的模式；而实质上，真正的大趋势是保险、券商、银行都在开发各自的资管产品，由于相关监管政策的逐步放开，其在所吸引的资金来源以及投资标的选择上呈现出越来越强的趋同性。

2012年下半年以来，国家在金融业方向的一些举动比较频繁，各监管部门逐步放手让金融业自由化市场化竞争优胜劣汰，比如利率市场化、鼓励金融产品创新、开拓资产管理业务模式等就是很好的例子。并且与往年不同的是，这些改革的进展速度也是出人意料的迅速，2012年下半年起至今，多家证券、期货、基金、银行都陆续获得了理财资产管理业务资格，可以看得出政府对于改革的决心与执行力。

在大资管时代，银信合作、银证信合作、信基合作、证信合作都将进一步多点开花。银行、证券、保险、信托同业的"混业"合作也将愈演愈烈。

但商业银行的生命线或者说最主要的业务仍然是吸存放贷。业务条线银行需要大量的人才,这类人才属于销售型人才,要求极高,所以流动性很大。销售类工作在各行各业都是类似的,它是一把"双刃剑",做好了上升空间和年收入都是最快和最高的,做不好则迅速被淘汰。在商业银行,众人皆知的一句话便是"客户经理是行长的摇篮"。

相比之下,非业务条线流动性就小得多,业内所谓的非业务条线指的是前台(柜面)、中台(如合规部、稽核部、贸易融资部、信贷审批部、运营部这类在银行内部运作的部门)、后台(一般指参与产品研发、风险控制、信息管理等方面的部门)。这类非业务条线的工作需求小,对人才要求高。

商业银行的总行和分行有时拥有职能接近的部门,区别主要在于总行一般会对分行对应部门进行战略部署并给出意见指导,权限高低上也有不同。在商业银行中许多金融专业毕业生青睐的两个部门——金融市场部和投资银行部,和美国的情况有所不同。美国设有专门负责投资业务的金融机构,俗称为投行,如高盛、摩根士丹利和摩根大通等,但大多数都可混业经营——既可吸存放贷又可投资且对投资的各种限制较小。但由于监管制度的不同,中国的各类金融机构分别由银监会、证监会、保监会、财政部等不同的监管机构来监督,因此一直以来中国的金融业参照的是一种分业经营的模式,比如商业银行的投资银行部其实并不能开展欧美投行可开展的投资类业务,实质上更多的是负责一级市场的债券承销(Underwriting)业务(主要是银行间债券,包括国债、企业债——短融中票为主[①]、政策性金融债和央行票据等,占全国整个债券市场交易的一半份额以上),以及一些银行间协作业务、较高风险的银团并购贷款业务、投行顾问式的中间业务等。而那些欧美大投行能开展的其他类投资业务在我国由证券公司、基金公司、期货公司、信托公司、资产管理公司等收到国家监管部门授权的机构开展;再比如金融市场部,其负责包括金融产品的研发(公理财产品和个人理财产品)和风险控制、同业资金拆借,二级市场的债券、外汇、金融衍生品的交易等工作。

值得补充的是,对应国外该领域存在的细分模式——直接融资业务部、结构

---

① 短融中票指短期融资券和中期票据。短期融资券是指具有法人资格的非金融企业在银行间债券市场发行(即由国内各家银行购买,不向社会发行)和交易并约定在一年期限内还本付息的有价证券,一般发行期限在1年以内;中期票据指具有法人资格的非金融企业在银行间债券市场发行并约定在一定期限还本付息的债务融资工具。它的发行期限在1年以上,一般为3~5年。短融和中票已经成为我国非金融企业直接融资的主要券种,但发行短融中票的企业大多是国企。

融资业务部和资产管理业务部,我国商业银行投资银行部和金融市场部的职能存在以下异同:第一,国内确有银行独立将投资银行部的债券承销业务划分进新组建的直接融资部中,随着这两年债市的扩张,该部门的效益非常不错;第二,国内也存在部分大银行将金融市场部中负责金融产品设计的职能单列出来,重新组建资产管理部;第三,在结构融资业务方面,国内的商业银行还基本没有涉及,现在基本上是券商和信托在做资产证券化的业务。

(2) 外资商业银行

对于应届毕业生这一求职群体而言,外资银行和非外资不同的一个重要地方是外资行拥有成体系的管理培训生项目(MT-Management Trainee)面向应届生开放。由于其源自商业化程度高于我国的欧美且已有非常悠久的历史因而更为成熟,对每一个管理培训生的培训和栽培体系也更科学,因此这对于应届生而言是个不错的可选项。之前外资银行在国内一度受到一些政策限制,很多业务无法开展,主要以其高端个人理财类服务作为主营业务(这一块是外资行的优势业务),而如今国家加速放宽了对外资行的限制,比如人民币存款业务、信用卡业务、银行间非金融类企业债券交易业务以及香港市场人民币企业债的发行业务等,随着中国金融市场的发展,各类金融业务都会逐步发展,向金融成熟的体系靠齐。

此外,各大外资银行的环球金融市场部或环球交易业务部对于不少高学历金融类专业的求职者来说是个不错的选择,业务方向涉及产品开发、产品管理

（包括贸易、证券、供应链等）、外汇交易、外币衍生工具、固定收入产品和货币市场产品。

因此，广大高学历金融类方向的求职者在寻找银行类工作的时候也可以考虑一下外资银行，而不是一味地追求那些老牌国有商业银行。

2. 投资

投资领域在国内主要包括证券、基金、期货、信托等，中国与欧美等发达地区的金融市场有着许多不同，如果就金融职业方面来看，和美国比，主要区别是国内对数理分析类（Quantitative）工作的需求较低。我们可以把种类繁多的投资领域按图3-3所示"量化与非量化"进行划分：

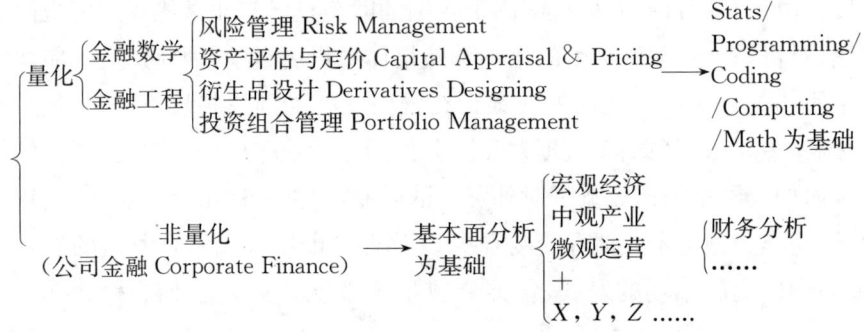

图3-3 按所用技术类别为划分的投资领域职业结构图

（1）量化金融类

不少商科学生或许更为熟悉"金融工程""金融数学"的概念，这两个方向对应的其实就是量化类的金融领域，以重分的数据为前提，以数学思维、建模为基础，结合统计和综合类分析软件的应用，以及计算机编程的灵活运用来实现更高效的决策分析过程的处理，这是信息化时代、互联网时代、大数据时代的产物，是科技变革对人类社会生产模式发展产生重大影响的缩影。

后文会提到的在投行里的交易员，21世纪初的美国纽交所内的交易员们每天的工作仍然是如火如荼地进行着，但随着科技的发展，很多量化手段推动了金融业往前发展，诸如包括传统交易员在内的一些金融类工作者在被人数有限的金融工程工作者所替代。风险管理、资产评估、定价、衍生品设计、投资决策管理等领域是金融量化类工作的几个主要方向。随着智能时代的到来，越来越多的人开始恐慌，开始学习计算机编程，无形中使得量化金融的热度又提升了一个级别。（本书第八章有与智能时代、商业分析相关的职业发展内容。）

在2012—2018年之间,许多学生都告诉笔者"因为感觉量化类的方向技术性更强,更好就业,所以准备选择量化金融,而非公司金融方向来进行下一步发展的计划"。在此,笔者想再一次强调一直以来所坚持的观点:

一个方向或职业好不好就业,和你该不该选择这个方向,没有必然的联系,我们对待职业发展的态度应该以"适合的才是最好的"为准绳,量化金融方向在任何国家的金融职场上的占比都很低,美国作为金融业最发达的国家,量化类金融从业者占全体金融从业者的比例仅有0.2%~0.3%,在我国目前是0.1%不到,这意味着"技术性强+好就业+高薪的工作"在就业市场上的需求也非常低,供求关系会严重影响就业以及职业发展。还记得2000年前后国内就业市场的"计算机热"吧,一些大一的学生到了大四要毕业找工作了,发现市场大变脸了,技术性极强的计算机专业的学生就业也变得非常困难,这就是因为供求关系发生了变化。就目前的金融行业而言,未来很长一段时间内,量化类金融人才在市场上的需求不会有大的变化,所以,选择这个看似"就业前景很好"的方向一定要慎重。一般情况下我们只鼓励那些确定自己对数学、计算机方面有很高天赋和热情,坚定今后会投身这个方向的学生去选择。

(2) 公司金融类(Corporate Finance)

在高端金融方向上,除了量化金融外,另一个主流方向就是"公司金融"。一些对金融有过研究和关注的读者会对"一级市场"和"二级市场"为划分的工作,以及以"买方"和"卖方"为划分的工作比较感兴趣,另外即便是对这些概念暂时还比较生疏的读者,明了一下这些概念也是非常有必要的。

A. 一级市场 & 二级市场(Primary Market & Secondary Market)

一、二级市场的主要区别是一级市场是发行市场,二级市场是交易市场。一级市场的工作是指金融交易产品完成发行筹备前的所有资本运作,包括项目承揽、创设方案、交易架构设计、文案制作等工作;二级市场的工作则主要涉及金融产品的销售与发行(包括证券交易、经纪业务、理财业务、对私业务等)。

B. 买方 & 卖方(Buy-side & Sell-side)

很多人听说过Buy-side(买方)和Sell-side(卖方)这一组业内术语。虽然我们很难准确地定义这两者,但总的来说我们需要知道它们都仅限于高端金融行业,比如说投行卖行业报告就是向各类客户提供二级市场的服务,所以投行是Sell-side。但我们不能说,国内商业银行的个人理财经理向客户卖理财产品,这个客户经理就是Sell-side,也不能说这个客户是Buy-side,在国内说成甲方、乙方或许更合理一些。

Buy-side 主要指那些从事资产管理并进行投资业务的公司，一般在美国指 Mutual Fund(共同基金)、Hedge Fund(对冲基金)、Pension Fund(养老、社保、退休基金等)、Private Equity(私募股权投资基金)、Venture Capital(风险投资基金)等，也包括一些大型的 Wealth/Asset Management Firms(资产/财富管理公司)和投行内部的资产管理部门等。(关于这些基金的概念请参见下文"基金 & 资管"部分)

Sell-side 主要是将各类 Asset 变成各种金融产品卖给市场；主要通过为购买一方提供交易服务获得佣金而赢利。传统意义上的 Sell-side 包括美国投行的 IBD(Investment Banking Department)、国内的券商的投行部(负责债券承销)、承销国债的商业银行、承销和代销基金与其他类理财产品的各类金融机构等。以 IBD 为例，负责 IPO[①]、再融资、债券发行承销等，将金融业务卖给需要上市的公司以及给 PE/VC(Private Equity/Venture Capital)进行 IPO 指导等服务，以及 IPO 后债券股票的承销等都可以看作是 Sell-side。

国内目前的情况下，由于券商投行部的 IPO 和 MBO[②] 越来越难做，使得投行也开始效仿 PE 和 VC 的模式利用高杠杆买资产进行 LBO[③]，而这类业务已经逐步占据越来越大的比重，所以从这个角度来看投行也扮演着一部分 Buy-side 的角色。

对上述概念有了一定的了解后，让我们进一步来看"投资"领域的各机构各职业的发展机会。

[①] IPO——Initial Public Offering，首次公开募股，指一家企业或公司(股份有限公司)第一次将它的股份向公众出售(首次公开发行，指股份公司首次向社会公众公开招股的发行方式)。通常，上市公司的股份是根据相应证券会出具的招股书或登记声明中约定的条款通过经纪商或做市商进行销售。一般来说，一旦首次公开上市完成后，这家公司就可以申请到证券交易所或报价系统挂牌交易。有限责任公司 IPO 后会成为股份有限公司。摘自：IPO 重启及优先股启动带来的投资机会.中国新闻网，2013-12-3；IPO.网易财经，2013-11-9。

[②] MBO——Management Buy-Outs(即"管理者收购")的缩写。其在经济学上的定义是，目标公司的管理者与经理层利用所融资本对公司股份的购买，以实现对公司所有权结构、控制权结构和资产结构的改变，实现管理者以所有者和经营者合一的身份主导重组公司，进而获得产权预期收益的一种收购行为。摘自：管理层收购.MBA智库百科，2013-04-18。

[③] LBO——Leveraged Buy-out，又称融资并购。举债经营收购(美)是一种企业金融手段，是指公司或个体利用收购目标的资产作为债务抵押，收购另一家公司的策略。交易过程中，收购方的现金开支降低到最小程度。换句话说，杠杆收购是一种获取或控制其他公司的方法。杠杆收购的突出特点是，收购方为了进行收购，大规模融资借贷去支付(大部分的)交易费用。通常为总购价的 70% 或全部。同时，收购方以目标公司资产及未来收益作为借贷抵押。借贷利息将通过被收购公司的未来现金流来支付。

C. 投行 & 券商（Investment Banks & Security Firms）

a. 此"投行"非彼"投行"，勿混淆概念

投行与券商，即投资银行与证券公司。国外把投资银行巨头叫作 Bulge Bracket，简称 BB，这些 BB 都是我们耳熟能详的，如高盛、大摩（摩根士丹利，Morgan Stanley）、小摩（摩根大通，JPMorgan Chase）、美银美林、DB（德意志银行）、UBS（瑞士联合银行，简称瑞银）、瑞士瑞信银行（简称瑞信，英文名为 Credit Suisse）、花旗投行部、汇丰投行部等；小号投行中的一部分以"专精"和"为企业客户量身定制服务"为特色的叫作"精品投行"①，在国外叫作 Boutique 或 Elite Boutique，他们往往以客户实际发展需求为导向，帮助设计有针对性的购并与募资等方略，引进战略资金，扩大规模，最终帮助客户发展出更强的行业竞争力。

欧美发达国家的金融体系是"大金融"的混合型金融体系②，在这个体系下以主营业务划分，"投行"又可分为：

独立的投资银行：比如美国的高盛（Goldman Sachs）、摩根士丹利（Morgan Stanley）、瑞士的第一波士顿（First Boston）、日本的野村证券（Nomura）。③

商人银行（Merchant Bank）与全能银行（Universal Bank）：前者主要是商业银行对现存的投资银行通过兼并、收购、参股或建立自己的附属公司形式从事商人银行及投资银行业务。这种形式的投资银行在英、德等国非常典型，而后者本身在从事投资银行业务的同时也从事一般的商业银行业务。这两类银行包括摩根大通、德意志银行（Deutsche Bank）、荷兰银行（ABN-Amro Bank）、瑞士联合银行（United Bank of Switzerland）、瑞士信贷（Credit Suisse）等。

这里我们主要讨论"独立的投资银行"，这类投行的业务按照部门划分主要分为：Investment Banking Department（投资银行部），Direct Investment（直接

---

① 较著名的全球"精品投行"包括：Lazard & Co、Perella Weinberg Partners、Evercore Partners、Greenhill & Co、Gleacher & Co、Allen & Co、Moelis & Co、Houlihan Lokey、Qatalyst Partners、Centerview Partners 等，它们规模虽远比不上大投行，但也曾参与过不少大交易，比如中投入股摩根士丹利，优酷的上市，谷歌 125 亿收购摩托罗拉（Motorola Mobility），惠普以 117 亿美元买下英国数据分析软件大厂 Autonomy 等。

② 美国投资银行与商业银行的分拆发生在 1929 年大崩盘之后的 1933 年，该时期联邦政府认同混业经营导致高风险的观点（当然，1929 年大崩盘是支持该观点的重要理由），1933 年，《格拉斯-斯蒂格尔法案》（也称作 1933 年银行法）获得通过，一大批综合性银行按照法案进行了分拆，其中最典型的例子就是摩根银行分拆为从事投资银行业务的摩根士丹利以及从事商业银行业务的摩根大通。随着美国经济、金融形势的变化以及信息技术的进步，1999 年新出台的《Gramm-Leach-Bliley 法案》撤销了《格拉斯-斯蒂格尔法案》中商业银行和投资银行分业经营的条款。

③ 其中高盛和摩根士丹利也可被归类为"大型金融控股公司"，它们在 2008 年金融危机爆发以及美林、雷曼倒台后转型成为金融控股公司。

投资部）、Equity Research（股票研究部）、Asset Management（资产管理部）、Fixed Income（固定收益部）、Sales and Trading（销售交易部）、Merge & Acquisition（收购 & 并购部）、Prime Brokerage（大宗交易部）等，另外我们耳熟能详的大摩、小摩、瑞银等除上述部门外还有传统的零售银行业务（Retail Bank），包括对公和对私业务的存贷款等传统商业银行业务。而在中国国内，由于金融体制不同，各领域（保险、银行、投资）的金融机构可涉及开展的业务都是比较独立的，举几个例子：国家对于保险公司的险资的投资方向有严格的限制，原则上这些资金不允许涉足投放到过多风险的金融市场，具体来说以保险公司为背景的资产管理类业务部门中占最大头（约60%）的是固定收益部（风险相对最低），其他的还会有基金部、股票部、直接投资部等。就股票与基金等高风险业务而言，受到监管与政策约束，对于许多投资方向都有严格限制，比如股票与一些股票占比较高的基金的投资总额、投资于不动产的金额、投资于债权投资的总额等。当然除了证券业外，在其他金融行业分支中我们也能找到类似的例子，以银行业为例，银行的金融市场部和投资银行部涉及的债券市场投资和交易只有小比例被允许投入信用风险较高的债券和票据，大部分业务都只局限在国债、央行票据、地方政府债、政策性金融债等低风险范畴。上述关于不同国内金融机构投资标的、投资额方面的限制内容说明的是诸如保险公司、商业银行等金融机构无法像证券公司、基金公司等那样开展投资类业务，而反过来看，国内的券商、基金也同样不能像商业银行那样开展吸存放贷的业务，这些都体现了我国国情和金融制度的特殊性。①

在国内，我们平时所谓的投行是指券商的投行部，这样相对应的则是欧美投资银行内的投行部；从开设业务的覆盖面角度来看，国内包括券商、信托、资管、期货、基金等在内的金融机构整体则可以和与欧美的大投行概念相对应。截至2018年3月13日，中国大陆共有33家上市券商（另有25家上市银行、8家上市保险公司）。下面我们来看看券商的各部门配置、职能以及用人偏好。

b. 券商各部门介绍

——投行部

一直以来投行部以其"高富帅"的形象及收入水准让许多人趋之若鹜，那么

---

① 保险资金运用管理暂行办法（中国保险监督管理委员会令2010年第9号）. 来源：中国保险监督管理委员会 CIRC 网站：http://insurance.hexun.com/2010-08-05/124496090.html.

投行部到底是做什么的呢？其主要负责做一级市场，即帮客户融资、证券（股票＋债券）发行与承销、并购与重组（M&A）的财务顾问业务，当然也有的投行会把M&A单独成立一个分支部门。传统意义上，投行部的收益来自证券发行，而证券发行的利润一般占到承销额的1％～3％。（以承销10亿元为例，2 000万元的收入，会计事务所、律师事务所、资产评估机构分500万元，投行部拿1 500万元）在国内，上市、增发、并购等业务必须找有保荐资格的机构，而目前我国只授权部分券商办理这些业务。

国内投行部的纵向分工并不如欧美那么明确，欧美对投行部内的工作有更细致的分工，分为承揽、承做和承销。所谓承揽即负责挖掘和促成项目，所谓承做即负责项目的分析工作，包括尽职调查和一部分估值定价。我国投行内部主要分两块：其一是占主体的偏公司财务的（Corporate Finance）负责上述三个"承"字部分的工作；另外一小部分由资本市场部（ECM，Equity Capital Market & DCM-Debt Capital Market）完成。这个部门的总人数只占到整个投行部的六分之一甚至更少，作为券商总部多个部门的枢纽，该部门专门负责证券的定价和推介。

投行部的横向分工按照行业或地域划分项目组，新人往往被分到特定项目组，先从基础的尽职调查（Due Diligence）开始做起，1～2年后尝试独立，2年之后可以成为项目现场主要工作协调人，一段时间后可以尝试独立承揽项目，再往后则可以考虑报考保代（保荐代表人胜任能力考试）。说起保代考试的难度，大家一定听说过一直以来被号称为中国最难考试的"注册会计师考试（CPA）"吧，那么保代呢？我们来看看下面几组对比：

第一，保代考试中涉及法律、会计方面的对专业度要求很高的大量内容，以及投资银行领域内的各类内容，因此在内容上范围非常广。

第二，保代考试没有像CPA那样的辅助教材以及培训班，而许多题目甚至连正确答案都没有，故而鲜有模式或经验参考，因此对于应考者的自学能力要求非常高。

第三，保代考试的报考者需要在投资银行、固定收益、会计师事务所、律所等专业度很强的领域全职工作满2年才能由所属公司代替报名，对于报考者的要求严格，而CPA则工作后即可报考，对报考者从事的行业无限制。（2014年10月后此项工作经验限制已被放开）

第四，准保荐人必须在1年内担任一个融资项目的主办人方能被注册为保荐人。截至 2018 年 1 月,全国共有 3 493 名保荐人,2017 年新增了 271 名,而 2017 年审核通过的 IPO① 数量是 380 个,否决 86 个。根据各大平台统计数据来看,目前保代行业已经到了严重过剩阶段,而且其中表现优异者往往同时保荐多个项目的 IPO,例如,在 2017 年,有 16 名保代曾同时保荐 3 个项目运作 IPO,在目前排队待审企业中,还有保代同时有 4 个在排队中。让我们再来看看注册会计师考试,截至 2017 年年底,通过"注会(中国注册会计师)"全科考试的人数已超 24 万人,其中共有执业会员 104 913 人,非执业会员(准 CPA)130 485 人,这个曾被称为年薪百万的"金领中的金领"的证书持有者们的实际平均年收入 8.9 万元;而保代的平均年薪这两年都在 250 万~300 万元之间,最高峰时,这个数字超过 600 万!如有保代从由一家券商跳槽至另一家券商的,还将产生平均 200 万以上的"转会费",保代几年内多次"转会"的现象也屡见不鲜。

看完了上述的相关数据,相信你一定对保代考试有了更深刻的认识。让我们回到投行部的工作上,投行部工作中出差的机会较多,和人接触打交道的机会也多。由于投行分析师往往在项目上一待就需要几个月,要翻阅成堆的文件资料,查漏补缺,对于人才的抗压力和体力的要求也很高,所以我们往往很难在投行部看到 30 岁以上还在做分析师(Analyst)的员工。外资投行内的 Entry-level(入门职位)是 Analyst,而以上更高的职位包括 Associate(副理)、Vice President(副总裁)、Executive Director(执行董事)和 Managing Director(董事总经理)等,包括下文的直投部也采用的是类似的职级构架。其实国内投行实际上也参照该标准,虽然称谓上不同,比如 Analyst 和 Associate 都被叫作某某项目经理等。

求职方面,不难看出要想进入投行部,会计和法律方面的背景将是求职者的加分项,因此一些金融类考试证书如 CPA 和 CFA② 等也会起到一定的加分效果(虽然 CFA 对于投行部的求职帮助很有限,原因详见本书第八章),除此之外,有过完整的两个月以上的对应部门的实习经历也是至关重要的。值得注意的是,作为"靠项目吃饭"的业务部门,求职者自身的资源和人脉背景当然非常重要,想一想,同样的一个项目全国好几十家投行,为什么别人要给你做呢?因此

---

① IPO 的全称为 Initial Public Offerings,是指一家企业或公司(股份有限公司)第一次将它的股份向公众出售,中文叫作首次公开募股。

② CFA 是"特许金融分析师"(Chartered Financial Analyst)的简称,它是证券投资与管理界的一种职业资格称号,由美国"特许金融分析师学院"(ICFA)发起成立。

上文提到过的"承揽"工作实际上要比"承做"与"承销"难度更大。

——直投部（买方）

该部门负责对资产的直接投资，投资方式是类似 VC/PE 的股权类投资，截至 2013 年 5 月 31 日，被授予直投资格的券商有 19 家，按照证监会最初的要求，券商直投部不得投资预计 3 年内没法上市或通过其他手段退出的项目，以控制风险。

不过，目前部分券商也成立了直投基金、并购基金等，进行更广泛的投资和资产管理业务。紧接着由于监管的要求，逐步去"保荐＋直投"的模式，允许券商的直投子公司设立直投基金，而且可以使用自有资金，或者直投基金直接进行投资。所以目前来看，在业务的方式上，其实券商的模式是越来越多样性，但是对保荐和直投的方式监管还是保持高度的态势。截至 2017 年 6 月，国内有近 70 家券商直投，管理的总规模接近 3 000 亿元，单个券商管理的人数平均为 16 人，呈现出人少但是比较精干的局面。

——研究所（买方＋卖方）

主要任务：负责看报告与写报告、宏观政策研究、行业研究、公司微观战略研究、策略研究等。

卖方：负责写报告、寻找买家，比如基金公司、保险公司、社保基金等。作为卖方机构和卖方分析师，每年都为能在《新财富》[①]上榜而努力，上"《新财富》最佳分析师评选榜单"的分析师次年的年收入往往都会激增。研究所根据行业划分小组，另外还设有宏观和策略组、固收组和金融工程组。由于过去国内相应的衍生品工具较少，金融工程组的发展有限，不过随着股指期货、融资融券、未来的个股期权的推出，买方对量化交易研究的需求及人才需求也越来越多，前景可观。固收组负责对债券进行研究和定价。在研究所，同样有着小部分人每天负责分析、筛选第一手的报告，选择购买有价值的报告来为自己的投资组合提供依据的职能，但总的来说，其职能核心是得出自己的投资观点，并推荐给投资经理执行，并不能算作买方。因此总的来说券商研究所一直都是典型的卖方。

职位方面，从助理研究员到研究员，再到高级研究员，再是首席研究员（负责一个行业或者说一个组），最终极的职位则是研究所负责人（比如副所长与所

[①] 《新财富》杂志由广东省新闻出版局信息中心和全景网络有限公司主管主办的大型财经月刊，以研究式的案例报道为特色，通过对商业痕迹的追寻，以案例的方式全面揭示商业真相，为商务人士提供有价值的资讯。

长)等。

一般情况下,卖方分析岗的从业者都向往未来跳槽至买方分析师,从某种角度来看,买方岗的工作与卖方岗相比,对能力要求更高(有足够的甄别能力筛选各类报告,熟悉更全面的行业),待遇通常更高,但承担的风险也越大(负责替客户管理资金和管理投资组合,基金表现好坏与自己的收入直接挂钩)。

研究员是一个矛盾的行业,既要沉淀下来深入钻研,又要开朗外向与人沟通,还需要长期出差路演和调研,但也是一个付出与回报相对比较对等的岗位。总体来看,研究所的分析类工作一般会比投行部的压力小一些,出差以及和人打交道的时间也会少一些,因而工作的稳定性比投行部高,前两年的收入待遇与投行部比较接近,普遍水平为第一年固定年收入10万元左右,第二年起根据部门效益分享奖金。

另外,从事研究员工作,由于需要具有扎实的会计和经济学基础,热爱钻研挖掘并且需要将所分析的内容转化为报告,所以对写作能力也有较高的要求;由于也需要参与路演和调研,对于表达沟通方面的能力也有所要求,所以虽然工作压力总体小于投行部,但整体上对人才的要求着实不低。很多行业研究员都是相关专业背景出身,这样在分析特定行业的时候会有更深入的理解,并且在该专业内的既有人脉也将是未来调研的第一手资料来源。而对于金融类专业的学生,对金融行业的公司分析方面会有优势;对于经济类专业的学生,从事宏观策略等方向的分析会有一定优势。求职者面对当今激烈的竞争最好能通过CFA三级考试或者CPA中的两至三门以增强竞争力。

——资产管理部(资管)

资管又称"受托理财",就是券商自己的"基金公司",也是证券公司的大部门,负责运营管理(财务及管理型运营支持岗)、产品设计(数量分析型研究岗)、投资管理(研究岗)、渠道管理(非研究销售岗)等。

资管做的业务与现在券商可以成立的基金公司开展的公募业务相比,其本质是一样的。投资方面,除了传统的二级市场投资外,也发行券商集合理财产品,更热衷于参与新股认购和上市公司定向增发。券商资管部的认购起点比基金高,无须排名,投资更自如,利润来源和基金类似,是收取管理费。由于未来券商多会设立公募基金公司,该领域对人才的需求也会相应增长。

近年来"银证合作"的通道业务占到了券商资管的大头,但随着多家商业银行陆续拿到理财型资管业务的资质,商业银行也纷纷争先恐后地推出历史上第一批银行理财资产管理计划(产品),借此银行将不再依赖以往局限的银信合作与银证合作"通道"业务,拥有了直接将资金对接资管计划的能力。反过来看,那些之前过分依赖与银行合作通道业务的证券行业与信托行业可能会受到较大的冲击。

在证券行业,就平均值而言,目前券商资管业务产出的利润在总体业务中占比还是偏低的。据招商证券的行业研究报告披露,从资管业务对券商盈利的贡献度来看,2018年前三季度上市券商资产管理业务实现净收入近25亿元,该数据远远低于经纪业务的净收入234亿元,以及自营业务的投资收益150亿元。上市券商经纪和自营业务对利润的贡献比重分别提升至40%和26%,而资产管理业务的贡献比仅为4.3%。

——证券投资部(自营)

该部门以券商的自有资金来进行投资,由于运作的是券商自己的资金,该部门对于亏损的容忍度也相对较低。目前券商投资自营部分为以下几个路数:方向性投资、量化金融等,其趋势是随着方向性投资规模渐小,量化等增大,随着未来权益互换、做市等业务的兴起,未来对于人才需求也会更多。需要注意的是该部门招聘的人数较少,一般对应届生只招收助理研究员。

——销售交易部(销交)

英文全称叫作Sales and Trading,简称S&T,既然涉及销售与交易,那当然是与二级市场密切相关的。理论上来讲,证券公司绝大部分的分支机构都是营业部,也是从事二级市场交易的经纪业务部门,但这里所说的券商总部的销售交易目标客户有所不同,类似银行的对公业务,面对的不再是散户,而是机构投资者(在中国,由于仅有证券公司才拥有"交易席位",因此所有机构要进行股票的交易都只能通过证券公司这唯一一类经销商),销售交易部门除了代收印花税之外,还通过收取机构投资者交易的佣金以及交易手续费来赚钱,不论是营业部还是总部的传统经纪业务都遵循这样的盈利模式。从职业发展的角度来看,S&T的常规跳槽路线一般都以买方的基金居多。

——经纪业务部

经纪业务部分为经纪业务总部和营业部,总部负责管理和规划各营业部。营业部方面已覆盖全国各大中小城市,主要招投资顾问、经理助理、运营管理之类的职务,门槛要求相对低一些,通过在营业部一线战场的磨炼,对于资本市场投资领域的技能提升也是大有裨益的。但当今整体就业市场竞争加剧,券商也不例外,自2013年起,部分大型券商营业部投资顾问招聘条件也均提出研究生学历要求。

经纪业务也分为零售和机构,这与银行的对私和对公业务相对应。随着市场化的改革加快(利率市场化),更激烈的市场竞争(经纪业务利率市场化)将使得券商必须精进更多元化的业务模式,从传统通道型业务向资本中介型和资本型业务方向转变,提高自身竞争力,因此未来几年中券商经纪业务的占比将逐步缩小。

根据2017年年报数据,券商行业的业务结构正在不断调整。总体来看,经纪业务依旧是行业收入占比最高的业务,但其"半边天"地位正在逐步被其他业务"蚕食"。表现突出的是资管业务,受市场与监管变化影响,券商资管业务转型初见成效,收入占比普遍提高。

经纪业务部门的员工基本工资不高,主要收入来源于与客户交易的佣金,客户交易越多、证券公司获得的佣金收益越多,经纪人可以从这笔收益中获得的提成也越多,一般佣金为客户交易额的万分之四左右。

——**固定收益部(也有在IBD内部的)**

由于近年来IPO停摆,券商原投行部的人以及整体券商都将重心转移到了其他一些部门,固定收益部就是其中之一,近两年来券商自身的重心转移以及市场政策中流露出的利好使得固收部的发展越来越好。至今仍记忆犹新的是,2012年年底宏源证券固定收益部第三季度奖金达1亿元的事例正式把固收部推向了业内公认的"新高富帅"王座。其实与投行部相比,固收部的油水没有那么丰厚,因为其业务的盈利来源——手续费仅在1‰左右,但当IPO停摆的大环境下,大量的债券业务收入自然变得非常可观。虽然2013年债券市场遭遇了熊市,但不论是从世界金融发展历史的角度分析,还是从国家现今政策的导向来看,发展和丰富直接融资(地方债、企业债、公司债等)一定会是今后金融发展的大势所趋。

之前许多券商的固收部设置较为不同,有的独立设置在外,和投行部、自营部等平行,而有的由于固收规模较小则只将其分别设在投行部或自营部之中,而目前固收业务正处于大发展时期,前景一片大好,很多券商已经锁定这个趋势并顺势将固收部独立起来。固定收益部包括固定收益产品的销售、交易、发行、撮合等,对人才的要求各有不同。销售岗位看重沟通和交际的能力,交易岗位要有敏锐的投资判断能力,发行岗位可参考投资银行的要求。不过相对于权益部,固定收益部的销售和交易,依靠客观因素的成分更大一些,市场利率、票面利率、央行货币政策等,直接就决定了80%以上债券的销售交易的难度。随着中小企业私募债、资产证券化这些新兴产品的积累,固定收益未来的发展方向也会越来越多元。该部门的研究型岗位偏好数学、统计、金融工程背景的硕士及以上学历毕业生,其他非研究类岗位的要求参照之前介绍的部门要求。①

——**信用交易部(融资融券部)**

简单来说,融资融券,就是券商向投资者出借资金供买入股票,或出借证券供其卖出。根据金融行业发展的历史和趋势,以及金融宏观政策的导向来看,这类业务今后几年内在国内将非常有发展潜力。

融资融券部主要负责近两年兴起的资本中介业务,包括融资融券、约定购回和股权质押融资。该业务的客户接口在营业部,大部分时候不需要直接面对客户,主要负责对营业部该项业务的推动和管理。核心工作任务包括风险评估、授信管理、资券融通、两融投资策略设计、风险控制等,对大机构客户进行拜访和维护。现在该部门的业务规模还比较小,主要业务依靠券商自有资金和券,未来上市公司股东的股票都进入保证金公司的平台之后,该部门的规模和业务量会更多,对市场的影响也越来越大。目前该部门的收入占到大部分券商总收入的10%左右,并且处于稳定增长,因此其重要性是毋庸置疑的。

——**风险控制部**

该部门负责控制券商内各种业务的风险,风控人员需要对资本市场和各种业务都非常熟悉,并结合公司战略角度来评估控制风险。随着金融市场改革,券商的业务模式正变得越来越多元化,各类创新业务对风控部门的人才素质和需求也将逐步提升。想要从事风险控制的求职者可以通过FRM②的考试来提升自己的就业竞争力。

——**法律合规部**

该部门同样是负责风险防范的部门,但与风控部门不同的是合规部负责保证公司各部门运作和展业过程中符合法律和相关管理条例的规定,防范和杜绝风险事件的产生,例如投行的防火墙、自营的防火墙等(为防范腐败而在业务部门和

---

① 摘自:罗毅超级经典:投资银行求职与入门攻略。
② FRM(Financial Risk Manager)是全球金融风险管理领域顶级权威的国际资格认证,由美国"全球风险管理协会"(GARP)设立。2010年起,由全球风险管理协会举办的金融风险管理师(FRM)考试于每年5月和11月中下旬在全球40多个城市同时举行。FRM考试实行分级考试,分为一级和二级(Part Ⅰ和Part Ⅱ),对金融风险管理感兴趣的或正在从事相关工作的朋友,可以通过参加FRM考试提高自己的风险管理知识水平,又可为职场发展和事业开拓增加一个重磅筹码。

研究部门之间设立的信息防火墙)。不用多说,该部门偏好拥有法律背景的人才。

——**人力、财务、行政、信息 IT 部等职能部门**

人力、财务、行政、信息 IT 部等职能部门同样都是券商的重要部门,但属于各个行业均有设置的常规部门,不太具有证券公司的代表性,因此这里不展开讨论。

c. 关于证券从业资格证

求职者需要注意的是,在从业资格证的要求方面,与银行不同的是,券商的大部分岗位需要证券从业资格证作为准入门槛(而银行业一般在员工入职后才要求员工通过银行从业资格考试)。因此求职者应当提前做好准备,在考证学习的同时试探自己是否对证券业感兴趣。

d. 关于各部门工作强度比较

但凡属于券商总部核心部门的工作,与其待遇高的特点相对应的便是其工作的高强度。以很多人关心的投行为例,在项目多的时期(而非行业全年平均值),欧美一个投行部在职者每周工作 100 个小时是家常便饭,这个数字在国内投行中会略低一些。我们可以想象一下一周七天总共才 168 个小时,有 100 多个小时在工作,这就意味着每天都在工作,没有一天可以休息。按照每天上下班、吃饭洗漱等总共不超过 20 个小时来算,每天没有任何业余闲暇生活不说,就连最基本的睡眠每天也就只有 5 小时左右。你会发现,项目任务重的时候,很多人都没有时间回家,桌上摆满着各种"兴奋剂"(力保健、红牛等功能性饮品),这些瓶瓶罐罐见证着诸位精英们生命的燃烧!除投行部之外的其他部门员工的每周平均工作时间会相对低一些,比如据笔者不完全统计和调研,在业务旺季,国内券商总部研究所的员工每周工作时间大致在 80 小时左右,其他核心部门也在 70～80 小时。总而言之,有付出才有收获,拿着高薪的金领们往往有着不为人知的努力与付出。

> 再次提请读者注意，整个投行领域的全年平均周工作时间其实远低于80小时，所谓的每周都工作那么久是不准确的。
>
> 另外请读者注意，上述部门介绍均描述的是现在国内券商的情况，在大陆地区，由于还没有政策准许外资投行开展一级和二级市场的业务，因此现在我们听说的一些在大陆有分支的外资投行几乎都是在承接一些内资企业的业务，帮助这些企业去香港或其他海外地区上市、接手一些收购并购的业务等。所以，目前国内外资投行的投资相关方向的工作岗位较少，建议有志向从事相关领域工作的读者可以同时多考虑一下内资投行。

e. 关于应届生与外资投行

这里的外资投行指的是独资的外资投行而非如高盛高华、摩根士丹利华鑫、瑞银这样的"合资券商"。

对于想要冲刺外资投行的应届生而言，较好的教育背景、英语水平、3.5以上的大学平均分(GPA)、相关的外资投行实习经历、海外交流经历都是至关重要的敲门砖。对于非金融相关专业的毕业生而言，如果能够通过CFA Level 2的考试或注册会计师(CPA)中的某几科目都会对工作申请起到较大的加分效果。地点选择方面，香港、新加坡、欧美甚至内地都是可以考虑的，虽然内地的外资投行目前可开展的业务大多只是收购并购类业务。

投行中的投行部偏好那些有一定社会资源(先天家族拥有或后天行业积累的资源)、善于与人打交道、拥有领导力的人士；而销售交易部则偏好精力旺盛、对数字敏感的人士；股票研究部会更看重求职者的CFA级别，偏好那些能就特定行业进行股票与行业分析的人才，在相关行业实习经历也会对求职者帮助很大；直投部一般都由拥有多年各行业经验的资深人士组成，对于应届生来说机会较小；固定收益部中有偏销售类的业务岗，也有偏研究型的分析岗，前者和投行部的要求类似，要求综合能力强的人，而后者则偏好金融数学、金融工程等数理分析性金融类人才；资产管理部和私人银行(Private Banking)则偏好那些销售技能或者说软技能(Soft Skills)强且拥有一定资源或开拓资源能力的人士。

学历要求方面，随着国内高等教育的不断普及，内外资投行对大陆求职者的要求也水涨船高，比如内资券商最核心的投行部、研究所、资管部都将学历门槛提高到了硕士学历及以上。

待遇方面,与外资投行相对应的内资券商、基金、期货、信托等金融机构给应届生的月基本工资普遍在 5 000 元～20 000 元,比外资投行要少许多。不过岗位数量方面外资投行每年对应届生开放的职位数远远少于内资,因此竞争也比内资的大很多。

f. 归纳 & 总结。

目前国内的证券公司超过 100 家,从市场格局看可粗略分为三类:**国有大型券商**:国有大型券商中具有规模和品牌效应的大约 10 家左右,主要分布在北京、上海和深圳三地,业务多元、平台整齐,通常对各类人才都有需求,机会多,竞争较为激烈。**中小型券商**:很多中小型券商有地方国资的背景,大都在省会级城市,目前投行、资管等业务部门都有往北上深迁移的趋势,但总部还在当地,对于学校就在区域型券商总部的学子可考虑该类券商,其竞争相对没有那么激烈,是很好的选择,如武汉的长江、苏州的东吴等。**合资券商**:摩根士丹利华鑫、瑞银、高盛高华等,门槛相对更高,通常要求有国内外一流高校背景,英语必须能说会道,但由于外资券商在国内的业务比较单一,主要以投行业务(承销保荐等)和研究销售为主,就业机会比较少。[①]

D. 基金 & 资管(Fund & Asset Management)

a. 养老基金、退休基金、社保基金等

大家耳熟能详的是养老、退休基金和社保基金(全国社保基金保障理事会[②])。前者是各省市的社会保险基金,主要来自单位和个人缴纳的社保费,由各地政府管理,投资渠道比较单一,主要是存银行和买国债,目前只有少数省市的少部分社会保险基金委托全国社会保障基金理事会运作。后者是全国社会保障基金,这是一种国家战略性储备基金,主要来自国有股减持划入资金及股权资产、中央财政拨入资金等,由全国社会保障基金理事会管理,投资渠道比较多样,

---

① 罗毅的博客.http://blog.sina.com.cn/s/blog_4b5570a20101fc8n.html.2013-10.

② 全国社会保障基金理事会为国务院直属正部级事业单位,是负责管理运营全国社会保障基金的独立法人机构。其主要职责是:管理中央财政拨入的资金、减持或转持国有股所获资金、划入的股权资产及其他方式筹集的资金;制定全国社会保障基金的投资经营策略并组织实施;选择并委托全国社会保障基金投资管理人、托管人,对全国社会保障基金资产进行投资运作和托管,对投资运作和托管情况进行检查;在规定的范围内对全国社会保障基金资产进行直接投资运作;负责全国社会保障基金的财务管理与会计核算,定期编制财务会计报表,起草财务会计报告;定期向社会公布全国社会保障基金的资产、收益、现金流量等财务情况;根据财政部、人力资源和社会保障部共同下达的指令和确定的方式拨出资金;承办国务院交办的其他事项。摘自:"全国社保基金理事会"官网:http://www.ssf.gov.cn/jj/qgsbjj/201205/t20120507_3993.html.

还可以投股票、基金等。

这些基金大多属于国家事业单位,报名应聘一般均需要通过国家或地方公务员考试,如果要从事金融相关的投资类岗位需要硕士及以上学历。

b. 共同基金

共同基金在国内叫作证券投资基金,它通过发行的基金份额以公开募集的方式吸收投资者的资金,交由基金托管人受托管理和投资。而在国内,人们平常所说的基金主要就是指这样的证券投资基金,即基金公司。基金公司主要的投资标的为股票、期货、债券、短期票券等有价证券。这样的基金自18世纪在英国首次出现后,逐渐传播到世界各国,如今各国各地区都存在这样的基金,只不过称谓略有差别,比如"单位信托投资基金"是英联邦国家地区(我国香港地区也使用这种叫法)的常见叫法,而"共同基金"则是在北美地区的常见称谓,在日本根据日语翻译成中文则是"证券投资信托基金"。

就这类基金公司的职业规划而言,除了常规职能部门和销售岗位类工作之外,比较高端的职位例如产品经理助理、产品经理、基金经理助理、基金经理等都是涉及买方的工作,从上文提到过的买方与卖方的比较可以看出买方对人才的要求普遍要高于卖方。成为这类基金公司内的基金经理是大多数卖方研究员的终极目标,现有的大部分基金经理都是券商研究所的行业研究员出身,基本门槛是相关专业硕士研究生及以上。另外,在作为卖方研究员的时候,需要在研究报告领域有所建树才能成为合格的基金经理后备人选,研究员能否在国内"新财富"上榜上有名是一个非常重要的参考依据。

共同基金的基金经理一般需要具备以下的背景和能力:

> ① 6年以上基金或投资行业相关业务的从业经验;
>
> ② 扎实的金融与会计基础,比如灵活熟练的会计与财务分析、统计分析、投资分析能力,对于许多金融专业所学的基础课程如金融市场、相关法律、公司金融、金融衍生工具、货币银行学等都有深入的理解;
>
> ③ 对于特定的几个板块要有充分的基础知识积累和非常深入的理解,比如要投资通信板块,那么对于该领域就要有足够的了解,比如那些3G、4G、GSM、CDMA等都要有基本的概念;再比如要从事生物科技、制药方面

> 的投资,那么对于生物、药品需要有足够的知识储备,不然可能对一些公司的产品介绍都看不明白,更不用提对市场的供求以及增长率判断了。对于这些特定领域,往往许多工科学生在自学一些 CFA、CPA 后会比纯金融经济类学生更有竞争力,而金融经济类学生往往更擅长分析与投资金融板块的公司。

作为买方,基金公司在各个级别的岗位上的待遇都要优于作为卖方的各个职位,以基金经理为例,其收入受其负责的基金业绩影响,但年收入均在百万元人民币以上,甚至千万。①

c. 对冲基金(Hedge Fund)

采用对冲交易手段的基金称为对冲基金,也称避险基金或套利基金。

Hedge Fund 可直译为对冲基金,但当今对冲基金很少从事纯粹的风险对冲业务,更多的都在做投机(Speculation,也就是 Hedge 相反的动作),在国外没有贬义,只是指高风险、高收益(More Risk, Make More Profits)。Hedge Fund 的对立面就是 Mutual Fund(共同基金),由于 MF 是公开募集的开发式基金,而 HF 在私下募集资金(一般只对资金量较大的投资者开放)的封闭型基金,所以国内也有人认为 HF 从某种意义上来说才是"私募基金"。

——对冲基金的投资收益

从投资收益角度来看,对冲基金根据投资方式不同存在一些收益上的区别,比如以做多和做空为主的、低风险的对冲基金则收益比较稳定,通常在 10%～15%之间;而另一种以最大化收益为驱动的对冲基金的年收益率可以达到 30%以上。

对冲交易的方法和工具,如卖空、互换交易、现货与期货的对冲、基础证券与衍生证券的对冲等。对冲基金通过对冲的方式避免或降低风险,但结果往往事与愿违。由于潜在风险较大,因此对冲基金被界定为私募基金的一种,而不是公募的共同基金。中国大陆目前已有数千家对冲基金。

---

① 摘自:基金经理是这样成长起来的. http://asimu.jmeii.com/Guan/InfoContent/4682/48972.html,2010-1-27.

——对冲基金的精髓

如果你有投资学的基础，如果知道阿尔法①和贝塔②系数的意义，那么可以继续往下阅读。在另类投资（Alternative Investment）兴起之前，所有人都不相信阿尔法的存在，所有投资都是围绕着贝塔系数进行的。而另类投资专攻阿尔法的投资，也叫作替代投资、非主流投资。另类投资种类繁多，我们往往根据投资标的的不同来分类，比如私募股权投资（Private Equity，简称 PE）就是专门投资于非上市企业的股权以及一些上市公司非公开交易的股权的基金公司。我们耳熟能详的创业投资（Venture Capital，简称 VC、风投、创投）、天使投资等也是私募股权投资的一种。

而对冲基金的投资目标一般都是有价证券，对冲基金通过买卖交易过程中的差额来获取收益，不论市场总体情况如何，只要个别证券、期权等有价证券或衍生品有涨有跌有空间，操作理论上便可以持续不断地获得收益。用较专业的话来讲，这样的投资不考虑贝塔的因素，没有市场系统性风险，因此收益率也不受市场走向的影响。为了使得这样的对冲基金有能力去驾驭资金、谋求纯粹的阿尔法，基金的出资人往往高薪聘请职业经理人（General Parner）与专业团队去管理，一般支付给这些人约占基金总规模 2% 的管理费，对于投资最后的收益部分按照约 20% 的比例分给这些投资分析团队成员。

> 注意：目前国内还不准许私募基金同时开展一级与二级市场业务，但国外很多私募基金往往同时在做股权投资和证券对冲，因此许多学生难以鉴别私募基金和对冲基金。其实没有必要分得太清楚，对于一些传统的基金，我们倒是可以姑且遵循这么一个判断标准：把不做股权类投资但仍然专注于获取"阿尔法"的私募基金就看作对冲基金。

---

① α 系数是一投资或基金的绝对回报（Absolute Return）和按照 β 系数计算的预期风险回报之间的差额。绝对回报（Absolute Return）或额外回报（Excess Return）是基金/投资的实际回报减去无风险投资收益（在中国为 1 年期银行定期存款回报）。绝对回报是用来测量一投资者或基金经理的投资技术。预期回报（Expected Return）贝塔系数 β 和市场回报的乘积，反映投资或基金由于市场整体变动而获得的回报。有关预期回报的计算请参见资本资产定价模型（Capital Asset Pricing Model，即 CAPM）。

② β 系数也称为贝塔系数（Beta Coefficient），是一种风险指数，用来衡量个别股票或股票基金相对于整个股市的价格波动情况。β 系数是一种评估证券系统性风险的工具，用以度量一种证券或一个投资证券组合相对总体市场的波动性，在股票、基金等投资术语中常见。

由于对冲基金在投资收益方面的提成非常可观,其从业者的收入的确非一般行业可比。但事实上,与共同基金相对稳定的投资策略相比,采取了过于灵活运作方式的对冲基金淘汰率极高,除了经验较丰富,有成熟运作框架支撑的少数大型对冲基金外,大部分的对冲基金都难逃被市场洗牌出局的命运。[①] 根据不完全统计,截至2013年4月末,国内在运行的对冲基金已经超过130只。

d. 私募股权投资、风险投资与天使投资(Private Equity, Venture Capital & Angle Investment)

私募股权投资基金(PE) 在国内也被叫作"私人股权融资"或"非上市融资",是以私下募集(非面向公众)为形式集结投资资金,以投资非上市企业的股权以及一些上市公司非公开交易的股权为主要投资标的,参与这些公司战略规划,提供各类便于该标的成长的资源与建议,做大公司后通过IPO上市、兼并或管理层回购等方式售股套现获利为模式的投资基金公司。

另外由于PE具备私募的性质,它可以不用公开它的财报和投资项目。在国内,许多人容易混淆私募基金[②]和PE(私募股权投资基金),其实老百姓常提的私募大多数指的是私募股票投资基金,而企业家常提到的往往指的是PE(私募股权投资基金)。

私募风险投资基金 和PE类似,但主要投资于其他公司发展的早期,而PE多投资于有稳定现金流的成熟公司,操作方式上VC和PE也有不同。另外,天使投资也被看作风险投资的一种,它是权益投资的一种形式,指富有的个人出资协助具有专门技术或独特概念的原创项目或小型初创企业,进行一次性的前期投资。天使投资的两个特点是:一是投资金额往往较小,二是往往投资于公司的创业最初期。一般来说,一个公司从初创到稳定成长期,需要三轮投资:第一轮投资大多来自个人的天使投资,公司作为启动资金;第二轮投资来自风险投资机构进入为产品的市场化注入的资金;而最后一轮则基本是上市前的融资,来自大型风险投资机构或私募基金。PE/VC等股权投资基金的资金一般可来自个

[①] 杨涛,赵学昂,葛新元.国内外基金产品创新现状与展望报告.2009-06-25.

[②] 基金按是否面向一般大众募集资金分为公募与私募,按主投资标的又可分为证券投资基金(标的为股票)、期货投资基金(标的为期货合约)、货币投资基金(标的为外汇)、黄金投资基金(标的为黄金)、FOF(Fund of Fund,基金投资基金,标的为PE与VC基金)、REITS(Real Estate Investment Trusts,房地产投资基金,标的为房地产)、TOT(Trust of Trust,信托投资基金,标的为信托产品)、对冲基金(又叫套利基金,标的为套利空间),以上这么多种基金形态,很多都是只有西方国家有,在中国只有此类概念而并无实体。

人、FOF（专门投资基金的基金），在国外也可来自养老金基金和社保基金等。

不论是 PE 还是 VC，内部的职级设定都非常类似，一般从 Entry Level 职位开始，由下至上依次为 Analyst（分析师）、AS-Associate（副理）、VP-Vice President（副总）、ED（常务董事）、MD-Managing Director（董事总经理）。Analyst 升至 AS 一般需要两至三年时间，随后每一级升迁平均是三年，许多外资 PE 对 VP 的职位要求都是 MBA 学历或以上。现在很多 PE 都做 Alternative Investment，也就是上文提到的玩阿尔法的，因此投资非上市公司是"该公司是 PE"非充分非必要条件。

这里主要讲一下传统的 PE 投资方式，首先通过无限合伙人（或叫作一般合伙人，General Partner，一般的 GP 在对外以董事总经理 MD-Managing Director）和有限合伙人（Limited Partner 凭借多年积累的丰富社会资源为基础去探寻有前景的公司，随后将潜在的投资项目分给副理们（Associate）做进一步的分析，如果发现确实适合投资则要与其他分析师一起去协调各类公司分别去做尽职调查（Due Diligence Investigation[①]，简称 DD），比如：找咨询公司负责市场方向的尽职调查；找会计师事务所负责 Financial Advisory 的人员去开展财务尽职调查（Financial DD）；找律师事务所负责法务的人士开展法务尽职调查（Legal DD）；有时也会找科技类咨询公司负责开展技术方面的尽职调查。

各类尽职调查完成之后，还需要通过访谈深入了解和分析该公司的管理层的经营理念、管理风格、与过去的业内表现；金融财务方面，PE 团队也需要对项目进行例行的估值分析，最后将各类分析报告汇总整理后交给几位 GP，商议决定后交由董事会与 LP 一起最终决议，如果通过便会开始投资实施。

目前 PE 和 VC 在国内已有 1 500 家左右，被普遍认为是金融业金字塔最顶尖的领域，也是许多金融人才最向往的领域，这两个领域被给与如此之高的评价主要还是从薪资角度出发的（下文还会提到 PE/VC 的收入情况）。面对为数众多的 PE、VC，但真正优秀的有实力的仅占十分之一甚至二十分之一，规模较小

[①] 尽职调查又称谨慎性调查，一般是指投资人在与目标企业达成初步合作意向后，经协商一致，投资人对目标企业一切与本次投资有关的事项进行现场调查、资料分析的一系列活动。其主要是在收购（投资）等资本运作活动时进行，但企业上市发行时，也会需要事先进行尽职调查，以初步了解是否具备上市的条件。尽职调查的内容一般包括：目标企业所在行业研究、企业所有者、历史沿革、人力资源、营销与销售、研究与开发、生产与服务、采购、法律与监管、财务与会计、税收、管理信息系统等。尽职调查的团队一般由项目负责人（交易促成者）、行业专家、业务专家、营销与销售专家、财务专家、法律专家等组成。摘自 MBA Library 网站：http：//wiki.mbalib.com/wiki/%E8%B4%A2%E5%8A%A1%E5%B0%BD%E8%81%8C%E8%B0%83%E6%9F%A5.

的基金资金不够多，投资几个项目后便失去了再投资的资本，在已投项目成熟前只能每天和既有客户交流，而没有其他投资的机会，如果在这样的PE、VC中工作，其实对于在职者是非常不利的，一是行业经验积累局限，二是奖金（Bonus）少，因为项目做得少且成熟周期和间隔都长。而优秀的PE与VC则每一两个月就有新的项目可投，不断地投资新项目、不断地募集到新一轮的投资资金、不断地收获着之前项目退出获得的收益（现金流），这便是一个完美的良性循环。

现实生活中，的确有一些优秀的求职者在面临多家机构抛出的橄榄枝时迷茫于如何判断对方的真正实力，通过调研，笔者在这里列出一些PE、VC业内人士的建议，供大家参考。

其一，尽管如今PE/VC已不像2007年之前那样的神秘，数量也激增至数千家，但不论其中的大基金或是小基金，其中的人员构成仍旧比较固定，由以下一些角色组成：神秘的"基金出资者"，即Limited Partner，这些基金的出资者是谁很多时候只有基金的MD①级别的人才会知道；"基金的管理者"，即General Partner，通常由MD担任；一部分拥有IBD或相关领域多年工作经验的精英；一部分拥有"背景"和"资源"的人士；极少量天赋异禀出类拔萃的无背景人士。

其二，往往只有拥有IBD多年工作经验的精英人士才能拿到PE/VC的入场券，而他们中的大多数都挤破头想要进入这个领域，主要有以下几个原因。首先，IBD做的业务收取的是承销费（国内通常为承销额的1‰～3‰，而欧美通常为承销额的5％左右），作为通道业务和风险实际上并不大的承销，收益是多少呢？上文提到过，以承销10亿元为例，取个中间数，大概是2 000万元的收入，会计事务所、律师事务所、资产评估机构分500万元，剩下自己拿1 500万元。若是PE/VC呢，比如投资10亿元收购某公司股权，一定时间后帮助该公司成功上市融资后原本10亿元价值的股权价值20亿元了，通过转让出售收益则为10亿元！可以看出，PE/VC是玩大的！所以从金钱角度出发，读者们应该能想明白PE/VC的魅力在哪里了。其次，正是因为PE/VC的风险比投行的要大，因此理所当然地需要相关领域中的精英，和一些有背景有资源的人士协力运作基金才

---

① MD：Managing Director，董事总经理，一般是金融业从业人员的一个层级，多见于投资银行、私募股权投资公司等金融机构。从层级上来讲，董事总经理低于合伙人（如果有），高于执行董事（Executive Director）。从业务上来讲，常常领导其所在金融机构的一个部门，但也有一个部门多个董事总经理的。董事总经理是一个层级职务，而非行政职务，在一些金融机构中董事总经理也担任公司的一般合伙人，但值得注意的是许多公司都有多个董事总经理，诸如高盛、摩根士丹利等大型投行甚至拥有近千名董事总经理。

行，这从一定角度解释了 PE/VC 的人员构成。

其三，"如果你对金钱没有超乎常人的渴望和执着，请你离开这个行业"。这是笔者从一位业内资深 MD 口中听到的一句话。上文提到过的高待遇的另一原因是包括投行（IBD）、PE/VC 在内的高收入领域往往都是一个员工当成多个员工用，这样的分配也是导致人均收入高的原因之一。在这样的分配下，对于从业者的抗压能力要求是极高的，需要为了工作而放弃大部分生活。从工作时间上来看，和上文提到的 IBD 的工作类似，PE/VC 的工作时间虽不是那么固定，但是遇到项目的时候，频繁出差和连续几天奋战住在办公室的情况也时有发生，因此如果你想有朝九晚五的生活，想要稳定的时间陪伴家人，那么或许 PE/VC 领域的工作并不适合你。

其四，虽说不论大小，PE/VC 都需要非常高素质的人才，但大家在选择 PE/VC 的时候也需要谨慎，基金规模大的 PE/VC 项目轮转（Turnover）顺畅、衔接紧密，如果在这样的基金中工作往往可以迅速地积累实战经验。相反，如果在基金规模较小的 PE/VC 工作，则很可能将钱迅速地投进了各项目，而每天的工作则是在维护与所投资企业的关系和进度上，这样的工作状态是不太理想的。那么对于网上的招聘信息或是猎头的推荐及相关熟人朋友的介绍，我们该如何来判断这些 PE/VC 的含金量高低呢？我们假设想从事这一行当的人士平时多少都关心一些相关的报道和内容，那么你可以询问对方下列问题。

——一般都投什么行业？如果答什么行业都投，则有两种可能：一是对方的基金真的很有实力，那么这样的实力型基金你应当听说过，若没有听说过，回头搜寻一下相关的新闻和信息或询问朋友，如果还是没能证实其"业界名望"，则很可能说明这基金相对较弱，因为相对专业的基金无论国外还是国内都是由特定几个领域的人才镇守的，对相对特定第几个行业内的资源和消息有最一线的获取能力，因此投资的行业也相对比较特定；而一些小基金则不同，很多时候可能偏向于"杂乱无章"地从各方渠道获取信息进行"投机"。

——你们的项目是怎么找的？有限合伙人（出资人）是谁？这样的问题根据对方和你关系的远近，大多数时候对方不会直接明了地一一道出你想知道的答案，但要注意能不能从对方的只言片语中听出他所"暗示"的"实"的内容，如果能听出对方的基金有较确定的社会资源寻找项目，或出资人名声在外（说明这些出资人聘用的基金管理团队也比较靠谱），则说明该基金实力不差。反之，如果通篇是虚的大的或是告知你他们寻求项目的渠道很多很广之类的话，加上道不出出资者的背景的，则有两种可能：一是说明基金不行，寻找项目的渠道较杂乱、不稳定，说明资源能力不稳定；二是可能对方就是不愿意跟你说，因为关于出资人的情况，很多情况下只有MD才比较清楚。

——一般投对方多少比例的股权？如果答说灵活的(Flexible)，则说明这个基金不太靠谱，除了少数人民币基金，否则几乎所有的大型正规PE/VC都有特定的投资策略(Investment Strategy)，比如会设定单个项目最高投资金额、控股百分比等，并严格地按照这个策略操作。

e. 资产管理(Asset Management & Wealth Management)

资产管理通常指由资产管理人根据客户的要求为其进行资产管理、提供各类金融产品的投资管理的服务。从这个意义上看，凡是主要从事此类业务的机构或组织都可以称为资产管理公司(Asset Management Companies)。

在国内，资产管理公司分为两类：第一类是进行正常资产管理业务的资产管理公司，没有金融机构许可证，比如商业银行、投资银行、证券公司等金融机构都通过设立资产管理业务部或成立资产管理附属公司来进行正常的资产管理业务；另一类是专门处理金融机构不良资产的金融资产管理公司，持有银行业监督委员会颁发的金融机构许可证，比如中国四大资产管理公司——中国华融资产管理公司、中国长城资产管理公司、中国东方资产管理公司、中国信达资产管理公司。

第一类：各类金融机构的附属资管部门或公司

以券商的资管为例，其管理业务一般包括集合理财、定向理财与专项理财，集合理财产品仍然是资管收入的主要贡献者。若券商取得全牌照，投资取向有准现金类产品、权益类产品、信托、债券等，也有实业投资。据统计，目前集合理财占资管的70%左右。在上述办法实施后，定向理财以及专项理财在资管收入的比重也有望得到提升。

由于券商资管业务受到监管层的鼓励，而之前的银信合作则受到更多的政策限制，所以券商资管业务会有更大的发展，而且从目前的情况来看，很多银行已经主动向券商抛出了橄榄枝，探寻合作事宜。今后一段时间，券商尤其是银行系的券商其资管业务会有一个大的提升。由于信托具有天然的风险隔离优势，在产品设计上也非常灵活，所以更多情况下，会出现银、证、信三者携手合作的局面。信托和券商既有竞争也有合作，而银行一家独大的局面可能会受到前所未有的挑战！

第二类：专门处理金融机构不良资产的金融资产管理公司

20世纪80年代，在美国曾爆发过一场举世震惊的金融银行业危机，近1 500多家银行、1 300家储蓄和贷款机构陷入了困境。与2008年美国次贷危机后政府的举措类似的是，当时的政府与相关机构联邦存款保险公司、联邦储蓄信贷保险公司同样进行了全力补救，就在那时美国设立了重组信托公司对储贷机构的不良资产进行处置。随后几年间，这些特殊的不良资产处置公司在维持金融安全性与创新等方面都做出了显著的成绩，当时美国政府的这一举措与设立的重组信托公司因此被认为非常英明，从而在之后的若干年间被许多国家效仿，用来应对处理各类金融风险与不良资产。

我国金融资产管理公司是经国务院决定设立的收购国有独资商业银行不良贷款，管理和处置因收购国有独资商业银行不良贷款形成的资产的国有独资非银行金融机构。上文提到的"四大"——华融、长城、东方和信达建立之初分别接收了从中国工商银行、中国农业银行、中国银行、中国建设银行剥离出来的不良资产。这些国有资产管理公司通过收购、管理和处置国有商业银行剥离的不良资产，对防范和化解金融风险、深化金融体制改革和增强国有商业银行的国际竞争力具有十分重要的意义。该公司将利用其特殊的法律地位和专业化优势，综合运用债务追偿，资产置换、租赁、转让与销售，债务重组及企业重组，债券转股权，资产证券化等手段，实现不良资产的价值回收的最大化，最大限度地保有全国资产。对于求职者来说，这些公司每年在各地的办事处所在区域都有校园招聘和社会招聘，学历一般要求硕士研究生及以上。

E. 期货 & 信托 & 房地产(Futare, Trust & Real Estate)

a. 期货

期货与现货完全不同，现货是实实在在可以交易的货(商品)，期货主要不是货，而是以某种大宗产品如棉花、大豆、石油等和金融资产如股票、债券等为标的的标准化可交易合约。因此，这个标的物可以是某种商品(例如黄金、原油、农产品)，也可以是金融工具。交收期货的日子可以是一星期之后，一个月之后，三个月之后，甚至一年之后。

期货公司是替客户进行期货交易提供相关服务的中介公司，在盈利模式上其主要利润来自对客户交易的手续费收取，也有一部分收益来自公司期货研究员分析报告的对外销售，可以说期货公司是交易者与期货交易所之间的桥梁。

期货公司的主要岗位有：

经纪商：期货经纪商的种类有许多，国际上常见的有期货佣金商（FCM）、介绍经纪人（IB）、商品交易顾问（CTA）、经纪商代理人（AP）、场内经纪人（FB）等，他们之间存在交叉部分。

佣金商：不管名称、规模以及经营范围如何，其基本职能都是代表非交易所会员的利益，代理客户下达交易指令，征缴并管理客户履约保证金，管理客户头寸，提供详细的交易记录和会计记录，传递市场信息，提供市场研究报告，充当客户的交易顾问和对客户进行期货和期权交易及制订交易策略的培训，还可以代理客户进行实物交割。可以雇用一些商品交易顾问、商品合资基金经理、介绍经纪人和场内经纪人为其工作。

交易顾问：通过直接或间接形式为他人提供是否进行期货交易、如何进行交易和管理资金等方面的建议。间接性建议包括对客户的账户实行交易监管或通过书面刊物及其他报刊发表建议。

期货研究员：根据特定商品分类，不同的期货研究员研究不同的分支，研究报告和成果可为内部交易策略提供支持、可供期货公司的客户作为内部信息与资料分享。另外，研究员定期也需要配合经纪商、代理人、交易顾问等对客户进行相关知识的培训、概念的灌输和技术指导，配合期货公司的市场拓展。

合资经理：管理用集资方式集中起来的资金，用这些资金进行期货交易，以钱生钱。他们亲自分析市场，制定交易策略并直接下指令。

介绍经纪：为期货佣金商或商品合资基金经理等寻求或接受客户交易指令，进行商品期货或期权的买卖。只收取介绍费，不收客户保证金和佣金。

代理经纪：代表期货佣金商、介绍经纪人、商品交易顾问或商品合资基金经理寻求订单、客户或客户资金，可以是任何销售人员。

场内经纪：场内经纪人即出市代表，代理任何其他人在商品交易所内执行任何类型的商品期货合约或期权合约指令。[1]

总的来说，国内期货行业的发展时间较短，期货类产品的杠杆和风险也比其他金融类产品高不少，对客户设置的资金准入门槛也较高，因此有能力或认可期货投资的群众基础非常薄弱。上述岗位如期货研究员、理财顾问等岗位比较适合高等金融学历的求职者，但是大多数期货公司的初级研究员都有多年金融领

---

[1] 各类别简介摘自百度百科-期货公司的种类介绍：http://baike.baidu.com/link?url=ywAlunCcMULWhRKMp9_3d7CrdjA7Nbzdk0T8VUMJVyhLSxGiIBkS3FlBNqV2yzjNGEAW6ZMR5k7BWQlPHVo8_a.2015-10.

域的实战经验,因此这类工作并不太适合应届生。除此之外,大部分都是偏销售的岗位,而事实上销售类岗位也是各期货公司需求最大的,期货公司的销售岗的基本工资不如证券公司,业务开展难度也更大一些,初期难度尤其大。另外,如果要想做操盘手的话得有很多年的积淀,没有5年以上的实际操作经验是很难做好的。

b. 信托

信托是一种特殊的财产管理制度和法律行为,同时又是一种金融制度,信托与银行、保险、证券一起构成了现代金融体系。信托业务是一种以信用为基础的法律行为,一般涉及三方面当事人,即投入信用的委托人、受信于人的受托人,以及受益于人的受益人。

信托可以有很多种分类,我们选择较为直接易懂的分类方式,即以"信托财产的性质为标准",信托业务分为金钱信托、动产信托、不动产信托、有价证券信托和金钱债权信托。

对于应届生而言,信托公司的销售类岗位是首要选择。而信托公司最核心的业务部门对于应届生来说一般难度很大,其中业务方向的岗位要求有一定的社会资源作基础,而研究分析型的岗位则要求有金融领域的从业经验。待遇上,一般信托公司的业务提成要高于银行客户经理的提成,但基本工资和其他福利会低于银行从业人员。而由于当今国内的金融发展趋势所致,在银行、券商、信托其中任一领域有过3年以上工作经验的从业者都有较大的机会转型去另外两个领域工作。

c. 房地产

房地产金融是房地产与金融的结合,有广义和狭义两种。从广义的角度来看,一切与房地产活动有关的金融活动都可被认为房地产金融;从狭义的角度来看,一些具体的金融模式才适合被称为房地产金融,比如对房地产企业通过银行发行债券、通过券商投行部发行股票、基金专门投资房地产企业形成投资组合模式、房地产相关资产的证券化、房地产保险、房地产信托、抵押贷款证券化、不动产抵押等。目前,我国房地产金融的发展还属于初级阶段,房地产金融的模式较为单一,以房地产信托、房地产证券等为主,今后还有很大的发展空间。

房地产金融机构:

我国经济界以中国证监会(简称CSRC)1999年4月制定的《中国上市公司分类指引》为标准。该指引以国家统计局制定的《国民经济行业分类与代码》为主要依据，将房地产业作为一个单独的门类，其包括的内容分为三个子类：房地产开发经营业、物业管理业、房地产中介服务业及其他房地产活动。

与我国房地产产业分类相对应，在国际产业分类标准体系中，特别是国际资本市场上最常用的产业分类标准 GICS 和 GCS 将房地产业归于金融行业，将其与银行、保险归于一类。此外，美国 1997 年推出的北美产业分类体系（NAICS）取代了原标准产业分类（SIC），也将房地产业归为金融业。①

而可以从事房地产金融业务的金融组织分成五大类：银行类、保险公司类、信托投资公司类、证券公司类和其他类（各金融资产管理公司、信用社、财务公司）。广义上说，我国目前从事房地产金融业务的主要金融机构有中国建设银行、中国工商银行、交通银行和其他非银行金融机构（如信托投资公司等）。

可以看出所谓房地产金融即是以前文提到的各类金融机构作为枢纽将资金和相关投资机遇流通到金融市场的金融形式。下文列出了银行类、保险公司类、信托投资公司类、证券公司类和其他类（各金融资产管理公司、信用社、财务公司）这五大类金融机构中相对应的房地产业务，希望读者可以从中找到自己感兴趣的方向。

商业银行的房地产金融业务：

办理房地产开发经营企业、房屋管理部门的流动资金贷款与存款业务；办理企事业单位和个人购买商品房抵押贷款业务；办理居民住房储蓄存款和住房贷款业务；受托办理城镇住房基金存款、企事业单位住房基金存款和个人住房基金存款（含住房公积金存款）；受托对缴纳公积金的职工发放购、建、大修自住住房抵押贷款，对实行房改的单位购买、建造职工住房发放抵押贷款；对合作建房、集资建房提供贷款；办理住房建设债券存款、合作建房存款、集资建房存款；办理开户企事业单位以房地产为抵押的其他各类贷款；办理房地产业务的银行结算工作；对于房地产贷款尤其是个人住房抵押贷款实施证券化。

商业银行除了主要承担房地产存贷款和结算业务外，还积极从事与房地产有关的咨询、房地产保险代理等业务。

保险公司的房地产金融业务：

中资保险公司目前是我国房地产领域保险业务的主要承担者，从事房屋财产保险、建筑工程一切险、房屋质量与责任保险、住房抵押贷款还款保证保险、住

---

① 饶海琴：《房地产金融》，上海：格致出版社，上海人民出版社，2008 年版。

房抵押贷款人寿保险和房地产业人身保险等。

信托公司的房地产金融业务：

主要业务有受托经营房地产资金、财产、投资基金的信托业务；作为发起人从事房地产投资基金业务，经营房地产企业资产的重组、购并及项目融资、公司理财等中介业务；受托经营房地产企业债券等的承销业务等。

证券公司的房地产金融业务：

承担着房地产证券的承销、房地产投资基金管理、房地产股票上市公司的改制辅导等工作。

其他类金融公司的房地产金融业务：

其他类包括金融资产管理公司、信用社、财务公司、金融租赁公司、投资基金管理公司等非银行金融机构和视作金融机构的典当行等。

3. 保险

保险公司是销售保险合约、为社会提供风险保障的公司。保险公司分为两大类型——人寿保险公司和财产保险公司。在保险行业，有些国家每个人拥有6~7张保险单，而在中国每100个人只有3张保险单，这证明中国保险业增长潜力十足。

由图3-1"大金融"体系下中国金融业结构划分图可以看出，保险是整个金融体系乃至整个社会稳定的基石，那么保险对于金融专业的求职者来说如何呢？总的来说，保险行业符合高端金融人才要求的职位不多，绝大多数都是担任保险代理人的销售岗位，另外有少量信用管理师（需要持有信用管理师资质证书）、保险经纪人（和保代略有不同）、保险公估人（负责保险标的查勘、鉴定、估损等）、保险精算师、保险核保师、保险保全师、保险理赔员等。这些工作中高端一些的工作都需要专门的技术支持，比如精算师岗位。据统计，2017年，中国持北美精算师（FSA）资格的精算师、持北美准精算师（ASA）资格的准精算师共几千人。如果大家对这个数字没有什么概念的话，那么可以做个简单的比较，截至2017年年底，通过"注会"（中国注册会计师全科考试）的人数已超24万人，其中共有注册会计师10万余人，可以看得出精算师这个年薪百万元的"金领中的金领"的确含"金"量十足。

虽然某种意义上，保险行业对金融硕士毕业生来说不是主要的方向，但大家不可忽视那些保险公司内部资产管理部门或旗下所属的资产管理公司的职位，国家的政策走向是逐步放开金融机构的"手脚"，推动利率市场化并逐步向着欧美的"大混合"的金融体系靠拢。例如，符合条件的证券公司、保险资产管理公司、私募证券基金管理公司等三类机构将可向证监会申请直接开展公募基金管理业务。这意味着国内的资产管理类的 Buy-side 的工作也可以考虑保险系旗下的资管方向。

（三）按技能要求分类（基本面、技术面、量化类、财会类）

选不定具体职业，不如先选准大方向。

人生有无数路口等着大家去抉择，谁选得对路，坚持那个方向，才能走得更远。那些走得最远的人，乃人中龙凤；反之，思路混乱，南辕北辙，只能离成功越来越远。而如此多的方向，代表的便是社会的各行各业，职业不分贵贱，行行出状元，只要找到自己适合的领域和职业，激发出自己的兴趣和潜力，一定能在这个领域有所成就。

金融学的在读学生如果对于今后想从事的具体工作感到迷茫其实是正常的现象，毕竟没有真刀真枪地在公司里工作过，很难直观地感受自己到底适不适合。笔者思考再三，给出从技能角度出发的建议，希望大家从技能角度出发，找准大方向，届时随机应变微调职业规划并不是难事。

1. 基本面

基本面分析包括宏观和微观两部分。宏观方面包括宏观经济状况、研究国家的财政政策、货币政策来分析利率水平和通胀等对企业的影响。微观方面研究上市公司经济行为和相应的经济变量，主要包含对企业、行业、市场方面的具体分析。在基本面分析上，结合宏观微观，最重要的还是财务分析。微观方面的分析技能在美国大部分大学的金融学硕士项目中都会涉及，其中 Accounting（会计）和 Corporate Finance（公司财务）的课程建议大家今后重点学习，如果有 Advanced（高级）的课程，千万不要错过了。就宏观面而言，Macro-economics（宏观经济学）和 Financial Institution（金融机构）等课程中都有所涉及；Financial Modeling（金融建模）的课程中也会涉及对相关的 Sensitivity Analysis, Scenario Analysis, Simulation Analysis 等分析方法的教学。顺便提一句，这类技能的磨炼和提升将有助于从事下文提到的管理咨询类工作。

2. 技术面

技术面分析主要是以股票的价格和交易量等数据为导向，来对未来的股价进行预测的分析方法。技术面分析侧重于图表与公式的构成，以捕获主要和次要的趋势，并通过估测市场周期长短来辅助投资的决策。虽然从某种意义上来说，许多金融从业者包括个人投资者都需要掌握一定的技术面分析技能，但从事纯粹的深入的技术面分析的工作并不是很多，并且事实上纯粹的技术面分析如果缺乏基本面分析结合，效果和意义都不大，所以建议大家不要偏科在这一块上（特别热爱这一块的人才除外）。

3. 量化类

量化分析，也被称为 Quant 类分析。可以说 Quant 容易定义，但 Quant 类工作却不是，基本来说当一份工作中大多数时间都是以数学、统计、编程等数理类工具为基础进行操作和分析的工作就能被称为 Quant 类工作。在美国，金融体系发展得较完整，这类工作有足够的市场，从事量化类金融工作的从业者约占金融业从业者总数的 0.15%，而在国内，由于金融体系的不完整和不发达，Quant 类工作的市场需求远低于美国，量化从业者的比例仅为不到 0.05%。

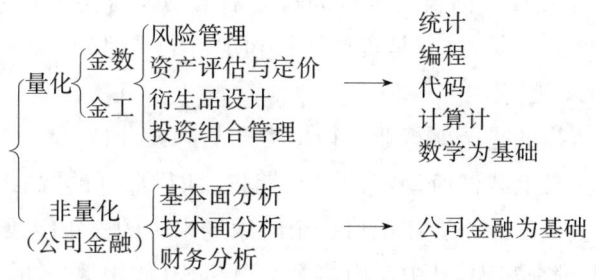

图 3-4

量化类金融工作从市场上主流的工作内容来分可以分为：风险管理、资产评估与定价、衍生品设计、投资组合管理。

（1）风险管理

所谓风险管理，在金融行业也有量化和分量化之分。上文提到的商业银行内的合规部从事的主要就是非量化的风险管理工作，根据国家监管部门的要求、法律法规、公司内部风控制度等来监督内部运营工作；而量化类的风险管理，则是通过数学思维与经济金融知识和法律法规的结合将金融领域中所需判断的影响决策（因变量）的强相关影响因子（自变量）筛选出来，并搭建数学模型，最终通过计算机编程在特定的终端上落地。通过这样的技术手段，我们得以将许多可量化但数据标准不同、许多看似不可量化但需要纳入整体风险评估的数据进行统一，最终为实现更有效率且更准确的金融决策过程而服务。

举个例子,银行传统的信贷业务中不论是对私还是对公都有一套授信评估系统,前线的信贷员(客户经理们)在系统里输入客户的一连串信息并提交后会得到地方分行的授信批复,批复中会对客户的信用水平进行量化的评估,最终在这个评估的基础上作为审核部门给出最终意见。比如一个对公业务的客户经理希望为某企业客户申请一笔 1 亿元的信用贷款,但分行审批部门可能会根据多方面的信息来判断客户的经营情况和违约风险,最终可能给出的批复是:该客户信用综合分为 69 分,授信敞口允许 1 亿元的贷款,但其中信用贷款比例不超过 20%,其余 8 000 万元应当以信用证、保理等质押贷款形式来释放。这当中的评估就是基于背后的风险管理(控制)模型。

(2) 资产评估与定价

资产是财务范畴,定价是市场范畴,量化金融的工作可以理解为结合风险评估、财务分析和市场角度等将财务范畴的数据转化为市场可以接受的层面,比如一家公司要上市,在 IPO 前投资银行部的金融市场部需要评估测算股票发行时的每股价格、总股本数等,这就是资产评估和定价的一部分。

(3) 衍生品设计

衍生品设计,指的是金融行业的衍生类产品的设计,这是一个比较广义的概念,并不单单指狭义上我们所理解的那些期权、期货那样的"高级衍生品",而是可以指代各类"金融产品+",比如将一个游乐场未来的三年门票收入折现,通过资产证券化的手段来实现,其中又由多个金融机构(如担保公司、保险公司、证券公司资管部、信托公司、银行等)来协力完成一款可以投放至市场的理财产品。在这个过程中将各方(包括购买理财产品的投资者)机构的收益分配测算出来就要运用到量化金融的技术。

(4) 投资组合管理(Portfolio Management)

简单来说,投资组合管理也有"量化类"和"非量化类"的差别。最容易理解的非量化的投资组合管理就是老百姓常见的基金公司核心业务所涉及的,不论是货币基金、股票基金、债券基金、混合基金,绝大多数都是由分析师团队运用以"基本面+技术面"为主的分析方法来完成组合式资产配置(投资)决策的,而非运用"量化"手段。这类投资组合投资所管理的资产(所对应的投资标的/金融产品)一般来说很少做选择上与配比上的调整(相对于下面要讲的"量化类"要低得多),从另一个角度来说,其实也正是因为在"非量化类"所运用的"基本面+技术面"分析的技术类别下,投资决策的调整需要步步为营走流程(比如从向卖方获取可参考信息、到独立分析、到完成投资方案和报告、再到投资决策委员会审批等),决策变化的频率在客观条件上也不允许。

而笔者这边所指的"量化类"投资组合管理,则是以数学思维、计算机编程、分析工具应用为核心,搭建和调试用于解决金融投资决策的交易模型与交易策略,并通过编程实现在特定自变量变化过程中由计算机实现自动化的投资交易(往往是高频的、高"换手"的),进而更精准、更高效地提升金融投资决策的效率。在国内的金融机构中仅有诸如大型证券公司的自营部有设立量化交易组,还有极小部分的私募基金在做部分量化类的运作。

4. 财会类

财务类工作包括预测、决策、计划和控制,侧重于对资金的组织、运用和管理。而会计基本职能则是负责核算和监督,侧重于对资金的反映和监督。财务管理(Financial Management)是在一定的整体目标下,对资产的购置(投资)、资本的融通(筹资)和经营中现金流量(营运资金)以及利润分配的管理。这类工作的市场需求很大,各行各业都需要这类人才。因此,将这类技能学好是有很高性价比的。要学好这类技能建议大家参加CPA的考试,注意如果要回国工作记得报考国内的CPA!

(四) 金融行业未来发展趋势预览

1. 为何要判断行业趋势

常识和历史都告诉过我们"计划不如变化快",要想成功就要有一定的远见,而不能当前什么火热就追什么。2000年时红遍全中国的计算机行业带来全国高校的计算机专业与社会间的计算机相关培训业爆炸式增长,而4年之后,当这些本科生毕业之时,甚至连上海交通大学的计算机学生都"一碗难求";随后迎来过金融热、投行热、国贸热等,数年后又由于形势的变化(比如金融危机以及其引起的实体经济危机)以及过于盲目转型的人数太多导致大批的失业和再转型。因此,和本书的宗旨一致,请大家牢记"方向比速度更重要,选择比天赋更重要"。

本节内容的逻辑是:使用和国内各行业发展紧密的国家政策作为导向,以十九大精神为指引,结合各个行业的国际发达国家与国内发展现状的分析与对比,收集并分析相关权威机构的最新细分领域的分析报告,根据自己的和各领域资深专家的分析来筛选重要消息以及各渠道分析报告的核心内容,向读者建议数年后国内大陆地区非常有前景的特定行业的特定细分领域。那么，为了数年后成为满足该领域要求的高素质人才，读者可以据此自己做个对应的职业规划。另外，要注意的是，在完成职业规划后努力的过程中，一定要时刻关注国内外时事，保持与时俱进，时刻根据动态为自己的下一步发展做好微调，这将是至关重要的。就好比开车把对了方向盘往南开，纵然大方向正确但道路却绝对不可能一路向南，其必定是歪歪扭扭，这时候有过开车经验的人一定知道在高速道路上微调方向盘才是正确的选择，急踩刹车和急打方向盘都会引起严重的交通事故。

2. 金融行业未来几年的发展趋势展望

国家政策导向无疑是各行各业发展的风向标，笔者将结合2013年年底出台的《中共中央关于全面深化改革若干重大问题的决定》中金融改革的部分与金融行业发展其他信息，对今后两年国内金融市场的机遇作基本的判断，供读者在选择金融特定方向时参考。

（1）大数据时代下的互联网金融

大家应该对2013年下半年以来"余额宝"与"活期宝"等网络金融产品的出现记忆犹新，这些雨后春笋般冒出来的互联网金融新兴产品已经开始迅速侵蚀传统金融行业的市场大蛋糕，向传统金融机构展现出咄咄逼人的威胁。马云先生曾经说过金融互联网和互联网金融将是未来金融业的两大趋势与机遇，在大数据时代下许多商业银行将金融互联网和互联网金融看作一种威胁和挑战，而实际上对于许多商业银行而言更是获得新生、在重新洗牌的过程中争夺市场份额的良机！那么对于读者来说，其中又有什么值得我们关注呢？

发展模式由规模经营向范围经营转变

随着大数据时代的来临和利率市场化进程的加快，商业银行传统的盈利模式——吸存放贷获取息差的空间逐步减小。大多数商业银行已经意识到纯粹按照传统的方式一味扩大资产规模以增长盈利的模式不但不是长久之计而且已经被淘汰，如何多元化发展比如拓展中间业务成为众银行的研究重点。微观执行上，众银行在重新审视对于资产的规模经营模式后，已经开始向客户群体与市场的范围经营模式转型。

客户群体方面，商业银行近年来的大型企业客户业务占比逐步下降，贷款户数上，大型企业下降的同时，中型和小微企业的占比增长分别都在10%左右。贷款余额方面，全国大型企业增值较缓仅为5%左右，而中型与小微企业则保持在15%左右。从存款情况看，也反映出中、小、微型企业在存款数额上与所占比重上的增长。而另一方面，商业银行的个人客户一直保持着迅速增长。

合作共赢演变为最主流的商业模式

近年来，像银行这样的传统强势金融机构已经开始密切与第三方机构合作（如银信合作、银证合作、银保合作等），将各类金融产品互相结合，为客户提供全方位的一体化服务，随之而来的业务量迅速增长、各类新颖的模式也层出不穷，其目的便是为了寻求共赢以更好地适应金融行业的变化、适应社会的竞争。

金融行业合作共赢模式的形成对于金融复合型人才的需求越来越大，相应的要求也越来越高，对金融行业有全面了解、对各类金融产品有深入认识的人才将成为金融行业的新宠。

（2）优先股、公司债等改革

优先股提供投资者更安全的投资渠道选择，并且优先股因为被计入银行财务报表的资产端而非负债端，增加了银行核心资产的扩张渠道，因此银行非常需要通过发行优先股补充资本满足资本充足率的要求，所以未来银行将会成为发行优先股的大户，银行金融市场部的前景被看好，需求人才将增多。

公司债改革等一系列债券市场的改革将使得券商各层级从中收益，其中固收部很可能获益更多，对于相关领域的人才需求也将增多。

（3）股市的复苏——IPO重新开闸、上市审批制向注册制开始过渡

随着市场的发展，包括证监会在内的国家相关部门会积极将国内证券市场的上市审批制向注册制进行过渡，注册制的实行意味着IPO流程的优化与简化，最终使得上市渠道变得更通畅，这对于券商投行来说无疑是一个利好。

（4）人民币汇率市场化

国家一再强调"价格方面要完善人民币汇率市场化形成机制，要拓展外汇市场的广度和深度，有序扩大人民币汇率的浮动区间"。这告诉我们央行将减少对外汇市场的过多干涉，会将利率市场化深化落实到切切实实的执行上去，同时也从侧面反映出未来外汇市场上各类金融机构将更有机会大展身手，今后人民币国际化衍生业务量必将猛增，而与此同时外资行也将逐步融入银行间市场的份额争夺。

（5）利率市场化改革越发完善

市场利率定价制度的改革一直是我国金融体制建设的重中之重，2013年贷款利率市场化已经实现，2015年10月23日，央行又宣布放开存款利率上限，这

标志着利率管制基本放开。

利率市场化证明了我国金融体制改革的大方向——放开禁锢我国金融业发展的枷锁，促进建立更良性、更符合社会发展的市场竞争机制，让这样的机制为整个金融行业敲响"优胜劣汰"的警钟，从而促进整个社会全方位前进。对于金融类人才而言，更健全更有朝气的金融市场将不再是只依赖传统模式、固步自封的套式便能驰骋之地，而将是一个能者出挑、八仙过海——各显神通的更大舞台。

(6) 加快实现人民币资本项目可兑换——转变跨境资本流动的管理：逐步放开QDII和QFII资格额度审批

国家给出的金融市场的另一强烈信号是关于对跨境资本流动的管理改革，所强调的是减少外汇领域的过多干预、优化审批流程，类似利率市场化的逻辑，相关文件指出我国将努力从之前具体而微观的直接干涉模式向宏观指导的形式转变。这对于相关的投资机构而言无疑是一剂强心针，意味着财务成本、时间成本与机会成本的多重减负，意义非凡！另一方面，对于合格境内机构投资者(QDII)和合格境外机构投资者(QFII)的审批制度也将全面优化。

(7) 逐渐引入民营资本，通过设立民营金融机构促进金融市场良性竞争

更自由的竞争性市场将为国内外经济金融活动提供更优质的平台与服务，上述趋势将对整个金融体系产生一系列的影响。2014年改革措施提到我国将在传统的相对缺乏竞争活力的行业如银行业、铁路、医疗和通信等领域注入促进良性竞争的民营资本势力，激活整个金融市场乃至宏观经济面。此前银监会主席已有明确表示，设立民营银行的思路将会在2014年得到具体的实施，根据最新的新闻报道，2014年4月已有数家民营银行获批。

(8) 从以传统经纪业务为主变为各类业务百花齐放的券商新盈利模式

参见图3-5，我们可以看出势不可挡的是传统经纪业务的占比将逐步被自营和资管以及其他业务"侵蚀"。图3-6则是美国高盛2012年业务收入构成图，从中可以看出经纪业务(Brokerage)只是各类业务中的一小部分。

据中金公司测算，2012年其传统的经纪业务仍占券商总收入的近40%，而美国证券业经纪业务的占比约为25%（见图3-5）。而2017年最新数据显示，国内证券公司的代理买卖证券业务净收入（含席位租赁）为820.92亿元，占全年营业收入比重26.37%。而2016年、2015年这一数字分别是32.10%、46.79%，经纪业务收入贡献已经从占据半壁江山下滑到不足三成。经纪业务的占比在未来几年还将逐渐降低。

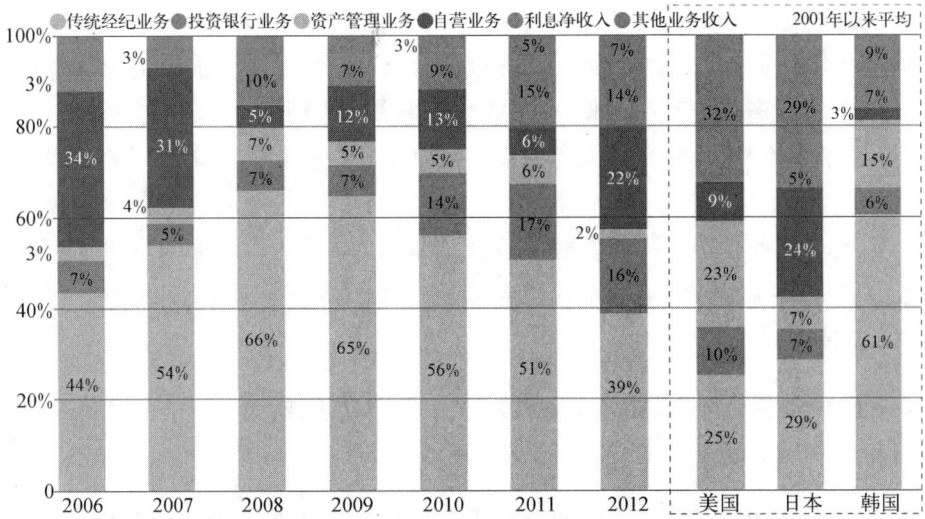

图 3-5 中国证券业历年业务收入构成图

数据来源：中国证监会、中国证券业协会、中金公司研究部

Deparment	Division	Business	Net revenue(2012)	Net revenue(%)
Investment Banking	1. Financial Advisory	1. mergers and acquisitions 2. divestitures 3. corporate defense activities 4. risk management 5. restructurings 6. spin-offs	4 926	14.42
	2. Underwriting	1. equity underwriting 2. debt underwriting		
Institutional Client Services	1. Global investment research	1. fundamental research	18 124	53.05
	2. Fixed Income, Currency and Commodities Client Execution	1. interest rate products 2. credit products 3. mortgages 4. currencies 5. commodities		
	3. Equities	1. Equities Client Execution 2. Market Making 3. Brokerage		
	4. Securities Services	1. financing services 2. Securities Lending Services 3. Other Prime Brokerage Services		
Investing & Lending	N/A	1. ICBC 2. Equity Securities 3. Debt Securities and Loans 4. others	5 891	17.24
Investment Management	N/A	investment and wealth advisory services	5 222	15.29

图 3-6 美国高盛 2012 年业务收入构成图

数据来源：美国证券交易委员会（U.S. Security and Exechange Commission）

在以经纪业务为代表的券商传统业务量萎缩的背后，创新业务则是取而代之的业务增长重点，也是结构性成长的机会，各家券商已经做出了很多新的调整。未来的券商，对于客户来说，不能仍旧将视野局限于传统的投行、经纪、自营、资管等业务，而是要努力成为流动性提供者、交易对手方，以及风险工具和产品的提供者。

因此求职者在选择职业发展和技能积累时，可以适当考虑向资管、自营、信用交易部（融资融券部）等特定领域或融资融券、约定式回购、质押回购等特定业务所需的技能方向加强积累。

（五）金融行业职业发展路线与待遇情况分析

1. 非外资行

首先来讲讲进入银行工作的途径：一是应届生招聘，二是社会招聘。

对于参加应届生招聘的，有的商行专招柜员岗，除此之外，一般情况下大多数应届生都只能进支行工作，很难进入分行和总行系统。应届生毕业后大多轮岗几年，通常是做一轮柜员（约一年），然后优秀的会被推荐转作个人理财客户经理。当然支行条线会有公司业务（对公）的设置，但其主要的部门都在各省和直辖市的分行以及总行。应届生在进入支行条线后，通过自己的努力是很可能转入分行条线的，可以是内部跳也可以是从外部跳（比如从一个银行跳槽至另外一个银行）。如果想从事非业务条线工作，也可以通过行内相关工作的积累完成转型，比如想从事信贷审批这样的工作，可以通过客户经理（业务条线）的工作积累实业经验，通过自己参与的各种信贷案例积累对信贷业务风险判断的经验和技巧。所以，大家可以看到，在银行做客户经理并不一定是一辈子的销售，转型的机会其实是存在的，大家要记住："客户经理是行长的摇篮。"

另一个比较特殊的情况是，国内四大行加上交通银行，每年都会在校园招聘总行、省和直辖市分行的"管理培训生"，如果被录取为管理培训生则发展前景比较光明，有的银行根据新员工的志愿分配到相关部门，在该部门的各岗位轮岗一段时间，然后从事相关的管理工作；也有的管理培训生会被安排在各个部门轮岗，一段时间后再按照表现和志愿分配到对应的部门工作，其中有的管理培训生会被分配至业务条线。

除了管理培训生项目外，也有特定的总行或分行部门（比如金融市场部/投资银行部）会招收应届生，一般来说应届生通过内部推荐可以进入（占70%），自身实力出色的一样可以进入(约占30%)。

对于参加社会招聘的,业务条线方面的职位对求职者的学历要求相对宽松,而对求职者的销售工作背景和客户资源非常看重,不少银行甚至对学历放宽至专科。非业务条线方面的工作,如果有相关行业的业务经验,便有机会跳槽进入省分行甚至总行的中台工作。打个比方,如果你想进入银行的贸易融资部做审批,你可以在大企业的相关部门做和银行对接的工作(比如财务),熟悉企业贸易融资的真实情况和贸易系统的整个流程,然后作为有行业内工作经验的人士跳入银行。

2. 外资行

外资银行是管理培训生(Management Trainee)的应届生项目的发源地,也是众多应届生尤其是"海龟"的心仪归宿,这里以应届生校园招聘中的汇丰为例,向大家介绍一下外资行职业发展的一些信息。汇丰2014年的管理培训生项目,培训时间为两年,给海外留学生开出特别通道,安排远程面试,其中申请者在网申过程中可以选择以下方向中的一项作为志愿,Commercial Banking(在汇丰CB指的是公司业务,其他银行或使用Wholesales这个词),Retail Banking(非对公的零售银行) and Wealth Management(贵宾理财), HSBC Technology and Services(IT部门) and Global Functions(环球金融市场部)。被录取的员工今后会在志愿所对应的部门内多个职位轮岗,两年之后根据表现会被分配至特定的岗位工作。申请管理培训生的难度一直以来都不小,但近年来随着各项金融政策的放宽和业务的扩张,各大外资银行对人才的需求也越来越大,几年前汇丰上海的管理培训生只招收10名左右,而2014年已扩招至60至70人。由于汇丰的管理培训生在参加两年的培训和工作过程中途离职,则需要根据协议支付给银行可能多达10万元的违约金,因此建议求职者在申请管理培训生岗位时谨慎,仔细而充分地做好功课,了解清楚对应的部门的工作,以便判断今后的职业发展是否与此相符。

银行待遇方面,在引用最新数据描述银行业待遇水准之前,请读者注意所有的这些平均值都是由全国各分支行所有员工工资统计而得,由于地区消费和收入水准不同加上不同银行在不同区域的"势力范围"或者说业务量大小不同,会导致同一银行内不同地区分支员工的待遇相差较大。总体上,上海和北京的薪酬最高,深圳、广州以及东部地区次之。具体数据方面,全国以北京、上海为首的金融中心中层管理收入要比最低的高出30万元左右;基层管理层面上的年薪方面,最高的地区上海比最低的北部地区年薪高出了近13万元。可见,各地银行在职人员的收入水准相差甚大。

除了上述以地域为划分的比较方法之外,再教给大家一个简单的自我判断的方法,就是关注某特定银行在该省、直辖市的资源或业务量如何,比如日均存贷款量、年净利润等数据,一般来说特定银行总行所属的区域,分支行的员工待遇也都会较高。

我们再来看看中资银行与外资银行的薪资差距。

中资银行方面,根据最新的数据统计,16家上市银行的员工合计206万人,员工最多的两家银行是中国农业银行和中国工商银行,员工数分别为48万人和45万人,这两大银行也是上半年员工平均薪资最少的两家,分别只有11.45万元和11.33万元。

和大银行相比,部分中小银行的薪资是他们的2倍到2.5倍,宁波银行、中信银行、平安银行三家银行牢牢占据银行薪资榜单的前三名,2017年上半年平均薪资分别为28.41万元、27.93万元和27.16万元。这16家银行中,2017年上半年人均薪资最高的宁波银行正好是最低的工商银行的2.5倍。2017年上半年,招商银行、南京银行和兴业银行的人均薪资也超过了20万元,分别达到了23.37万元、21.88万元和21.15万元。

和其他行业进行对比,银行业的人均薪资明显不如券商行业,中信证券、国泰君安、海通证券和广发证券的2017年上半年母公司人均薪资最低为29.98万元,都高于银行中最高的宁波银行28.41万元。

国有四大银行的2017年上半年平均薪酬仅接近12万,远远低于一般股份制银行的19万平均薪酬,但这也不难理解,一般股份制银行与国有四大银行的平台有所差距,需要开出更高的薪水才能吸引人才,而且机制更为灵活,激励更到位,因此工资相对较高。

外资银行方面,我们来看一些关于中外资银行薪资对比的数据。

一般来说,银行员工的薪酬中除去基本工资外还会包含奖金、绩效、过节费、年终奖等。总体而言,外资银行的员工薪资结构中固定基本工资比重较大(约占70%),但加上各类奖金后的浮动范围较有限;而中资银行恰恰相反,固定工资较低(约占40%),业务奖金与绩效比例占比很大,总薪资的浮动区间也更大。对于销售类岗位固定工资的比重一般要比销售类岗位的高一些。

从根源上来说,到底是什么造就了中外资银行员工收入构成的巨大差别?

这主要还是由中外资银行在国内金融市场的现状决定的，一直以来外资银行开展业务的模式受到诸多局限，因此为了保障员工的流失率与工作的稳定性，外资银行将员工薪酬中的固定比例设得较高；反观中资银行，则更加重视创造力，既然可以放开拳脚去竞争，便更为看重员工在业绩方面的表现，能者多劳、多劳者多得是中资银行强调的导向。

投资领域： 在各类金融投资机构中，证券公司为社会提供的岗位数量最大，信托则是近两年最为火爆的"大红人"，而 PE/VC 由于门槛高、收入位列金融业最顶端一直蒙着神秘的面纱，因此在这里将主要就这几个领域深入展开。

券商方面： 在 2008 年大熊市中，一向被称为"靠天吃饭"的券商依然拿到了不菲的高薪。业内众所周知，2008 年国内 100 多家证券公司的人均薪酬约 29 万元，其中 1 000 多名高管的人均年收入接近百万元，其中中信证券人均年收入 36 万元独占鳌头。在董事长年薪排名中，海通证券（253 万元）、中信证券（196 万元）位居前列，而排名末尾的券商董事长年收入是 62 万元。

在 2008 年第三季度至 2010 年底之间，IPO 发行开展得如火如荼，一些外资证券，如摩根士丹利、高盛、德意志证券以及中金等，第一年入职的员工年收入可达 100 万元左右，其中以中金为例，第一年基本工资 45 万元，奖金 45 万元，福利 10 万元，而平均 5 年后年收入可达 300 万元左右。国内证券方面，代表性公司如国泰君安、申银万国等新人第一年年收入也有近 40 万元左右，例如在申银万国刚从业研究员的奖金 20 万～70 万元不等，这批人 5 年后的年收入按照当时的行情大概有 120 万元左右。

2010 年，15 家上市券商人均年收入为近 24 万元，比 2009 年 13 家上市券商人均 22 万左右的收入水准略有增长。

到了 2011 年，随着 IPO 开始减速，2012 年 11 月 16 日证监会正式停发了所有上市公司的 IPO，直到现在（截至 2013 年年底）证券公司员工的待遇犹如刚驶过最高点的过山车般极速下滑，投行部的员工年收入锐减 80% 甚至更多，研究所和其他核心部门都受制于整体证券市场的低迷，待遇大不如前。券商开始裁员潮，而留下的员工则有的跑去做 OTC（场外交易），比如做新三板，有的跳去了资管，也有的去了债券承销组/部或 M&A 做并购财务业务。2013 年的市场行情是，例如海通、国泰君安、申银万国等券商投行部 IBD、研究所等核心部门第一年入职员工的年收入含奖金是 10 万～15 万元，第二年起会有更多的奖金（业务中提取更多的 Bonus），但具体是多少还要根据届时的行情。不过由于 IPO 重新开闸在即，十八届三中全会所体现的国家对于各类关于债、优先股等各方位金融改革的决心，券商的好日子也指日可待。总的来说券商的平均待遇水准仍旧是非常高的，即便在2012年，18家上市券商职工人均年薪26万元，中信证券仍以近50万元居首。我们可以看到，即便是在证券行业的寒冬季，证券公司的员工平均年收入仍然可以保持在一个较高的水准，说明金融行业的总体薪资水准在整个社会中的地位是非常稳健的。

我们以上市券商的平均薪酬与上市银行的做比较，同时也要参考券商整体的薪资水平，2017年度券商行业人均薪酬数据显示102家证券公司的行业年度人均收入约45.65万元，其中有8家公司的员工年度人均收入超过100万元。其中最高的高盛高华人均薪酬达到305.64万元，最低的大同证券为13.75万元。（以上数据来源为东方财富Choice数据、证券公司2016年年报）

信托方面：过去近10年间，信托公司的员工平均年收入曾一度高居整个金融行业第一。随着国家对整体金融体制的改革，信托作为金融市场不可缺少的重要组成部分，其未来的前景非常乐观。根据2016年年报数据统计，按母公司口径计算，68家信托公司2016年年末合计应付职工薪酬为163.32亿元，同比增长13.78%，平均每家为2.4亿元。而2017年年末行业人员总计18 393名，人均薪酬约88.8万元。

PE/VC方面：待遇上有和投行类似的分配模式，比如在行情尚可的时候，把Base（基本工资）当作零花钱，因为往往年终Bonus（分红）是年基本工资的好几倍甚至十倍以上。一般年终奖主要由两部分构成，一部分来自所投资项目的佣金（在项目投资期间便可获得，一般约为2%）；二是项目最终套现（退出）后所获的净收益（按照职位高低按比例获取，上文已有提及该部分净收益中的20%将发放给整个PE管理团队），基本上所有奖金中有近八成的部分来源于后者。因此，PE行业从业者的待遇好坏直接取决于项目的进展情况。而和投行不同的是，投行赚取的是风险很低的承做承销业务的佣金，以总承销额的1%～3%计算，而PE/VC则以投资后回收资本盈利的部分作为分红对象，就行业平均收入而言，理论上在国家宏观经济形势尚可的情况下其待遇要比投行的高出不少。

总体而言，从各行业年平均收入来看，基金公司的待遇要高于证券公司，信托公司前两年领跑金融行业，商业银行则要低于证券公司但一直都高于保险公司，结合上文对券商、信托、PE、VC的待遇的分析与本段的对比，就可以对剩余几个金融细分领域的情况做出基本的判断。

工作强度和压力方面：外资投行的工作时间在业务旺季每天能达到 18 个小时左右，每周 120~130 小时，注意这里每天工作时间是指 7 天都工作！如果 130 小时 1 周，除以每周法定工作日 5 天，则每天要工作 26 小时，每天不睡觉啥都不能干还倒欠 2 小时！工作时间量：每天 14~16 个小时，每周 90~100 小时。投行之外的其他部门员工在工作时间上平均都要少 20 小时左右。PE/VC 则是根据项目的情况来决定工作强度，在金融和资本市场兴旺的时候，有的员工连续三四天不回家奋战办公室做项目，也有的员工赶赴各地考察像高级领导人般忙碌。

升职方面：Analyst 经过 2~3 年可升为 Associate，再过 2~3 年可升做 Vice President(VP)，到了 VP 大多数人会遇到瓶颈，根据个体能力和机遇不同若干年后有望成为 ED，再过若干年后则可能成为 MD。一般做 3 年 Analyst 后，很多人选择读 MBA 去了，念完 MBA 后大多数人都能直接升到 Associate。研究所方面的升职道路：Research Assistant（有的投行没有这个职位）-Research Associate（对应 IBD 的 Analyst Level）-Research Analyst（同样的 Analyst，在投行里面级别划分的时候可能是 Associate，有可能是 VP，甚至是 MD。首席经济学家写报告的时候也就注明自己是 Analyst 而已）。

另外跳出 IBD 的人，大部分的去向都是 VC/PE，而跳出研究所分析师岗位的则大多去了买方的基金比如 He dge Fund（对冲基金）做投资研究了。因此，一般情况下从事一级市场相关工作的往往不会愿意跳去二级市场方向，而二级市场方向的从业者有一定比例的希望往一级市场方向转型，但难度较大。在最初选择方向的时候，做一级市场方面的工作求职难度就要比做二级市场的大很多。

总的来说，在金融业发展有以下几个重要特征值得读者注意：

第一，金融业涉及的范围非常广泛，按照金融金字塔的分类来看，投资、银行和保险三个领域内的工作有明显的界线，也就是说不同领域的人才很难相互转换，比如从事商业银行领域从业者很难有机会转型进入证券公司、基金公司等；反过来，进入金字塔上层领域的人才或许有能力往下走，但多数情况下这些人才出于种种原因（比如待遇差异、机会成本等）不会选择往下走。因此在选择自己职业方向的时候，读者需要多加小心，谨慎选择。

第二，薪资水准方面，金融业多年来一直牢牢占据着所有行业年平均工资的头把交椅，直至 2016 年被 IT 行业以 12 万元首次超越位居第二，但 11 万元的平均年薪依旧是各行业中的绝对佼佼者,是全国各行业平均水平的 2 倍以上。因此,从事金融行业,"高薪"以及随之而来的"面子"都是吸引大批人才驻扎金融业的重要原因。

第三,在社会关系方面,金融领域特别是高端投资细分的从业者会接触大量高净值客户,比如在二级市场券商的研究所工作将频繁接触各类上市公司(客户)的董监高,而在一级市场券商的投行部则将接触一批又一批即将成为各行业龙头公司(客户)。在开展工作的过程中,此类从业者还将接触到诸多政府监管部门的专业人士、各行各业的专家权威等,这样的"浸泡式"工作环境无疑对从业者的社会人脉资源积累是非常有帮助的。

第四,不同金融领域的薪水的高低也一直也是人们所非常关心的话题之一,所谓"隔行如隔山",这里的"行"有多种划分方式。首先,是更传的统计(统计便利性的角度),以金融机构类别为划分,其中排行方面多年来一直保持着"信托＞基金＞证券＞银行＞保险"的格局。其次,我们还需要特别注意真正"隔行如隔山"所代表的并非金融机构类别之间的"相隔有多大",而是指细分领域。券商全国全员的平均年收入达到 50 万元的情况下,却大致有 95% 以上的员工的平均年收入不足 20 万元,这样的悬殊就是由于工作性质或者说内容的不同导致的。

(六)如何提高自身在金融行业的竞争力

1. 获得相关技能类证书

技能类证书存在的意义就在于通过提供特定领域所需技能的测试,为满足特定条件的人才颁发证书,另外也能为相应领域内需要雇用员工的企业提供对人才的判断标准和参考依据。作为体系非常复杂的金融业,自然为我们提供了"丰盛"的技能考试"盛宴",接下来我们就来看看主要有哪些考试可供我们选择以及如何选择适合自己的考试。

(1) CFA-Chartered Financial Analyst

CFA 是"注册金融分析师"或"特许金融分析师"(Chartered Financial Analyst)的简称,也是美国以及全世界公认金融证券业最高认证书、全球金融第一认证体系,同时也被称为金融第一考。

CFA 考试分为一、二、三级共三个阶段(Level Ⅰ、Level Ⅱ 和 Level Ⅲ),一级为入门级,通过一级和二级后才可以报考三级。第一级考试每年 6 月和 12 月各举行一次;第二级及第三级考试每年均于 6 月同时举行一次。

CFA 考试主要由四部分内容组成：道德和职业标准、投资评估和管理的工具和因素（含定量分析方法、经济学、财务报表分析及公司金融）、资产评估（包括股票、固定收益产品、衍生产品及另类投资产品）、投资组合管理及投资表现报告。

CFA 一级考试课程侧重投资评估和管理的工具和因素，包括资产评估和投资组合管理技巧的入门介绍。

CFA 二级考试课程侧重资产评估及其工具和因素的应用（包括经济、财务报表分析和定量分析方法）。

CFA 三级考试课程侧重投资组合管理，包括个人或机构管理股票证券、固定收益证券、衍生工具和另类投资的资产评估模式以及影响各类投资方式的因素等。

除此之外，道德和职业标准是 CFA 三个级别的考试课程中均强调的内容。

如果参考各大网站及官方介绍，CFA 身上总是环绕着各种光环，但 CFA 证书在当今社会中的真实含金量到底被体现得如何呢？

首先，供需失衡。

众所周知"物以稀为贵"，CFA 考试虽然历史悠久，但八九年前，CFA 报考和持有者在中国大陆还属于非常稀有，根据 2016 年年底的数据统计，中国大陆地区 CFA 持证者为 4 434 多人，主要集中在北上广，累计达 3 921 位，与此同时，中国香港 CFA 持证人达 7 379 位，中国台湾为 491 位，中国澳门为 37 位。此外，中国大陆还有近万人通过全部 CFA 三级但并未持证，近几年来，中国大陆每年 CFA 三级考试的通过人数都在 1 000 人左右。基本两三年的 CFA 三级通过人数就能和之前历史总人数持平，由此可见 CFA 的含金量逐年下降是个不争的事实。

与 CPA 全国人数过 20 万人，其中持证者近 10 万人相比，高端投资金融领域的人才需求远不如会计财务领域那样高，所以从某个角度来看，除去纯粹的总人数增加导致证书贬值的因素，在全国乃至全球金融不景气的近年间，该领域供需不平衡也是使得证书含金量降低的因素之一。

其次，不够接地气。

称之为不够接地气的原因是：① CFA 所学知识体系均与大陆实际应用有差距，比方说其中的资产估值方式与大陆资本市场采用的逻辑差别很大，再比如说财报分析，连会计准则和财报里的科目都存在不同，回到大陆的金融市场在实际应用上也自然会水土不服；② CFA 只学"招式"，不够全面不够宏观，反观 CPA 要学财务、会计、税法、经济法、战略等，即包含的不仅仅是微观技术，还涵盖"游戏规则"与"根源逻辑"的学习，这些都是金融高端领域人才，特别是一级市场人才特别需要的。

再次，机会成本过高。

在中国大陆由于高端投资领域的僧多粥少，导致 HR 在某个部门的某一个 Position 上往往收到数万份简历，而在如此火热的人才供应量下，HR 们往往增设更多的条条框框来帮助筛选，于是 CFA 也成为其中之一，换句话说，在大陆地区，想要脱颖而出，CFA 还是有效的法宝之一，但需要注意的是，同样由于 CFA 三级通过者增长速度越来越快，在求职过程中往往没有通过 CFA 第三级的求职者很难获得雇主的印象加分。一般应届生很难满足由通过转为入会持证的条件，如果是考出全部三级，所要花费的时间、精力与金钱成本也是巨大的，这些成本加起来便是巨大的机会成本（花同等时间、精力、金钱等成本在别的事情上）。对于高端金融市场而言，特别是一级市场的一些顶级金融工作而言，能通过 CPA 中的任何一科（最好是会计）都可能远胜过 CFA 三级通过。根据笔者的观察，那些有能力在 3 年内通过 CFA 三级的学生如果花同样的时间、精力用在 CPA 上，通过个 3~5 科，甚至全部通过都是大有人在，这就是所谓的机会成本。因此，对于在中国从事金融高端工作而言，笔者认为机会成本过高。

那么 CFA 三级通过者在职场到底在哪些方面拥有优势呢？

如果就欧美国家而言，在投资领域，投行之上的各类 PE/VC/Hedge Fund 不会因为求职者通过 CFA 就发出录取，也同样不会因为没有 CFA 证书而将你直接拒之门外，简而言之，CFA 不是决定胜负的关键。对于大多数应届生可以一搏的投行领域，在上文提到的诸多部门中，除了 Equity Research（股票行业研究部）会对 CFA 有所青睐之外，其他部门基本不会将求职者是否通过 CFA 任何一个级别作为简历审核流程或面试流程中的筛选条件。2013 年 2 月，笔者向在华尔街从事近 30 年投资银行业务的美国高管 Mr. Jeff Hooke[①] 讨教 CFA 相关问题时，他语重心长但毫不犹豫地回答笔者，"关于这个问题，很多人向我提过，但今后你需要告诉你私塾的学生和 Hopkins 校友，不论之前 CFA 的光环有多

---

① 即 Jeffrey C. Hooke：1977 年从美国宾夕法尼亚大学沃顿商学院毕业后，从事美国华尔街顶级投行工作近 30 年，并曾担任多家著名投资机构高级投资官员，另著有 Security Analysis and Business Valuation on Wall Street. Companion Web Site: A Comprehensive Guide to Today's Valuation Methods。

耀眼，至少现在在投行领域，任何部门都不会在意你有没有考过CFA，唯一会对此有所关注的只剩下Equity Research部门了"。

然后我们来看看中国大陆的情况，由于高端投资领域的僧太多而粥太少，导致HR在某个部门的某一个特定职位上往往收到数万份简历，而在如此火热的人才供应量下，HR往往增设更多的条条框框来帮助筛选，于是CFA也成为了其中之一，换句话说，在大陆地区想要脱颖而出，CFA还是有效的法宝之一。但需要注意的是，同样由于CFA三级通过者增长速度越来越快，在求职过程中没有通过CFA第三级的求职者很难获得雇主的印象加分。

总而言之，CFA的含金量下降有目共睹，考出全部三级的时间、精力与金钱成本都是需要考虑的，但对于行有余力或者着实需要通过CFA提高自身金融知识（CFA一级几乎涵盖了95%的金融必需的知识和基本技能）的人群还是可以选择报考CFA，无论最终你考出的是一级还是二级，至少你能向雇主证明，从动机上来看你是积极向上的。

(2) CPA-Certified Public Accountant

由于与财务会计更为相关，关于CPA的内容，请参阅"注册会计师CPA-执业资格证书"部分的详细解释。

但需要提醒诸位读者的是，虽然CPA是"注册会计师"考试，但CPA中涉及的财务、会计、税法、经济法等内容与许多金融业中较高端的投资领域的工作吻合度非常高，一个很好的行业例子是，在国内投行以及券商总部其他诸多部门中，CPA几乎是职位高升的必备装备。因此，CPA的含金量在金融行业丝毫不逊于CFA这样的金融专门类认证考试。

(3) FRM-Financial Risk Manager

FRM(Financial Risk Manager)是全球金融风险管理领域顶级权威的国际资格认证，由美国"全球风险管理协会"(GARP)设立。

顾名思义，FRM培养的是金融领域风险管控方面的人才，在金融业如果说CFA、CMT是进攻的"矛"，那FRM无疑是进行防御的"盾"。个人理财的金字塔，整个金融行业按大金融方式分类的金字塔的根基都是由保障型的"盾"组成，甚至每个高风险投资公司也一定需要更高专业度的风控人员来把控投资风险，特别自金融危机以来，各类金融机构对于风险管理的重视程度不断提高，这也使得市场对该类人才的需求与日俱增。

FRM分为一级和二级(Part Ⅰ和Part Ⅱ)，考试涉及风险管理涵盖众多领域，包括数量分析、市场风险、信用风险、操作风险、基金投资风险、会计、法律等内容。对金融风险管理感兴趣的或正在从事相关工作的朋友，可以通过参加FRM考试提高自己的风险管理知识水平，又可为职场发展和事业开拓增加一个重磅筹码。

（4）CMT-Chartered Market Technician

CMT（Chartered Market Technician）特许市场技术师认证由位于美国纽约市的市场技术分析师协会（MTA）授予，它是一个需要考生熟练掌握广泛范畴的金融市场技术分析的认证过程的顶点。

CFA考试侧重证券市场的基本面分析（Fundamental Analysis），而CMT考试则专注技术面分析（Technical Analysis），相类似的是，CMT考试同样设有三个级别，一级考核基本的、入门级的金融分析人员应具备的能力和理解，共132个选择题，重点内容是市场分析技术定义；二级考试要求应试者表现出更深入的分析和能力，能采用更先进的分析技术，熟练掌握相关概念和技术的理论和应用共170个选择题；三级测试考生的前后一致的研究观点和分析逻辑，以及基于投资组合策略和交易决策的广泛的图表和技术数据运用。与CFA考试类似，CMT考生同样也必须通过道德部分的检测。

CMT考试形式是结合真实案例分析的问答题和写作题。主要考核内容是以技术流分析技能为主的金融分析能力、艾略特波浪原理、资金流向与风险控制与交易投资策略、K线图形态分析以及投资心理学与行为金融学，市场间技术分析以及交易专业人士对各种技术指标的剖析等。

CMT考试每年分别在4月或5月，以及10月举办2场，在全球范围内CMT考试相对于CFA来说较为冷门，在中国大陆地区也没设有考点。金融业内很早之前便普遍认为单纯基于技术面（纯粹由已发生的判断未来）的分析缺乏说服力，其分析的准确性也越来越受到质疑，而几乎所有事实都表明将技术面分析与基础面分析结合之后，证券分析研究的准确性均得到显著提升。由于技术面分析仍旧有一定的实战价值，是一种专业金融分析师必备的辅助分析技能，因此，建议如果对此感兴趣的读者参考CMT以及国内市面上的教材自学即可。

（5）ICBRR、AFP&CFP、CFC、ChFP、ChFC、CWM、RFP、RFC

上文提到的证书类考试中CFA、CPA为国内最主流、认可度最高的考试，FRM与ICBRR其次，CMT较为冷门。而除此之外市面上还存在各类五花八门的考试，但与上文提到的证书有所区别的是，ICBRR/AFP/CFP/CFC/ChFP/

CWM/RFP/RFC等考试往往并不能作为初入职场人士的敲门砖,很少在求职信息中对该类证书有特别的要求(而CFA、CPA、FRM等则不同),大多数情况下这类考试被在职人士作为在职充电的选择。就让我们来简单看看这些考试,有兴趣的读者可以进一步收集了解相关的考试信息。

ICBRR-International Certificate in Banking Risk and Regulation,即银行风险与监管国际证书,对于想从事银行领域工作的人士来说,也是可以考虑的证书之一,考试内容以国际先进的金融风险计量与管理标准为要求,涉及银行风险与监管基础、市场风险管理与监管、信用风险管理与监管、操作风险管理与监管、综合风险管理与监管等。截至2013年,已有30多家中国大陆地区的银行、超过1万名考生参加了ICBRR中文考试。

该证书的考试难度要低于FRM。虽然前些年ICBRR的社会认可度还不是很高,但自2013年起,诸多银行风控类岗位的招聘信息中都有提到对ICBRR证书持有者的偏好。

CFP资格认证在中国实施两级认证制度,即金融理财师(Associate Financial Planner,简称AFP)和国际金融理财师(Certified Financial Planner,简称CFP)。适用银行、保险公司、证券公司、信托投资公司等金融机构从事金融理财的人员,以及会计师事务所、律师事务所等从事与金融理财相关工作的人员。CFP的考试内容包括理财规划概论、投资规划、保险规划、税收规划、退休规划与员工福利、高级理财规划等。

CFC(Certified Financial Consultant)即注册财务顾问认证,是由理财规划顾问委员会(IFC,Institute of Financial Consultants)推出的。考试内容主要分为4大块:财务报表分析、公司理财、个人理财规划和投资管理。

ChFP(Chartered Financial Planner)即国家理财规划师认证,2005年3月,中国劳动保障部正式推出国家理财规划师职业资格认证考。证书等级:助理理财规划师(国家职业资格三级)、理财规划师(国家职业资格二级)、高级理财规划师(国家职业资格一级)。其中,助理理财规划师的考试资格放宽到了在校大学生群体。目前,只启动了国家职业资格三级与二级的认证。

ChFC(Chartered Financial Consultant)即特许理财顾问师认证,于1982年由美国金融职业培训界历史最悠久、最负盛名的美国学院(American College)创立,以其考试难度较高,后续培训比较完善,侧重实务操作而获得广泛认可,在美国金融界颇受尊重,与CFP齐名。共有8门核心考试课程,其中理财规划的步骤和环境、保险基础知识、个人所得税、退休规划、投资、遗产规划基础等6门为必考科目，另外2门可从金融系统、理财规划实务、遗产规划实务和退休计划中的财务决策中任意选择。

CWM(Chartered Wealth Manager)即特许财富管理师认证，由美国金融管理学会(American Academy of Financial Management，简称 AAFM)推出。特许财富管理师(CWM)认证被认为是美国本土三大理财规划管理师之一。该证书注重实战与实务，在资产配置与风险管理、高端客户的需求把握、投资全面性方面都有独特的设计。

RFP(Registered Financial Planner)即注册财务策划师认证，由中国香港注册财务策划师协会(RFP-HK)推出。RFP认证项目已被列入上海市紧缺人才培训工程，从而大大提升了RFP证书在国内的知名度和认可度。RFP认证考试包括财务策划、投资策划、保险策划、国际财务管理与税务、财务策划实践5个部分，注重考察考生对财务策划专业知识的掌握程度及操作技能。

RFC(Registered Financial Consultant)即国际注册财务顾问师认证，由美国国际认证财务顾问师协会(IARFC)推出并负责认证工作。国际注册财务顾问师(RFC)的主要职责是帮助家庭和个人进行合理的消费、储蓄、投资、投保以及作未来财务规划。

通过上文，读者一定发现了，仅仅是在金融行业，各类认证考试便已经是五花八门，但均需报考者投入大量的时间成本与机会成本，这种情况下正确理解"技不压身"这四个字就显得尤为必要。尽早定位自身未来发展方向与职业规划才能让自己少走弯路，"技不压身"不该是我们追求的理想状态，既然花了时间和精力，把它们用到正道上，学所需之"技"，让每一门"技"都能成为你职场发展的台阶。

2. 进阶高等教育与深造

商科学生在进行高等教育选择的时候，有两条路可走，一种是留在国内接受教育，另一种则是留洋进行深造。关于两者的异同将在后面的章节中展开，此部分关于高等教育的讨论，笔者将围绕欧美国家的教育情况展开。

读万卷书，行万里路。在这个知识大爆炸的时代，不断学习和充电才是我们不断前行的保证。提到商科学生的进阶高等教育，许多人也许要问："像商科这样的非典型学术方向，有必要这么深造吗？"答案当然是肯定的。不错，商科的确与其他传统学术项目有很大的差别，我们从商科发展完善的欧美国家高等学府中便可发现,商学院是唯一一个不受国家任何科研经费补贴的学院,一直以来都需要自给自足来"谋求生计",20世纪80年代末期哈佛商学院(HBS)建立之初甚至被套上"伤风败俗的邪恶组织"的帽子被隔离至主校区的河对岸。但100多年以来,全世界的商学院一直都秉承以职业化为导向的办学宗旨,结合适量的商业技能辅导与大量的真实案例分析,摆脱了传统学术研究实用性差、应用性弱、研究成果开发周期长的束缚,缔造了一段又一段传奇性的故事、为社会输送了一批又一批的商业精英,这些人才的努力及创造的物质和非物质的产品,已经为人类社会创造了许多不可磨灭的贡献。因此商学院的存在是有其特殊价值和意义的,商学院的不断扩张和发展也是基于社会对高素质商业人才越来越多的需求而决定的,所以笔者觉得对于商科学生而言,进一步修读高阶的商科培训项目是物有所值的。

大多数商学院的项目设置主要分为两类,偏技能培训类的项目和偏管理能力类的项目,前者主要是认证类项目(无学位的 Certificate 进修项目)和不需要申请者工作经验的纯商科硕士项目(Master 项目),而后者主要是对申请者要求工作经验的在职硕士项目(Part-Time Programs)比如 EMBA,以及全日制的 MBA 项目。对于处于不同职业发展阶段、有不同需求的学生来说,只要你愿意踏入商学院,就一定可以不枉此行。

对于在本科教育阶段掌握非商科领域的技能的学生而言,可以通过选择修读与已学专业有结合度的项目,将自己未来的职业发展规划得更有方向性和领域感,产生协同效应,增强自己的社会竞争力。比如本科学习软件工程学的学生可以通过修读金融工程硕士将计算机编程、数学建模等技能融入解决真实的金融问题中去,这样的结合使得金融工程的毕业生历年来的就业前景都较为理想。

对于那些仅学习了一部分商科技能的商科学生而言,可以通过特定硕士项目的修读去掌握特定的商业技能和思维方式。比如原先本科学习经济学的学生可以通过修读金融学硕士项目,使自己在毕业时有机会从原本感觉只能去银行做柜员和金融机构做销售的弱势毕业生,摇身一变变成具备基本资质,能冲击投行、银行总行、券商总部部门的优质应届生。

对于那些已在职场拼杀多年的商界精英来说,通过商学院 MBA 类项目的学习除了可以补强商战所需技能(财务、市场营销、人力资源管理)之外,还可以通过 MBA 的平台结识大量的各行各业的精英,通过与这些精英一起参与以真实案例为主要教学核心的学习可以开拓自己的眼界,可以建立起更深层次的友谊,这样的人脉资源积累和眼界的开阔一直以来是MBA类项目最大核心的价值之一。

那么说到金融行业的职业规划,我们来看看欧美主流金融硕士项目。这里我们以美国金融类硕士项目为例。

(1) MSF-Master of Science in Finance

美国的金融理学硕士项目大致分为三个方向,公司金融方向(Corporate Finance)、投资分析方向(Investment Analysis)、风险管理方向(Risk Management)。另外也有一些以房地产金融为项目方向的项目,在其他教育水平较高的国家中存在各种五花八门名字的金融类项目,比如在英国金融相关的硕士项目有金融理学硕士(MSF)、财务金融(A&F)、金融投资(F&I)、银行金融(Banking Finance)、金融经济(Financial Economics)等,但总体上这些专业的课程设置方面不会超过美国金融类教学体系的范围,所以我们这里暂且以美国的金融硕士类项目为例。

① 公司金融方向(Corporate Finance),主要是财务方面的分析工作,这个英文词组也被翻译成财务管理。这个方面的技能所覆盖的领域很广,比如房地产管理、资产管理和投资银行以及各类投资公司都需要掌握该技能。

② 投资分析方向(Investment Analysis),培养包括个人投资领域和机构投资领域的人才,从课程例如保险产品分析、投资组合管理、金融衍生品中我们也能发现这个方向的侧重点。这类毕业生的就业方向可以是投资银行的金融分析师、大型资产管理公司的投资分析师,以及金融行业的个人理财规划师等。

③ 风险管理方向(Risk Management),通过学习风险管理,我们可以将这些风险量化为数字,从而从风险还未成形之初就评估出其风险系数。从课程方面来看,有金融分析和策划(Financial Analysis and Planning)、风管管理及金融机构(Risk Management and Financial Institutions)、风险管理的应用工具(Advanced Applications in Risk Management)等。这类方向的毕业生在就业时的选择面比较广阔,任何机构不单单是金融类机构都需要风险管控方面的人才,尤其是2008年金融危机后全世界各国对风险管控的重视程度也达到了顶峰。但想寻找到较好的工作则需要学生在就读期间磨炼扎实的基本功,比如报考FRM、自学一些实用的统计软件和金融工程专业的科目都会对就业有所帮助。

(2) MBA(Master of Business Administration)

MBA金融方向与传统金融专业MSF相比,更侧重于公司财务方面,因为财务分析（Corporate Finance）是最基本的最需要掌握的实用分析方法，适用于几乎每个行业和领域，不论是将来做管理还是做金融；而 MSF 对于金融的教学除了财务之外还有一些更特定的分支，比如股票分析、房地产金融、风险管理等，其中的一些分支会对数理、统计等知识和工具的掌握要求比较高。

MBA 金融方向的研究生项目对申请者的学术背景要求和上文提到的 MSF 以及接下来会提到的 MEF 相比是最低的，但对于工作经验方面的要求是最严格的，一般申请顶尖商学院最好具有 3 年或以上的工作经验。

就业方面，大部分 MBA 毕业生由于先前有较充足的行业积累，对于未来的职业方向更有明确的目标，因此他们中有的毕业后回到自己原先所在的行业中进行更高层次的管理类工作，在 MBA 项目中所学习和操练的财务知识将对他们的管理工作起到很好的辅助作用；有的学生在修读 MBA 项目时对特定的金融行业有兴趣并深度钻研，毕业后进入到较高端的金融领域甚至在这些公司担任管理类职位；另外也有一些学生毕业后直接创业，将所学运用到经营自己的公司业务中。

(3) MFE-Master in Financial Engineering

MFE（金融工程硕士）。金融工程是 20 世纪 90 年代新兴的交叉学科项目。此学科深入使用数学、计算机技术解决金融问题。由于该专业需要大量的数学理论、应用数学、工程学（Pure and Applied Mathematics and Engineering）和经济、金融、计算机等基本知识，拥有上述相关背景并对金融市场、衍生金融工具、金融机构有强烈兴趣的申请者可以考虑。所涵盖课程包括偏微分方程、实变函数、随机过程、数据挖掘等。MFE 的学生毕业后同样可以进入投行，从事模型建立以及数据分析方面的工作。

另外，MFM-Master in Financial Mathmatics（金融数学硕士），也可以算是金融相关的一个专业，该专业对学生的数学、统计基本功也非常看重，在课程设置中往往也含有计算机编程相关的内容。但总的来说与 MFE 还是有较大区别的，MFM 的课程设置中大部分还是数学科目，只有少量的计算机科目，更偏重理论分析通过数学模型的建立来研究一些金融案例和工具；而 MFE 课程设置中计算机编程相关的内容占到了大部分，往往更偏重通过计算机编程来解决实际问题。

在就业方面，金融工程和金融数学专业的毕业生往往是我们平时听到过的"矿工"（来源于与 Quantative 的发音）的合适人选，诸如商业银行、证券公司、基金公司内部的绩效评估、风险控制、资产配置、产品设计与开发等方面的岗位都适合金融工程和金融数学类人才。

对于中国大陆地区的高端金融行业求职而言,硕士学历已经成为必须条件之一,在求职者的教育背景方面国内的雇主们在岗位申请者远超需求的背景下,一般仅考虑以下这些类别院校的硕士毕业生:国内985、重点财经211、世界大学排名前50、美国综排前50、英国G5及小部门特色商科优势学校等。中国大陆地区硕士研究生考试大多还是采用传统体制内类似一考定终身的模式,且硕士毕业所需平均时间超过2年,相比目前美国、英国等大部分海外硕士99%硕士项目1年制的时间成本,又相比以美国为典型代表的"不以成绩论英雄"的价值观(value & admission philosophy),给予全球许许多多学生"逆袭"的机会!

笔者带过非常多(按产出率,看笔者的应该是全国业内最高之一)的双非院校背景的学生最终"逆袭"申请到美国前10的大学。近40个"逆袭"案例包括了来自浙江工商大学、厦门集美大学、浙江大学宁波理工学院、上海海洋大学、上海商学院、南京晓庄学院、浙江工商大学(下沙校区)等院校的学生。

最为典型案例有上海海洋大学的W同学以GPA3.05、GMAT570被美国TOP10中的约翰霍普金斯大学录取,浙江工商大学的L同学以GPA3.3、GRE308的成绩被全美TOP5的常春藤院校哥伦比亚大学录取。

很多人讲这些案例称之为"逆袭",而每次听到这样的评价,笔者都会无一例外地告知他们:这是必然,绝非"逆袭"。因为美国的名校对于学生软实力的看重程度其实是远超过这些硬件成绩的。美国的文化多元、包容和公平,也更追求"实践是检验真理的唯一标准"。在美国商科硕士的录取标准上,校方主要考虑申请者的应用能力,如申请者可证明自己在职场实习过程中已经显现远超同龄人的专业能力和商业潜质,并通过申请文书来进行逻辑性、专业性、独特性上的串联阐述,那么哪怕各项成绩看起来很不起眼,本科院校背景也有劣势,这样的申请者仍然将有很大的概率获得"逆袭"(而且理论上美国允许申请不限数目的学校,且各个学校在录取过程中完全平行、独立),说白了"你都可以在真实战场里证明自己了,我还在乎你课本知识学得好不好做什么?"

关于这点,本书第八章里的"双非院校、GPA<3.0、英语差,还有望进全球前50名校吗?"有专门提及,可供参考。

二、会计与财务管理——职业规划

(一)会计行业——社会生产活动的保障

会计是为适应人类生产活动发展的需要而产生的,它对科学合理地管理生产活动具有重要作用,在其诞生至今的千年历史长河中,随着社会经济发展与对应的社会生产活动供求增长,会计也发挥着越来越重要的作用。

1. 分清"会计"与"财务"

平时我们常听人说"我是做会计的","我是做财务的"。那么这两种究竟有何区别?对于"会计"和"财务",在经济体系更发达的国外对应的是"Accounting"和"Corporate Finance",但不论在何处,总有人会将两者混淆起来,为了更好地理解这两者的异同,首先我们要知道"会计"和"财务"是紧密连接的,两者都是会计工作的一部分。

其次,应该说"财务"是"会计"的必然产物,因为"财务"更完整的表达应该叫作"财务管理",传统意义上的会计叫作(一般)会计[1],主要负责以资金形式,对企业经营活动进行连续地反映、监督和参与决策的工作,主要在事后核算,重在"算"。更进阶的会计叫作成本会计[2],是衔接会计与财务管理的重要环节,主要负责根据企业内部的资金运作情况来制定和执行下一步的预算,也为财务管理提供更准确更直接的成本方面的数据分析和支撑。

最后会计演化到财务管理会计[3],我们说没有财务管理的工作,之前的会计核算的意义将会变得非常有限,因为财务管理起到的作用是根据会计核算体现的"情况"来决策如何对症下药,其主要指的是运用管理知识、技能、方法,对企业资金的筹集、使用以及分配进行管理的活动。主要在事前事中管理、重在"理"。

---

[1] (一般)会计:一般工作内容是,登记凭证账簿,编制对外公布的会计报表。岗位有记账员、会计员、主办会计、会计主管、总会计师等。

[2] 成本会计:成本和费用的计算,预算的决策制定和执行,部门业绩分析和考评等。岗位有记账员、成本会计、预算编制员、资本预算会计等。

[3] 财务管理(会计):现代化管理与会计融为一体的综合性交叉学科,其主要目的是强化企业内部经营管理,提高企业经济效益。具体负责企业经营资金筹措、企业并购和资本运作、经营现金流分配、利润分配。岗位有财务分析员、信用分析经理、风险控制经理、财务主管、税务主管、财务总监(CFO)。

另外，在大部分工商企业中，与会计类工作在财务管理之后还有"内部审计"，作为公司账目把控第二道大闸，负责与内部会计人员对接工作，检查勘误，从而监督企业的资金运作情况，制定和监督内部财务控制系统，评估企业价值。

2. 什么样的人适合做财会工作

对应上文提到的会计与财务的异同，从事会计工作和财务工作对人的要求也存在一些区别，对于以监督、监控和审核为主的会计类工作，要求从业人员具备严谨、务实、认真、保密、负责等特质；而对于更进阶的财务管理类工作而言，除了具备会计从业人员的这几个特质外，还需要有更强的业务开拓与洽谈能力[①]、预判能力、财务规划能力以及一定的团队管理能力。

（二）财务会计行业职业发展剖析

按照会计在社会各领域起到的不同职能，并且站在会计类工作的职业发展方向的角度，我们可以把会计划分为以下四类：做会计的；查会计的；管会计的；研究会计的。

1. 做会计的

做会计的，是指狭义上从事会计核算或信息披露的会计人员。这类会计人员一般从出纳员做起，然后开始慢慢往上，虽然开始比较辛苦，但后期仍旧有机会向财务总监、CFO方向发展。全国目前约有2 000万会计人员，其中CFO或者总会计师级别的有6万人左右。

（1）金融机构的会计

金融机构包括银行、券商和其他金融机构。这类会计人员以在商业银行为例，有银行会计部与财务部工作人员、信贷审批部门工作人员、内部稽核部门人员（内部审计）等。其他金融机构都有类似的岗位。

（2）政府机构的会计以及各种非营利性组织

政府机构和非营利组织内部的会计人员和金融机构内部的人员构成也比较类似，主要还是分为两类：内部的会计和内部的审计人员。

（3）代理记账公司的会计

代理记账公司/财务公司的会计，指的是为企业提供以下服务的人员：代收当

---

① 由于业务洽谈等职责涉及许多应酬及出差的工作内容，男性较女性具有一定的优势，所以大多数企业的高级财务管理人员如财务总监、CFO以男性居多。

月原始凭证、记账、制作记账凭证、编制财务报表、代理报税办理各相关事项、提供委托方所需的账簿及会计核算材料，协助办理年检，企业开业指导，财务咨询等。

（4）工商企业的会计

工商企业的会计包括一般会计(核算和监督)、成本会计、财务(管理)会计和内部审计，其中：

一般会计的一般工作内容有登记凭证账簿，编制对外公布的会计报表。岗位有：记账员、会计员、主办会计、会计主管、总会计师等。

成本会计负责费用和成本方面的计算，随后据此分析公司过去成本控制状况、给出适当建议、最终制定和执行公司预算计划等。

财务管理会计通过运用会计和财务管理的技能，强化企业内部经营管理、提高企业经济效益。这类会计人员的工作职责包括：企业经营资金筹措、企业并购和资本运作、经营现金流分配、利润分配等。岗位方面从低到高分别有：财务分析师、信用分析经理、风险控制经理、税务主管、财务主管、财务总监、首席财务官(Chief Financial Officer)。

内部审计负责监督企业的资金运作情况，制定和监督内部财务控制系统，评估企业价值。岗位方面分别有内部审计员、审计项目经理、分部审计员、审计部经理、内审总监(Chief Internal Auditor)。

下文将进一步介绍各会计类岗位的薪资待遇以及职业发展情况。

2. 查会计的

查会计的人员指的是审计，包括注册会计师、企事业单位的审计人员、资产清算评估人员等，目前全国约有9万名注册会计师，40万左右的单位内部审计人员。对外审计人员一般在事务所工作，有的也在相关的咨询公司工作。在事务所从事这类工作入门难、起薪高、出差较频繁，工作内容方面也略枯燥，但是非常有利于在职者积累行业工作经验。

会计事务所及部分咨询公司都为客户提供鉴证业务，其中鉴证业务为会计事务所的传统核心业务，内容上包括审计、审核和审阅等。这三"审"具体指的是会计报表的审计、盈利预测审核、期中会计报表审阅。

提到会计事务所，不得不让人想到知名的四大会计事务所：普华永道，毕马威，德勤，安永。（这里简单介绍这四大事务所，在下文的"财会行业职业发展路线与待遇情况分析"部分中还会有四大的专题内容供读者参考）"四大"内部的部门按照业务划分主要为：税务、审计和咨询（另外"四大"的另外一部分业务

Financial Advisory，将在"四大会计事务所"一节中再做补充）。

税务，主要包括为客户做代理纳税申报、纳税策划、代理客户出庭，还有一些法律方面的咨询服务等。

审计，包括对企业的会计报表进行审计、对受托评估的资产价值进行估值计算（如 IPO 前）。目前审计的发展已经趋近饱和。

咨询，指的是管理咨询与战略咨询，具体负责对公司的组织机构、人事管理、信息系统、财务会计、经营效率、效果和效益等提供评估、给出建议等。在业内，很多情况下往往会按照客户的需求划分业务部门，比如很多公司把业务部门分为税务咨询部门、信息技术咨询部门、融资咨询部门等。

四大会计事务所之外的其他中小型的会计事务所，其主要业务是为企业提供基本的会计服务，比如代理记账、编制会计报表、处理工资单等。

3. 管会计的

包括管理会计的政府部门，如国家审计部门（国务院审计署、地方审计厅与审计局等）、税务部门（税务专管，稽查局/厅）、财政部门（会计业务管理处、预算管理处）、国家监察和管理部门（银/保/证监会）等，以及其他准国家机构（如中注协，审计学会，总会计师协会，成本协会等），全国有 25 万人左右。

4. 研究会计的

研究会计的主要指的是科研与教研类人员，比如学校教师、会计师协会研究员。这类人员在全国有 3 万人左右，主要在各类教学机构、国家政府研究所任职。研究会计类工作中教师的人才缺口较大，但大学的准入门槛比较高，以大学会计专业教师为例，一般需要满足以下条件：① 会计学或相关学科博士毕业；② 具有教授职称和多年教学经验；③ 特定国内名校要求申请者拥有国外会计学博士学历。

对于会计学硕士或较优秀的会计学本科毕业生而言，可考虑国内的高等职业类、高等专科类以及中等专业学校会计专业教师的岗位，这些岗位在社会中的缺口很大但门槛却低许多。

（三）财会领域未来发展趋势展望

从宏观角度来看，随着我国各行业的法律法规愈发健全，我国会计行业发展也愈发稳定，但改革开放以来国家经济发展与企业发展对会计行业的高端人才需求依然非常大，而我国目前最缺乏的是优秀财务管理类人才。曾有多份研究统计表明，从财会部门被提拔至企业最高层领导人的概率比除销售部之外的其他部门多

10%以上。在发达国家，首席财务官（CFO）在每个公司内的地位仅次于首席执行官（CEO），近年来中国对 CFO 的重视程度也与日俱增。根据统计，2010 年中国包括财务副总、总会计师、财务总监、首席财务官（CFO）等在内的财务高管获得了超过 33 万元的平均年薪，其中外商独资企业的财务高管薪资位居榜首，高达 48 万元；合资企业、国有企业和民营企业则分别为 33 万元、27 万元和 22 万元。那么中国对于高素质会计从业人员的供给情况又是如何呢？2011 年曾有数据表明我国当年约有注册会计师 14 万人，未来数年间中国将需要至少 30 万注册会计师。

从微观来看，随着中国改革开放的脚步不断向前，国际化的会计管理需求和管理理念也使得中国的会计行业逐步与之接轨，主要的表现有：

① 越来越多的母公司在海外的外企需要精通中国及国外会计准则和工作的复合型人才，持有例如 ACCA（特许公认会计师）、CIA（国际注册内部审计师）、CGA（加拿大注册会计师）、CISA（国际注册信息系统审计师）、CMA（美国注册管理会计师）、AIA（英国国际会计师/公司内部审计师）、CIMA（英国特许管理会计师）、ASCPA（澳大利亚注册会计师）、IFA（英国财务会计师）、AICPA（美国注册会计师）等的人才，将会有特别的用武之地。

② 适应当今时代数据大爆炸的趋势，传统的会计操作方式将逐步被先进的会计管理信息系统取代，以加强数据处理的准确性、加快数据分析的时效性以及增强部门间协作的高效性，因此对于各类 AIS（Accounting Information System）的熟悉程度和实际运用能力也几乎成为高素质会计类人才的必备技能之一，常见的 AIS 有 ERP[①]、SAP[②] 等。在许多公司的会计类岗位要求中，越来越普遍地体现出了对掌握该类会计信息操作系统的人才的青睐。

因此，会计的发展前程远大，风光无限，但对于广大会计行业在职者来说，注

---

① ERP——Enterprise Resource Planning（企业资源计划系统），是指建立在信息技术基础上，以系统化的管理思想为企业决策层及员工提供决策运行手段的管理平台。ERP 系统集中信息技术与先进的管理思想于一身，成为现代企业的运行模式，反映时代对企业合理调配资源、最大化地创造社会财富的要求，成为企业在信息时代生存、发展的基石。

② SAP——Systems Applications and Products in Data Processing。SAP 起源于 Systems Applications and Products in Data Processing。SAP 既是公司名称，又是其产品——企业管理解决方案的软件名称。SAP 是全世界排名第一的 ERP 软件，另有计算机用语 SAP，同时也是 Stable Abstractions Principle（稳定抽象原则）的名称。SAP 在各行各业中得到广泛应用，它为 20 多个行业提供融合了各行业"最佳业务实践"的行业解决方案，这些行业包括汽车、金融服务、消费品、工程与建筑、医疗卫生、高等教育、高科技、媒体、石油与天然气、医药、公用事业、电信、电力及公共设施等。SAP 在每个行业都有行业解决方案图，充分展示各行业特殊业务处理要求，并将其绘制入 SAP 解决方案和合作伙伴补充方案中，完成包括基于网络的"端到端"的业务流程。

重保持与时俱进,工作时积累扎实的会计基本功,业余时间积极充电学习 CPA 等职业证书类知识等,都是保障职业发展稳步向上不可忽视的关键点。

(四)财会行业职业发展路线与待遇情况分析

1. 财务会计类人才的基本发展路线

财务会计类人才的基本发展路径为"出纳→会计→财务主管→财务经理→财务总监",简单来说需要从最基础的一般会计或财务会计做起,保障基本功扎实的基础上,逐步从审核的"算"转型为规划的"理",而最终目标往往是成为企业的财务决策负责人,即上文说的 CFO。要成为 CFO,需要擅长以下 11 项能力:财务组织建设能力、企业内控建设能力、筹措资金能力、投资分析决策和管理能力、税务筹划能力、财务预算能力、成本费用控制能力、分析能力、财务外事能力、财务预警能力和社会资源能力。

表 3-1 会计/财务/审计类职位一览表[①]

项目	企业类型	小型内企	中型内企	大型内企	大中型外企
会计类	助理岗位	会计助理/统计员	会计员/统计员/文员	会计员/统计员/文员	会计员/统计员/文员
	普通岗位	财务会计/账务会计/核算会计	往来/税务/成本/总账/税务会计	应收/应付/往来/税务/报表/成本/费用会计	主办/AR[②]/AP/税务/报表/成本/费用会计/担当[③]
	基层管理	少 有	会计主管/科长	会计主管/主管/科长/经理	会计主管/主管/科长/经理
	中层管理	会计主管	会计经理/部长/主任	财务/会计经理/部长/主任	财务/会计经理/部长/主任

---

① 表 3-1 参见:《方向的力量——走出会计职业发展迷局》,北京:中国财政经济出版社,2010 年版,第 6 页。转引自:上海国家会计学院中国会计视野网。

② AR—Account Receivable(应收账款会计),AP—Account Payable(应付账款会计),这两个英文缩写的职称一般在外企用得较多,而非外资企业一般直接叫作应收和应付。应收账款和应付账款是会计分录中非常重要的部分,也是企业生产活动中流转频率非常高的项目,因此该两个项目的子账经常由专门的会计来负责。

③ 担当:源自日本企业的一种职位的称谓,如今逐渐被许多非日资背景的企业借鉴使用,一般担当一词会与其他职位结合在一起,比如财务担当、出纳担当等,指的是对特定工作除了公司规定的"财务""出纳"工作履行职责完成任务之外,还要起到对结果监督和负责的职责,是一种更高阶的领导力和职业精神的体现。供参考:与此相对应的是在国外,负责执行的初阶员工履行的叫作 Responsibility,而负责高阶管理工作的骨干履行的叫作 Accountability。

续表

项　目	企业类型	小型内企	中型内企	大型内企	大中型外企
财务类	普通岗位	少　有	资金/预算/管理/分析会计	资金/预算/管理/投资/融资/分析/考核/税务会计	成本/资金/预算/管理/投资/分析/考核/税务/风险会计
	基层管理		科长/经理	主管/经理/科长	主管/经理/科长
	中层管理		财务经理/部长	财务经理/部长	财务经理/部长
审计类	普通岗位	少　有	内审专员	内审专员	内审专员/专干
	基层管理		少　有	审计主管	审计主管/主管
	中层管理		审计经理/部长/主任	审计经理/部长/主任	审计经理/总监/部长/主任
综合类	高层管理		财务总监	财务总经理/总会计师/CFO	财务总经理/CFO

表 3-1 将会计分成会计、财务、审计以及综合类高层管理,显示了从市面上不同规模公司内部所对应的职位,纵向的每一列我们可以发现在特定规模的公司中职位由低到高的设定,而将每一列进行对比我们也可以发现规模越大的企业设立的财务部门越庞大,或者说相对应的岗位和职能划分越精细。上文中我们已提到过会计类工作是顺应社会生产、经营活动发展而不断进化跟进的,这一现象也正好印证了这一历史观点,可以说,规模越大的公司,资产和现金流的流转更频繁、数额也更巨大,会计和财务也对该公司起着更关键的作用。

2. 四大会计师事务所专题

提到会计行业,大多数人第一反应便是耳熟能详的四大会计师事务所:普华永道(PwC- Price waterhouse

Coopers，总部伦敦），毕马威（KPMG-Klynveld Peat Marwick Goerdeler，总部阿姆斯特丹），德勤（Delloitte/DTT-Deloitte Touche Tohmatsu，总部纽约），以及安永（E&Y-Ernst Young，总部伦敦）。作为会计领域规模最大、专业度及口碑顶尖的这个群体，是许多会计类工作求职者的理想雇主，这一小节，结合第一手的行业内幕将向大家揭开四大会计事务所的神秘面纱。

上文简单提到过"四大"主要包含税务（Tax/Taxation）①、审计（Audit）、商业顾问（Advisory）②、管理咨询（Consulting）③四大块业务。以普华永道（PwC）为例，虽然其业务涉及广泛如 Accounting and Payroll，Audit and Assurance，Business Recovery，Consulting，Corporate Finance，Deals，Finance Academy Client Training，Forensic，Human Resource Advisory，Internal Aduit，International Assignments，IPO & Capital Markets，M&A，Personal Financial Services，Risk & Controls Assurance，Sustainability and Climate Change，Tax，Transfer Pricing 等，但基本都可以归于上述四类。

在每一大业务下还会按照特定行业或特定职能进行分组，以 PwC 为例，其审计 Audit 业务下按照客户所处行业划分为数个小组；其商业顾问（Advisory）业务按照不同的职能（Function）划分小组，比如划分成 PI 组（Performance Imporvement，类似 Financial Consulting）、TS（Technical Services，主要是帮 PE、IBD 或者其他的客户做财务尽职调查）、Strategy Group（做商业咨询服务，类似战略咨询和管理咨询的。）

---

① 税务：主要包括为客户做代理纳税申报、纳税策划、代理客户出庭，还有一些法律方面咨询服务等。审计：包括对企业的会计报表进行审计、对受托评估的资产价值进行估值计算（如 IPO 前）。目前审计的发展已经趋近饱和。咨询：管理咨询，对公司的组织机构、信息系统、人事管理、财务会计、经营效率、效果和效益等提供评估，建议和帮助。再按细分，针对客户的需求来分，很多公司把业务部门分为税务咨询部门、信息技术咨询部门、融资咨询部门等。咨询业务以德勤为例 2012 年在咨询业务和财务顾问业务上的收入增长 13.5%和 15%，相比之下审计业务仅仅增长 6.1%，税务和法律业务为 3.9%。预计 2017 年咨询业务规模将超过审计。

② 商业顾问 Financial Advisory：主要业务与收购(投资)交易等资本市场活动相关，包括财务尽职调查(Financial Due Diligence)、估值服务(Valuation)、收购与并购策略(M&A Strategy)、并购后整合(Post-deal Integration)、企业融资(Corporate Finance)等。

③ 四大的咨询业务：2000 年总收入高达 1 000 亿美元、名列《财富》杂志"美国 500 强"第七的安然公司在 2001 年间短短几个月中人间蒸发般的破产背后的财务丑闻被叫作"安然事件"，该事件中为安然公司服务的安达信 Anderson——当时世界第五大的会计事务所以及安达信的管理咨询公司是造成腐败的罪魁祸首之一。该事件引起全世界高度关注，萨班斯-奥克斯利法案(Sarbanes-Oxley)随后应运而生，其中要求会计事务所的审计业务要与咨询业务分离，对于企业的外部审计与咨询公司也做了相应的要求。于是各会计事务所纷纷将其咨询业务剥离出来，其实际操作是将咨询业务独立注册公司有独立法人控制，但现实生活中四大的咨询与其他业务部门的员工仍然同一工作地点办公。

(1)"四大"内部的发展路径

"四大"内部的职位有不同的称谓,在初级管理层级上,表 3 - 2 所示的职位结构是 E&Y 和 DTT 所参照的模式,其他的事务所也有按照 Analyst、Associate、Sr.Asso 等分类的模式,大同小异。正常情况下 2～3 年能升至 Senior Level,再过 3 年以上有望升为 Manager,但往 Manager 方向走就要看自己的能力,除了实际工作中积累的经验和表现之外,CPA 也将是重要的加分项,当然对于审计部门来说 CPA 是升职为 Manager 的必备装备。Mgr(Manager)上面是 Sr.Mgr、Director 等,最后一个大阶层就是 Par(Partner,即合伙人[①])了,对于 Mgr 要多久升为 Par 没有固定的时间可以参照,但是能留在"四大"10 年或以上的,基本上最终都能成为合伙人 Par。在一个城市的事务所内可能存在不止一个 Par,主要由部门的设置和人员的构架决定,通常上文提到的四大块业务部的每个部门中都应该有一个 Par,而 Par 里边也分三类,所谓 Salaried Par 指的是仍旧按照劳动合同固定领取基本工资和按照合同约定分取奖金的合伙人;Local Par 多数属于不拿固定工资,而是纯粹根据其所负责的部门或分部当年的效益提取百分比分红作为收入的合伙人;最后一类 Par 作为更大区域负责人(比如亚太地区),有可能和总公司签合同分享特定区域的收益,或者领取 Global Pay[②]。

表 3 - 2　中资外资会计事务所职业一览[③]

项　　目	中资中型事务所	外资中型事务所
普通管理	初级/中级/高级	AI→AII→Semi→Senior→SeniorI→SeniorII
基层管理	初级/中级/高级项目经理	
中层管理	部门经理	Manager→Senior Manager→Direcor
高层管理	合伙人	Salaried Partner→Local P→Global P

---

① 金融一章中提到过 PE/VC 的 Par,有 Limited Partnership(LP)通译为有限合伙,指的是有限合伙人(Limited Partner),仅仅出资,但不参与公司管理,承担有限责任。而 General Partner(GP)一般合伙人,不出资但负责管理,承担无限责任。在"四大"中的合伙人基本都属于一般合伙人 GP 范畴。虽然 GP 及 LP 的概念往往只在基金中使用,但为便于对四大合伙人这一部分的理解,这里做个简单比较。

② Global Pay 指的是员工被派驻在非总公司所在国工作,但是按照总公司所在国收入标准领取工资和结算收入,比如总公司在美国但实际工作地点在上海的分部,领取按照在美国公司工作的工资,以美元为单位。往往只有公司骨干才被允许获得这样的全球性特等待遇。

③ 表 3 - 2 摘自:《方向的力量:走出会计职业发展迷局》,北京:中国财政经济出版社,2010 年版。转引自:上海国家会计学院中国会计视野网。

(2) "四大"的待遇

待遇方面"四大"横向对比的话,在国内基本上是"普华永道＞安永＞德勤＞毕马威",而国际上一般是"普华永道＞德勤＞安永＞毕马威"。大陆地区四大的初级职位(Entry Level Position)的起薪 2012 年在 6 200 元人民币左右,而根据最新的调查,2013 年秋季校园招聘给出的 Offer(北上广深)起薪都在 7 200 元左右,应该说与往年比有了不小的提升,当然不同的部门,工资也略有不同,另外加班和出差的时长也会决定每月最终到手的收入,但总的来说加班费和出差补贴一般不会超过基础工资的 40%,并且大多数情况下审计部门可能拿到的差补才较多。

员工流动性方面,由于各种原因"四大"的员工变动性非常大,一半以上的员工 3 年左右甚至更短的时间内都会在"四大"这块跳板上做最后的发力寻求跳槽至更好的企业,往往不是他们主动要离开而是猎头频繁地盯着并辅以各种诱饵,比如更好的外资待遇与更轻松的工作强度等。所以到了 Senior 的时候,在公司待到五六年的元老基本所剩不多了,此时 Senior 的基本工资在 20 000 元人民币上下,这一阶段的加班费和出差补贴也更高(由于职位更高),往往老板也会更慎重地让你加班和出差,如果遇上好的项目(比如大型的 IPO),一个月奖金拿上三四万也是有可能的。当你攒够了公司领导的赏识和足够的工作经验以及手握相关的 CPA 类金字招牌证书后,你也等到升 Manager(经理,简写 Mgr)的那一天,自此基本工资会涨至每月 3 万元以上(能力更高的会更高),但此时加班费就不再属于你了(经理履行的 Accountability,理应不拿奖金也要做好),当然有的"四大"为了弥补 Manager 这方面的"损失",会给留守在该职位满 1 年的 Mgr 一次性 15 万元左右的奖金补贴。

工资涨幅方面,整体来看,根据表 3-2 所示的模式,不计算加班费和差补,每一个级别的工资涨幅在 20%～30%之间,到了 Mgr(经理)及以上级别后具体的年收入要根据部门或分部的业绩状况决定,浮动会大一些,不同级别的 Mgr 在 30 万～60 万元,而 Par 在 60 万～100 万元或以上。

(3) 在"四大"工作的成长性

在"四大",众所皆知一句话"女人当男人用,男人当畜生用",由这句话来描述"四大"的工作强度甚至堪比投行和管理咨询,但"四大"的品牌带来的广泛业务以及如此模式的"高强度集中营"也使得"四大"的从业者在财务方面接触到的东西更广,熟练的程度更高,往往在一个行业待久了之后,对那个行业的商业模式和盈利模式也会大有感触。所以和在投行打拼两三年指望脱离苦海的Banker（一般指在投行工作的人士）类似，很多人在四大积累了相关行业的商业模式后的两三年就会跳槽进入相关行业的大企业（Big Corp）从事工作强度更低，但薪水更高、消费指数也更高的财务相关工作。另外据说很多投行、PE招Associate的时候会比较青睐挖脚有过多年审计经验的"四大"人士。所以从这个角度来看，未来职业发展的广阔空间或许就是对"四大"魔鬼式工作付出的一种最好回报。

（五）概念辨析与梳理——会计 VS 财务 VS 金融

笔者在实际职业规划咨询过程中，发现有非常多的学生有以下疑问，各位看看这里面是否也有你的困惑：

会计工作和财务工作以及金融工作的差异是什么？今后就业选择做会计还是财务？财会还是金融？先财会再转金融行不行？在企业内部做财会再转到企业内部从事金融行不行？

针对以上问题，我们首先要明白，在这三者之间，会计的基础知识是后两者的基础，但在职业发展上，三者之间互有交集，也有互通的空间，但却并不那么通畅。

一般情况下，只有大型企业才会有会计、财务分析、金融的明确划分，根据以上小节所讲述的会计工作，这里我们也从在企业内做会计的类别为目标来做分析。

1. 从会计至财务

应该来说，三者之中，在企业内做基础的会计类工作的入门门槛是最低的，所做工作的技术性要求也最低，工作强度也最低，在一般大型企业中可能有更细致的分工，比如从子账专员做起（如应收账款子账专员、应付账款子账专员），经过 3 年左右从事总账会计（General Ledger 会计）负责更完整的会计事务性工作，再经过 3~5 年有机会从事内控或转岗至财务分析型岗位（FP&A-Financial Planning and Analysis）进行基础的财务报表分析和报告制作的工作。此类财务分析岗位的工作主要基于企业的财务报表进行初级的数据分析，并完成基础性的 reporting 的工作，也可以归属于事务性的工作类别，其被动性的属性比较强，基本无法影响报告完成后公司是否参照报告的基础性分析建议来进行后续操作。部分财务分析型岗位对接公司的业务或其他职能部门，如薪酬、奖金、福利等预算的测算、方案设计和执行。拥有更多主动属性的财务分析类岗位占比很低，一般由财务部门的最高层的团队负责和公司战略高层对接工作。

2. 从财务至金融

如果说通过以上5~10年的努力，有机会从事企业内财务分析基础类工作的话，再往上一层金融方面，则是难度骤增。

企业内部的金融可以分为两类：融资类(financing)和投资类(investment)，再细分可以把融资类分为间接融资①类(indirect finance)和直接融资②类(direct finance)。其中，间接融资类的入门门槛是这当中相对入门难度最低的，传统行业的相关财务人员对接的是银行为主的金融机构，一些对公信贷业务知识通过短期培训可以基本满足，但是直接融资和投资类方向则对于传统从财务出身、想要职业生涯更进一步的创业者而言是极难企及的领域。

简单来说，所谓投资，可以涉及股权投资，比如对其他公司进行收购并购，也可以对潜力股新兴初创公司进行风险投资，同样也可以是二级市场的投资，比如不少现金流充沛的公司会将部分闲散资金用于配置各类理财产品，也可以投资股票、债券、黄金等，这样的工作内容和证券公司资管部、证券投资基金公司等所开展的类似。而所谓直接融资，就是比如通过资产证券化手段、IPO发行股票、发行债券、发行理财产品等，来为企业直接获取用于经营所需的资金。

因此根据以上对投资和直接融资的描述，大家不难发现这两方面所需的技能和传统财务工作者平时所用有巨大的差异，有看过第三章第一节的读者应该能很快联系起来，这不都是金融行业做的事儿吗？没错！不可否认，在企业里也有从事金融工作的部门和岗位，但是比例上过低，因此在第三章第一节没有提及。对于传统财务会计岗出身的从业者来说是很难直接一步升至这个阶段的。

那么，这些企业内的金融类财务岗的人才主要来自哪里呢？答案是金融机构，负责股权类投资的一般来自投行、VC、律所等，也有一些公司的财务部中金

---

① 间接融资(indirect finance)是直接融资的对称，是指拥有暂时闲置货币资金的单位通过存款的形式，或者购买银行、信托、保险等金融机构发行的有价证券，将其暂时闲置的资金先行提供给这些金融中介机构，然后再由这些金融机构以贷款、贴现等形式，或通过购买需要资金的单位发行的有价证券，把资金提供给这些单位使用，从而实现资金融通的过程。

② 直接融资(direct financing)是间接融资的对称，是指没有金融中介机构介入的资金融通方式。在这种融资方式下，在一定时期内，资金盈余单位通过直接与资金需求单位协议，或在金融市场上购买资金需求单位所发行的有价证券，将货币资金提供给需求单位使用。

融的部分是由董秘或（和）CFO或（和）首席战略官或（和）CEO来负责的，比如"滴滴出行"的柳青，之前服务于全球顶级投行高盛的投资银行部；而负责二级市场投资的，相比股权类一级市场投资来说，对于企业来说战略意义要低一些，即便投资二级市场也是以稳健收益为主要目标，因此用人标准同股权类投资方面的比较要低一些，但也会偏好拥有证券市场分析研究、投资管理经验的人士来做总的把关。

相信读完这部分文字之后，能让你对于在企业端（非金融行业企业）从事财会工作有更为清晰的认识，对于财会职业发展和金融职业发展中交叉、模糊的地带也能有更准确的辨析。

（六）如何增强自身在财会领域的竞争力

1. 参加从业证、资格证类考试

谈到考证，让笔者想到那句读书年代甚至现在还都非常盛行的一句话"技不压身"，大家把它理解为"多学一些手艺，肯定是有百利而无一害啊！"真是这样吗？当然不是，笔者往往发现周围小伙伴们"多才多艺"，又会书法，又会乐器演奏，还考了英语中级口译、计算机二级、商务英语BEC等，这是好事吗？我们说人的精力是有限的，这些"多面手"在努力获取这些各领域证书的过程中花费的精力、时间、金钱以及非常重要的机会成本难道不需要考虑吗？选择方向比漫无目的地努力重要百倍，即便是在会计财务领域，可以考的证书也五花八门，几乎没有人可以全部拿下，另外许多人对这些证书的作用和含金量的理解有一定的误区，那么到底我们该如何选择？首先我们来看看这些证书类考试的特点。

(1) 从业资格证书（上岗证）

会计从业资格证书又称为会计上岗证，顾名思义它是从事会计类工作最低准入门槛的门票，一般在每年5~6月接受报名，11月初进行考试。（更新说明：该考试和证书已于2017年3月被国家宣布撤销）

(2) 初/中/高级会计证（水平资格/职称）

初级/中级/高级会计证：水平资格/会计职称，主要表明获有资格者的学识水平、能力和发展的可能性，算是进入行业之后，表明大家水平高低的一种证书。参加初级证书的考试需要满足至少1年的会计类工作，而中级会计证报考需要3~4年的相关工作经历，初级和中级则是每年10~11月间报名，次年5月中旬考试。初级、中级会计证书，代表的就是初级会计职称和中级会计职称。与会计专业技术资格相对应的是会计专业职务，一般由工作单位根据会计人员已取得的会计专业技术资格和单位实际情况，聘任相应的会计专业职务，如取得初级资格的可以聘任为会计员或助理会计师，取得中级资格的可以聘任为会计师，取得高级资格的可以聘任为高级会计师。会计职称只是对于从事会计工作的人员能力的考核，通过考试后，取得相应级别，可以对工资的晋升有一定的帮助，一般在政府机关、事业单位、国企、大型企业比较有用。

(3) 注册会计师CPA——执业资格证书

注会考试被誉为中国财经第一考，目前全国有20万左右的从业人员通过了其全部六门考试，包括会计、审计、财务成本管理、公司战略与风险管理、经济法、税法。读者需要注意的是前几年CPA考试允许在校生在校时最后一年报名并参加考试，但现已明文禁止未毕业者报考。

注册会计师资格是在注册会计师行业中开展注册会计师相应业务的一种执业资格，通过后可取得对外审计的执业资格及相关财务报表审计报告的签字权、验资企业资产及验资报告的签字权。从某个角度来看，类似会计从业资格证一样，有这个证就说明你有资格从事对外审计行业了，需要注意的是如果只是拿到了上文提到的高级会计证也不能赋予从业者对外审计的权限和资格。CPA可以算得上是中国大陆会计领域含金量最高的一种证书，通过CPA全部六门考试在整个社会的各类企事业单位都会非常吃得开。在国内投行以及券商总部各部门的发展、在四大 Manager 及以上职级的发展、各大企事业单位的财务部总监及 CFO 等方向的发展等缺了 CPA 都将寸步难行。道理很简单,从事投行或四大审计类工作,涉及大量的会计和法律双重方向的评估和鉴定工作,并需提出解决对策和方案,而 CPA 注册会计师除了通过会计类技能的强化和认证之外,还需要通过税法和经济法这两门法律类科目,因此 CPA 持证者是具有会计和税法、经济法方向专业度的复合型人才。投行的许多工作,不论是涉及帮助公司上市还是涉及并购或是固定收益类业务,都非常需要这类复合型人才;同样,在帮助公司上市的过程中,尽职调查环节中的财务尽职调查也需要会计事务所拥有对外审计资格和签字权(CPA 持证者)的专业人士参与。

(4) 其他各类会计类证书

CPA 作为中国大陆地区最具含金量的考试,报考者需要花费大量的时间、精力去报考,考虑到其考试难度和机会成本,其实根据个人特定的发展方向的不同,世界范围内有大量的其他考试可供选择,比如：CTA(注册税务师)、CPV(注册资产评估师)、ACCA(特许公认会计师)、CIA(国际注册内部审计师)、CGA(加拿大注册会计师)、CISA(国际注册信息系统审计师)、CMA(美国注册管理会计师)、AIA(英国国际会计师/公司内部审计师)、CIMA(英国特许管理会计师)、ASCPA(澳大利亚注册会计师)、IFA(英国财务会计师)、AICPA(美国注册会计师)等。

值得注意的是,随着中国的改革开放的步伐不断加大,国内经济发展与生产等活动与世界各国企业的联系也变得更为密切,在国内存在不少母公司在国外的企业在会计财务方面除了按照中国市场监管的要求出具会计报表外,还需按照母公司所在国的会计准则要求处理制作相关报表,因此精通特定国家会计准则和技能的人才在中国国内也逐步变得更有市场需求,例如持有美国注册会计师证书(AICPA)的人才会更受美资公司的青睐;持有 ACCA(特许公认会计师,在国内被称为"国际注册会计师")受到所有英联邦国家以及其他一些国家的承认,更受国内外企以及"四大"这种大量涉及外资企业财务服务的企业的青睐。

对于国内考生而言需要注意的是,AICPA 和 ACCA 等国外举办的认证类考试大多在中国大陆不设考点,并且需要扎实的英语功底,因此或许更为适合有机会在国外学习或生活的人士,国内考生报考需慎重。

2. 相关社会实践与实习

会计这个行业操作经验的积累和实战能力的提高方向比较确定,参考前文的表3-1和表3-2,其中基层的工作都需要从业者沉下心踏实积累,对于找实习的大学生也是如此,不要过多挑剔工作的枯燥乏味。对于海外背景或者英语能力较佳的人士而言,选择外企还是非外企,会有一些讲究,首先是企业文化方面,两者差别很大,有过海外经历和国内非外企工作经历的人士一定会感触颇深;其次,外语能力作为一项实用技能可以为你的薪资待遇水准起到一定帮助,对于未来的跳槽也起到辅助作用;最后,语言在本质上作为一种交流工具,在缺乏使用的情况下语言的遗忘和使用能力的退化速度是惊人的,选择外企对于保持语言能力还是有一定帮助的。

3. 进阶高等教育深造

(1) 国内会计类研究生

国内的会计研究生计划近年来一直随着教育制度的改革在调整,会计学术型研究生的招生计划将逐年收缩,预计未来5年内学术型和专业型硕士的招生名额将持平。目前,全国的会计研究生项目共有会计学、财务管理、会计专业硕士等可供选择。国内知名的会计类院校有厦门大学、东北财经大学、上海财经大学、中南财经政法大学、中国人民大学、湖南大学、中央财经大学、西南财经大学、暨南大学等。

目前,作为专业型研究生代表的会计专业类硕士毕业生已有毕业生陆续走上工作岗位,据报道企业在招聘时更看重的是学校品牌而不仅仅是学位。虽然修读研究生能提高自己的学历,在今后的一些管理类职位的晋升上占据一定优势,但业内也有来自高校以及企业雇主的反映,声称会计师事务所更愿意招聘本科生,所以从这点来看是否选择就读研究生,大家需要三思而后行。

(2) 国外会计类研究生

于国内会计研究生相比,国外的会计行业无论是实践还是学术都更为成熟。如今出国留学修读会计硕士的学生越来越多,大部分学生选择的国家是澳洲、英国和美国,其中美国的会计教育在世界上的认可度是公认的第一,作为世界上第一个开展MPAcc教育的国家(1948年,美国得克萨斯大学奥斯汀分校(The Texas University at Austin)首先开设专业会计硕士课程),经过近50年的发展,美国会计类人才培养的体系已越来越完善。对于出国留学会计硕士的学生来说，该专业的高就业率一直是最值得称道的特色之一，美国和澳洲对于毕业生的就业政策相对宽松（几年前澳洲修读会计专业的研究生还能拿到移民的加分），但英国政府在政策上就不支持留学生就业，使得去英国留学会计的价值打了折扣，所以就留在国外就业而言，美国留学占有优势。对于想要节省金钱和时间成本尽快"镀金"拿学位后回国发展的学生而言，选择英澳不失为一种理想的选择；在报考要求上，英国的学校仅需雅思考试的成绩，而美国除了语言考试托福成绩外，还需提交 GMAT（美国管理类研究生入学考试）的成绩；另外需要注意的是在英国、澳大利亚和美国学习会计所参照的会计准则不同，美国为 GAAP，而英联邦国家为 ACCA，对于今后发展各有利弊。

——美国会计类研究生

美国的会计硕士分为两大类，一类是非专业硕士 MSA（Master of Science in Accounting），另一类是专业会计硕士（Master of Professional Accounting 或 Master of Professional Accountants 或 Master of Professional Accountancy），为避免和公共管理硕士（Master of Public Administration）撞车引起歧义，我们把会计专业硕士简称为 MPAcc。第一类对申请者的背景没有强制的要求，但也会偏好申请者的商科背景，对会计知识有一定的要求，比如是否修读过最基础的会计课程或通过一些职业证书的考试或有相关实习；第二类专业硕士项目则要求申请者具有会计本科的学位或在本科阶段修完足够的会计科目，这些科目包括统计、审计、财务会计、管理会计等。

美国的会计硕士项目会有不同的分支：审计和税务。从上文"四大"的部门设置中专设 Taxation（税务部）就可看出税在会计中的重要性，美国是个重税国，各类税项多如牛毛，对于税务类人才的需求也非常巨大。对数字比较敏感、逻辑清晰的学生会比较适合税务类工作，在实际操作中，来自"四大"的多名税务从业者也表示税务类的工作在工作乐趣上要高于审计类工作。说到审计，这样的方向更适合踏实、耐心、细心的人，虽然工作略微枯燥，出差的频率也比税务类工作高，但今后的发展空间比较广阔，在行业上几乎没有限制，只要之前的业务中有对应的接触，审计类人才多年后转战金融投行的案例也比比皆是。除审计和税务之外，美国的一些学校还会开设其他的分支，比如里海大学（Lehigh University）的会计硕士偏重管理信息系统，需要申请者具备一定的计算机背景；罗格斯大学（Rutgers University）的会计硕士项目更是有财务会计和政府会计不同分支供就读学生选择；美国老牌会计牛校 UIUC(University of Illinois at Urbana Champaign,伊利诺伊大学香槟分校）和 MSU（Michigan State University,密歇根州立大学)和四大会计事务所都有合作项目的密切往来,能为学生的实战能力提供优质的平台。

在学生就业方面,美国许多学校设置 MPAcc 项目的目的是为了使学生达到根据美国注册会计师协会和州会计委员会全国协会共同发布的《统一会计法案及其实施细则》中针对报考 CPA(AICPA)必须修读的 150 学分的要求(个别州没有这样的要求,如缅因州、新罕布什尔州、加州、科罗拉多州等)。只有达到 MPAcc 水平的报考者才能够取得参加 CPA 考试的资格。考试难度方面由于考试主要是选择题,考试技巧对于成绩很有帮助,因而 CPA 考试很适合中国人。美国 CPA 考试总体通过率高于中国,平均应在 50％左右。同时,由于美国学生传统上不善于考试,因而考试竞争力远远不如中国考生,总体来说,美国 CPA 对于中国考生的难度低于中国 CPA。主要对于中国考生的难度来自以下几点：**美国会计准则中与中国目前会计准则的差别**,由于美国会计越来越偏向于以公允市值为衡量基础的会计准则,而国内在这方面尚有大量不完善的地方,因而对于以公允市值作为基础的会计核算领域基本上是所有中国学生的难点。**由于社会发展阶段不同而带来的系统性差别**,如套期保值会计（Hedging),养老金(Pension Accounting）,投资会计(Accounting of Investment),政府与非营利性机构会计(Government & Not-for-profit Accounting)。**由于税收与法律体系不同带来的困难**,美国税收体系与中国有巨大的差异,因而对于很多中国学生来说很不好理解。同时,美国的法律体系比较严密,如不动产相关的法律,Tory 类的法律,国内没有类似的法律条文,因而学生比较难于理解。**语言障碍**,中国学生普遍担心英文是 CPA 考试的障碍。其实由于该考试不是语言考试,加上是以客观题为主,学生看懂题目应该不是问题。而从看懂问题来说,只要经过系统的英文版教材和考题的训练,考试应该不会是大的障碍。

三、市场营销——职业规划

开始这部分内容前,请读者先看看下述几幅摘自各行业各公司的组织结构图,请仔细观察这些不同行业不同公司的组织机构有哪些共性？

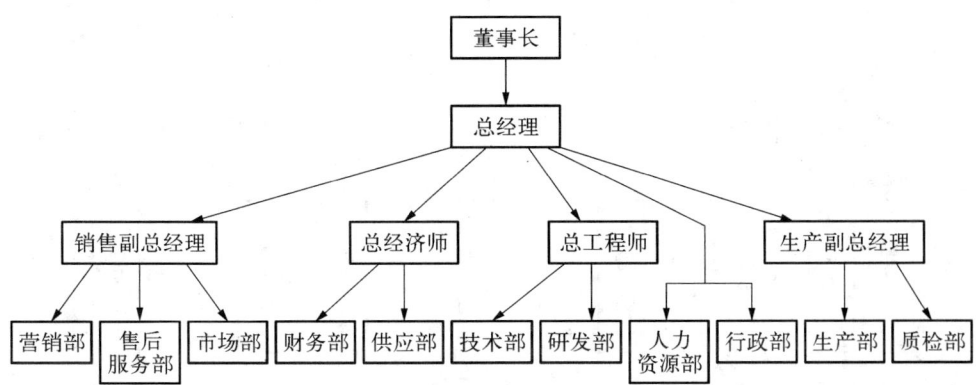

图 3-7 某企业组织架构图 1

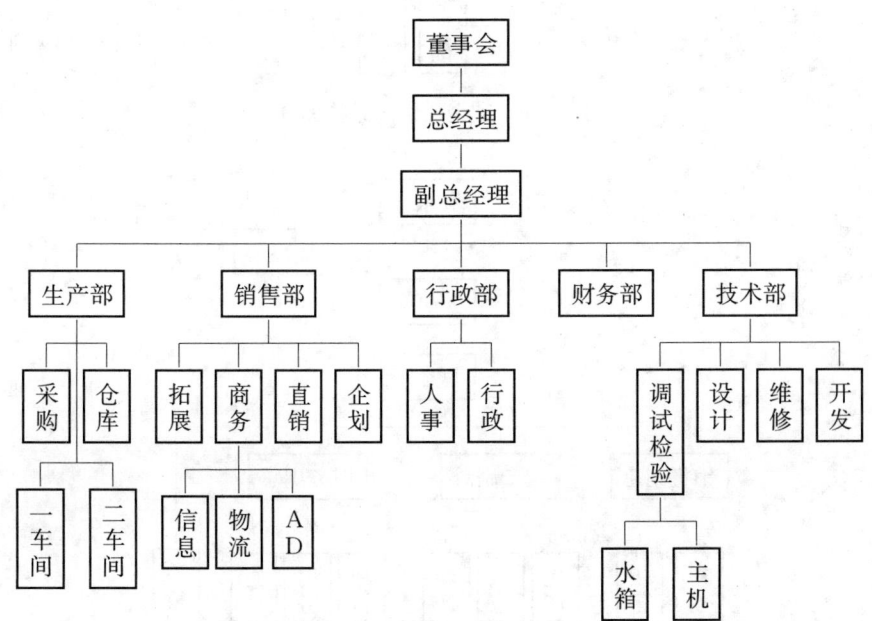

图 3-8 某企业组织架构图 2

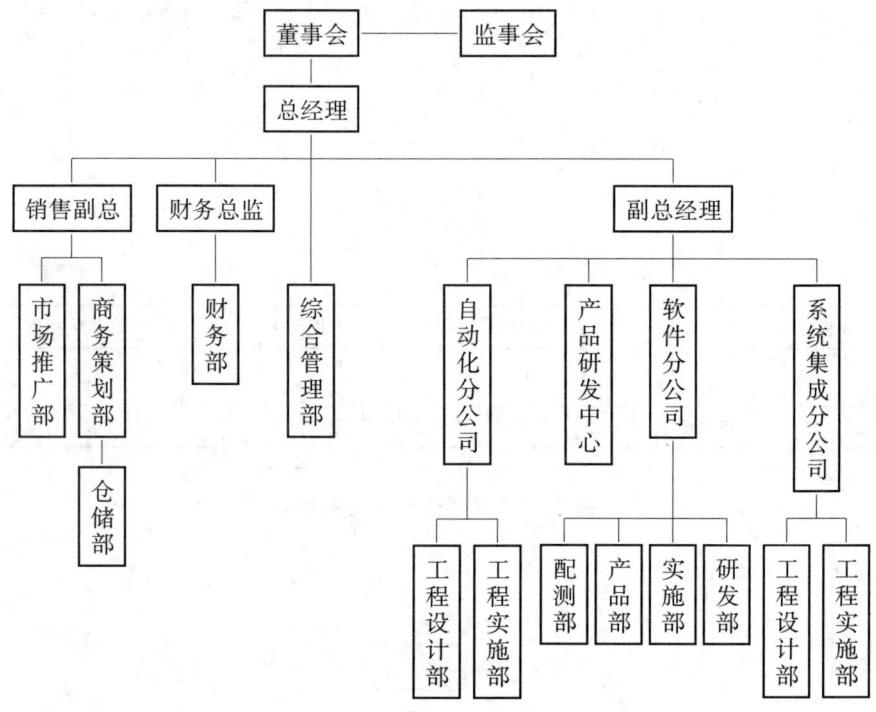

图3-9 某企业组织架构图3

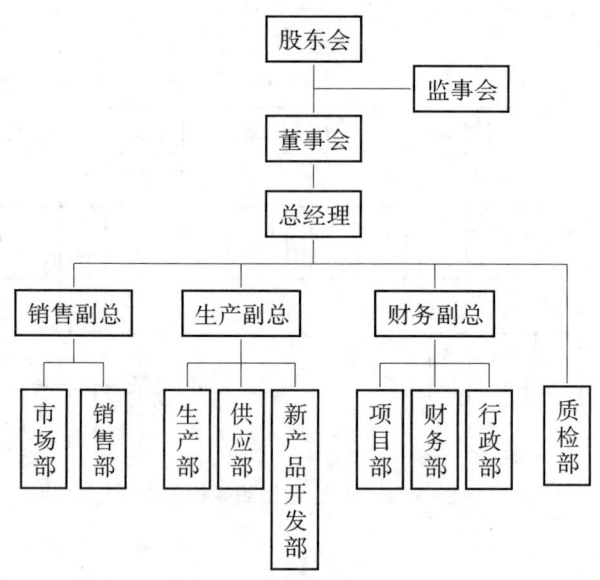

图3-10 某企业组织架构图4

第三章 商科专业对应行业职业规划

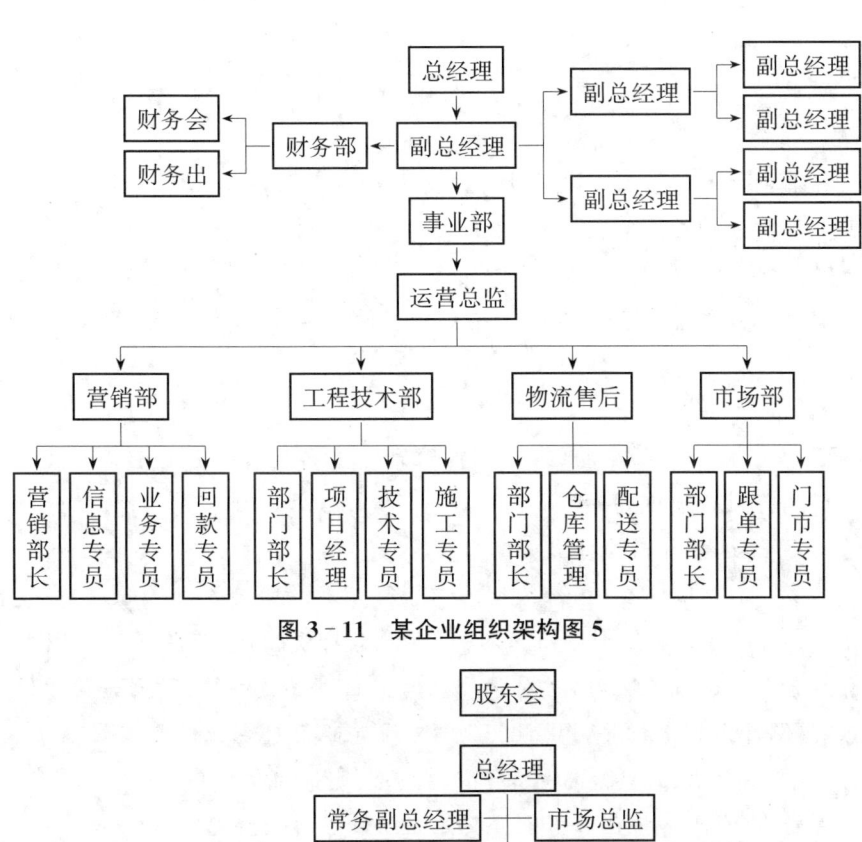

图 3-11 某企业组织架构图 5

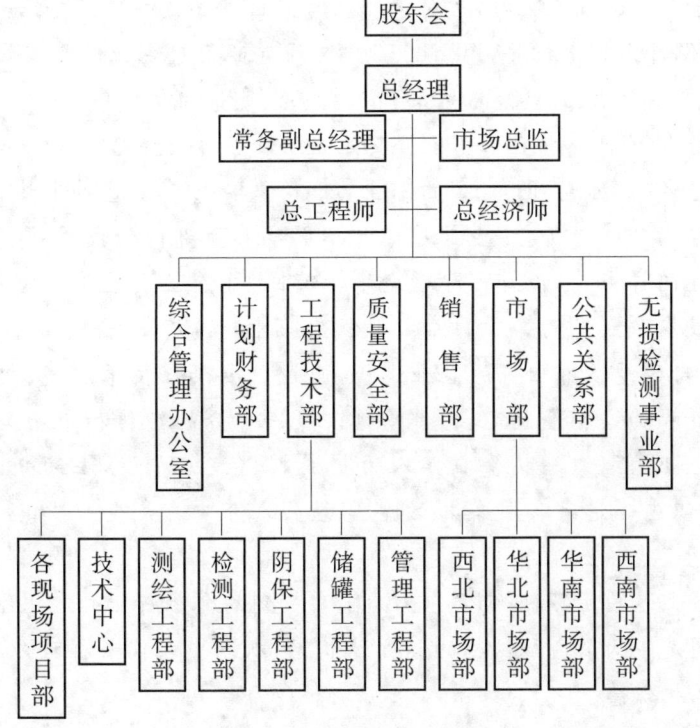

图 3-12 某企业组织架构图 6

至此，如果你没有发现一些规律和共性，那么请问自己下述几个问题。

1. 根据上面这些组织结构图，你发现哪些部门是不论企业大小和所属行业必须设置的？
2. 这些部门为什么必不可少？
3. 为何一些企业不设置其他企业设置的一些部门？

解析：

问题1. 根据上面这些组织结构图，你发现哪些部门是不论企业大小和不同所属行业必须设置的？

问题2. 这些部门为什么必不可少？

答案：Marketing and Sales（市场与销售）和 Finance（财务）。Marketing部门是企业生存的根本（否则就只有支出，没有收入），而财务则负责监督企业运营状况，同时对于外来的企业决策提供数据支撑，对于做过什么，该做什么作出指导。由此可见，这两类部门对企业的重要性有多大。同样的，在社会上，这两类人才的岗位需求也是非常大的。

问题3. 为何一些企业不设置其他企业设置的一些部门？

在笔者的"陈老师私塾"的课上，有不少学生紧接着对上述两题的解答反问笔者，"陈老师，小企业难道就不需要其他部门的设置？"答案是"它们当然也同样需要，但是由于资金资源有限，小企业的生存之道必须是以最小的成本做最多的事情，往往在小企业中，合伙人（公司老板）身兼多职，比如自己是技术出身的企业老板，自己就要兼任技术研发、员工面试、员工薪资和奖惩制度制定、内部培训以及一部分的销售和市场策划工作。因此小企业的组织结构受制于人力与成本，往往没有办法细分得面面俱到，但组织内一定有各种各样的全能型人才扮演着大企业中其他部门人才的角色。"

紧接上述的问答，我们再来看看前文提到的金融行业的组织结构情况，以下组图是某两个金融机构的组织结构图，从图中我们一样可以发现类似的组织结构规律。

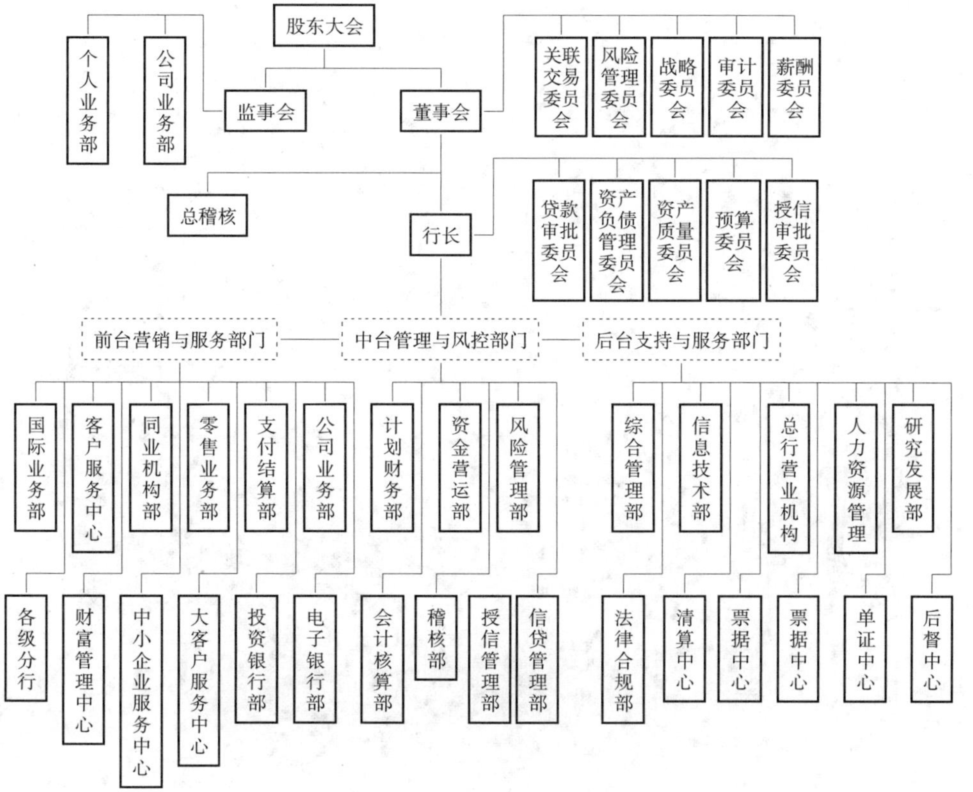

图 3-13 某金融机构组织架构图 1

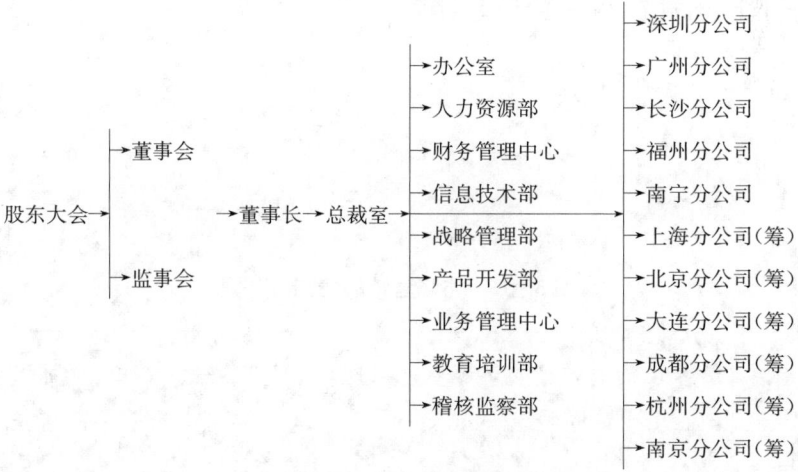

图 3-14 某金融机构组织架构图 2

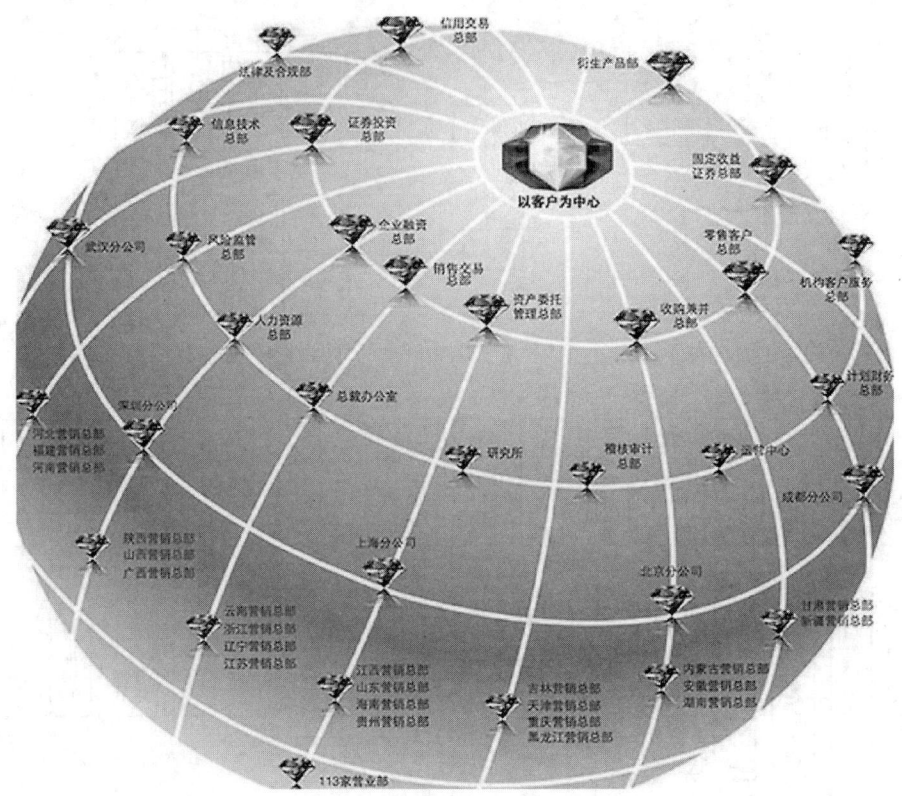

图 3-15　某证券公司组织架构图

（一）市场营销——营还是销？

市场营销按工作内容分类：

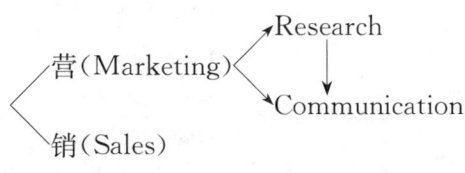

图 3-16　市场营销的"营"与"销"

> 首先，请各位读者注意，为便于大家理解，接下来这部分内的市场营销或 Marketing 概念都将特指 Marketing（营），侧重于"营"而不包括"销"（Sales）。

1. 销——Sales

众所周知，一名好的销售潜力无穷，并且销售往往是得到回报最多和晋升最快的工作，有数据显示所有企业中近80%的CEO从事过销售类工作，另外有接近10%的CEO之前是从事财务类工作，看似神奇的事物总存在其光鲜外表另一面的反差，但是同样大家又把"销售"称为一把双刃剑，而这把剑更容易"伤"到自己。此话怎讲？历年来的统计，不论在任何行业内，销售类岗位的人员流动性永远是最大的。最主要的原因有：① 销售类工作对人的能力（主要是情商ED和逆伤AQ方面）要求尤为高；② 销售类工作压力非常大，建立在业绩压力的基础上，往往需要主动寻求各类潜在客户，频繁被拒绝的挫败感让很多人"知难而退"，尤其是对于工作初期销售技巧较为欠缺，没能从量变实现的质变中寻求到安稳和平衡的新人来说；③ 销售类工作的基础福利保障率较低，导致很多人熬不过长期的低收入状态。

市面上介绍"销售"(Sales)的书籍琳琅满目，因此不在这里对销售环节过多展开，而将"营"(Marketing)作为本节的主体。

大部分市场营销专业的高端人才都将重心放在"营"(Marketing)上而非销售上，毕竟如上段所提到的，销售类工作是一把容易伤到自己的武器，因此很少人愿意拿起它，也正因为很少有人能够驾驭它；另外，销售类工作门槛低，往往在各类人才付出高代价学费和机会成本之前便可以从事，因而在拥有更高学历和更多冲击"营"(Marketing)领域的机会后，他们不把重心放在销售上也在情理之中。

> 再次请各位读者注意，为便于大家理解，接下来这部分内的市场营销概念都将特指Marketing(营)，侧重于"营"而不包括"销"(Sales)。

2. 营——Marketing

上文将"营"划分为Research和Communication，从图中箭头的方向可以看出的是，所有Communication（传媒、传播）都离不开Research的支持，可以说Marketing的各个工作环节都是相互融通在一起的，很难彻底划分开来，下文将给出更详尽的分析。

> 再次请各位读者注意,为便于大家理解,接下来这部分内的市场营销概念都将特指Marketing(营),侧重于"营"而不包括"销"(Sales)。

(二)"营"(Marketing)领域剖析

大家平时听到过各类的Marketing,都是以各类营销方式为主,包括:服务营销、体验营销、知识营销、情感营销、教育营销、差异化营销、直销、网络营销、绿色营销、整合营销、合作营销、公益营销、事件营销、饥饿营销、病毒营销等。

Marketing是一个包含各项前、中、后期工作的集合概念(见图3-14),比较完整的Marketing流程大致包括前期数据分析与研究(Marketing Research)、研发(Development)、Innovation、BD(Brand Development——市场推广以帮助品牌开发)和BB(Brand Build——新产品的开发和既有产品的改良)、Branding/Brand Positioning、媒体推广(Media & Ads Communication)、传统营销与渠道营销(Classical & Trade Market Promotion)、市场执行监督(Field Market Execution)等,在这些Marketing相关部门的导向下Sales将开展有针对性的对接客户的工作。

另一方面,我们需要知道虽然Marketing在各行各业中都扮演着重要的角色,但有的行业对Marketing的依赖相对较小(比如第一章中的金融业),而有一些则特别依赖(产品同质化[①]严重的行业,比如快速消费品行业、医疗行业、服装行业。大家可以简单地回忆生活中接收到的广告都是哪些行业的产品),且由于特别重视、频繁实践和反复推敲使得这些行业中Marketing方面的营销手段被运用到淋漓尽致,因而就Marketing而言,这些特定行业特别具有代表性,值得我们有针对性地学习。

所以,这一部分主要由两个方向展开,向大家剖析Marketing的组成部分,第一个方向我们将以Marketing领域的工作按照不同分工和职责向大家讲解,第二个方向则按照行业划分,这里以在Marketing领域较具代表性的快速消费品(FMCG——Fast Moving Consumer Goods)行业和健康(Health Care)行业为

---

① 所谓"同质化"或"商(产)品同质化"是指同一大类中不同品牌的商品在性能、外观甚至营销手段上相互模仿,以至逐渐趋同的现象,在商品同质化基础上的市场竞争行为称为"同质化竞争"可指某个领域存在大致相同的类型、制作手段、制作流程、传递内容大致相同的各类信息的现象。

例展开。

首先我们来看看整个庞大的 Marketing 体系内部是怎么进行职能划分的：

1. 按职能与分工划分的市场营销

$$\text{Research Communication} \begin{cases} \text{Marketing Analysis} \\ \Rightarrow \text{Development：R \& D} \\ \Rightarrow \text{Branding(BD \& BB \& Innovation)} \\ \Rightarrow \text{Media \& Ads Communication} \\ \Rightarrow \text{Classical MKT Promotion} \\ \Rightarrow \text{Trade MKT Promotion：Channel} \\ \Rightarrow \text{Field MKT Promotion：Execution} \end{cases}$$

图 3-17 市场营销职能分工图

除了 Research 之外，进行了的工作都是融合了 Communication 和 Marketing Analysis 的

$$\text{Research from} \begin{cases} \Rightarrow 自己公司历史销售数据 \\ \Rightarrow 自己挖掘的客户信息 \\ \Rightarrow 自己市场调研得到的数据 \\ \Rightarrow 从数据公司购买 \end{cases}$$

图 3-18 市场调研数据来源图

（1）市场部工作之一：洞察和市场调研(Marketing Research)

所谓洞察和市场调研(Marketing Research)，就是指针对消费者行为和心理、客户体验、竞争对手动向，对行业发展趋势、既有销售表现、市场份额变化、品牌形象、媒体投入效果、各渠道投入产出比等各种信息进行统计、归类、筛选，然后进行分析性研究的工作，比如市场细分研究、产品研究、定价研究、促销研究、分销研究等。这部分工作特别重要，很多公司专门成立这样的部门。洞察部往往根据企业的具体需求被设立在一个或多个部门，比如可以设立在市场部，重点关注消费者方面；也有被设立在销售部，重点研究渠道方面。

下面列举了真实操作中企业获取市场调研数据的主要方式与来源：

① 自己公司历史销售：往往这类数据直接在公司的各类财务统计与报表中清晰体现，因此较直观，也最容易获得。

② 自己挖掘的客户信息：比如通过 IT 技术，分析哪些客户是通过 Email Marketing 来的，而哪些客户是看到实体广告而被吸引的等，这些客户的比例以

及最终为公司带来的销售额增长与市场营销投入的成本之间的比例孰高孰低，从而定位哪个营销渠道是最优的，为公司最大化利润创造最佳的数据支持。

③ 自己市场调研得到的数据：偏向宏观市场的分析与调研，其开展成本很高，难度也较大，周期长，准确率受制于样本的大小与准确性，因此最终调研结果的价值存在不确定性。

④ 从数据公司购买：包括宏观和微观的数据，著名的数据公司（Marketing Research Firms）有 AC 尼尔森、明略行、索福瑞等。

$$\text{Development}\begin{cases} \rightarrow \text{摸索未来消费趋势} \\ \rightarrow \text{开发全新产品} \\ \rightarrow \text{改良既有产品} \end{cases}$$

图 3-19　产品研发模式图

（2）市场部工作之二：新产品研发（Development）

任何产品无论历史多么辉煌都有其生命周期，为了应对与预防产品销售的下滑，具备长远眼光的公司便会系统性地储备和研发新产品，而产品研发的基础就来自上文提到的市场调研（Marketing Research），比如结合消费者行为和心理的研究与过去几年消费者对于公司特定产品的不同包装下的选择偏好，市场调研的分析表明冬季客户更偏好暖色调包装的产品，而夏季客户则偏好冷色调的产品，于是产品研发部就会考虑在特定季节在市场上增添不同包装的产品。那么基于这样的市场调研分析，研发部可能有以下两种"研发模式"：

① 开发新产品：即崭新的产品。

② 改良既有产品：即在原有产品基础上做改良或升级，很可能升级后的产品会被赋予新的包装、新的品牌形象与文化，让大家感觉是全新的产品。这样的调整与升级对于公司而言，投入的开发成本比开发新产品来的更低，基于既有产品现有的市场表现，改良后的产品未来销售表现也会更有保障。

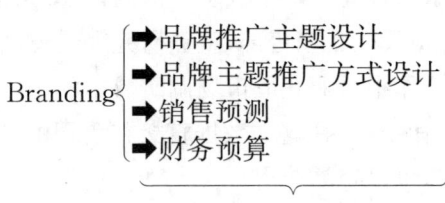

图 3-20　品牌定位职能结构

(3) 市场部工作之三：品牌定位和主题推广(Branding)

品牌定位与主题推广(Branding，其主要侧重的是广告方向，而非数据分析)是市场部的**核心**工作，也是"品牌经理"的最重要职责。这方面的工作主要包括以下三个方面的内容：

① 研究和制定每一个品牌当年的推广主题；

② 设定特定品牌的推广方式，比如是否请代言人、请什么样的代言人、线上与线下推广的搭配与资源投入比例、投放方向等；

③ **销售预测＋财务预算**：往往实际操作中我们需要把这样的预算通过表格规范化地制作出来，表格的数据与预测将包括各渠道效率、总销量、已有各渠道增长率、已有增长率、预期增长率、拉力与推力预算、推拉结合预算、未来经不同资源调整方案后预期的增值与系列影响等，由于账面上显示的数据与对应的方案会受到实际市场情况的影响，因此这些更优方案的制定都需要事先与各销售部门负责人进行探讨和确认。

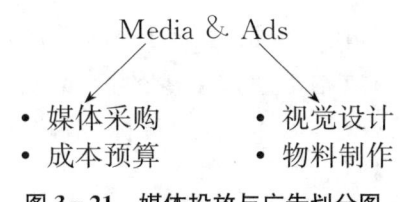

图 3-21 媒体投放与广告划分图

(4) 市场部工作之四：媒体投放和广告(Media & Ads)

在公司完成了品牌定位与对应的推广方案后，媒体与广告相关部门就要开始操作以下两大块的工作：

① 媒体采购 & 成本预算：媒体部的一个主要工作内容是媒体采购，根据GRP(总收视率或总收听率)的监控和CPRP(收视点成本——是指每得到一个收视百分点所需花费的成本)的控制来控制预算开支(收视率和使用率与成本的关系，是一种预算监控)，这样的媒体有报刊杂志、电视、户外广告、广播、网络、电梯广告、QQ、微信、视频、微博等。由于媒体投放的投入往往非常大，因此需要非常谨慎地与多个部门负责人共同商议其可行性与投入产出比的预算等。

② 广告设计与制作：顾名思义，即确定了在哪类平台上进行广告推广后，有针对性地设计出广告方案，同时也要负责各种广告宣传品的设计、物料的选择以及物料的稳妥加工制作等环节。

```
                          ┌─➡ 工作杂、乱、多
Classical MKT Promotion ⎨ ➡ 直面消费者
                          │ ➡ 策划品牌推广活动
                          └─➡ 策划促销方案
```

图 3-22　市场推广与促销特点与分工图

（5）市场部工作之五：市场推广及促销（Classical Market Promotion）

市场推广与促销涉及的大多是较杂乱较具体的工作，要策划各种品牌推广活动和促销方案，当然这里的促销方案主要是指针对消费者的，渠道方面的促销将在下文展开。市场活动的设定会根据特定产品的特性来挑选特定季节和渠道来开展，我们常见常听说的活动有校园活动、城市广场活动、三四线乡镇推广活动、餐饮渠道推广活动等，其中校园活动则涉及挑选学生非假期的时候去做，并且还要避开学生的期中期末考试周、特定年龄学生白天的上课时间，在渠道方面是打通学校的学生会与其配合开展推广与现场布置，还是与学校的后勤集团，甚至直接和校方合作开展都是需要斟酌的。除了以上这些外，最重要的就是预算，比如说根据公司市场研究部门获得的数据来判断投入在哪个渠道上，投入成本不超过多少的情况下能预期能得到多大的收益。在这些全都敲定后，就可以将预算、目标、战略部署给执行部门与渠道部门去开展。

我们从中再一次可以看出市场营销的每一步都离不开市场研究（Marketing Research）方面的数据支持，每一步或者说每一个部门都需要非常紧密的相互配合。

```
                      ┌─➡ 促销方案设计
Trade MKT Promotion ⎨ ➡ 促销方案执行     Channel
                      │ ➡ 渠道分析和选择
                      └─➡ 渠道调研和调整
```

图 3-23　渠道拓展业务流程图

（6）市场部工作之六：渠道拓展（Trade MKT Promotion）

渠道拓展部一般负责各类渠道的选择、促销和推广方式的选择与对应的执行，渠道促销的方式包括进货奖励、抽奖、免费派样、特价、赠品、促销员等，节假日促销和平时促销有很大差别，DM 促销、店庆促销、新品上市、铺货促销、互动促销等各种方式都有各自适用的情况和优缺点。

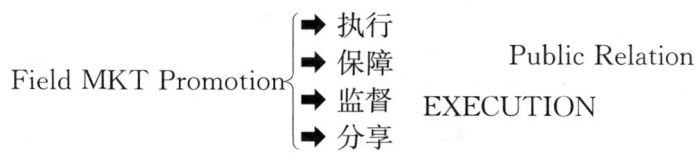

图3-24 区域市场执行流程图

(7) 市场部工作之七：区域市场执行(Field MKT Execution)

执行：指的是落实市场部在各地区的市场活动，包括前期与现场相关负责人的联络、现场的布置以及最终具体工作的落实。

保障：指的是保障各种物料到达市场第一线足够及时，保证活动按质按量、安全地完成，保证广告宣传的形象统一，保证各地区终端品牌展现的文化与理念高度的一致和统一执行。保障工作内容繁杂但对品牌的统一性和标准化很关键，近些年欧美流行的"整合营销"也是这样的理念。

实际操作上，保障方面首先要做好**监督**，即对预算花费、完成项目、终端落实门店进行统计和汇总；其次也要做好经验教训的总结，比如定期组织最佳案例**分享**会进行交流和评比，让大家互相学习和提高。

上述对于 Marketing 的分工讲解后，相信读者对于市场营销的工作内容已经有了一个较感性的认识，下图是根据快销行业业内多位人士的经验绘制的真实大型 FMCG 企业内市场营销的工作流程。从图中可以看出，就部门设置而言，Trade Market 其实都被划分在 Sales 之中，但由于它是与真正的 Marketing 部门对接最密切的部门，在上文中笔者将其放在了 Marketing 之中（上文仅仅把最纯粹的 Sales 部分剥离出了 Marketing）。另外可以看到的是，几乎所有 Marketing 环节中，除了最核心的制定"大方向"战略与策略的核心员工和工作部分外，其余部分（包括 Market Research，Advertising，Digital，Media，Public Relation，Events 等）中很大比例地外包（Outsourcing）了出去，让代理商（Agencies）去帮助"代工"以节省成本，常见的代理商包括公关公司、广告公司、传媒公司等。

2. 市场营销中最具代表性的行业解析

了解了 Marketing 的分工情况后，再让我们从这个领域最具代表性的行业来更进一步地增进感触和理解。大多数人在就业时愿意选择大企业，比如中国 500 强、世界 500 强等，而几乎所有学习市场营销专业或希望从事 Marketing 工作的人士的首选则是"世界 500 强"中的"快速消费品行业"（FMCG——Fast

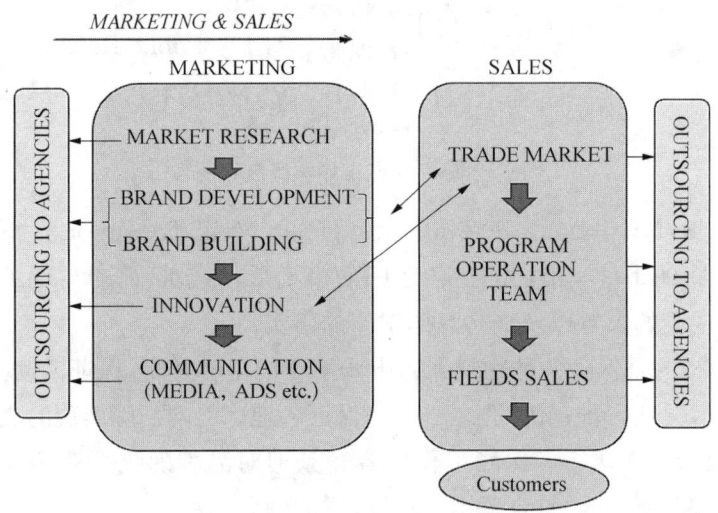

图 3-25　大型企业市场部门与销售部门及上下游合作伙伴关系图

Moving Consumer Goods），另外随着国内经济高增长持续保持、老龄化趋势加剧以及国家医疗体制改革等举措，国内医疗保健（Health Care）行业的发展和需求也相应持续增长，该行业对 Marketing 的需求也不断增强。因此，这个环节将主要以这两个行业为例给读者讲解最真实的 Marketing 领域的工作。

(1) 快速消费品行业（FMCG——Fast Moving Consumer Goods）

快速消费品指的是非工业类的、使用率（量）和消耗率/量（Turnover Rate）都极高的日常生活用品，比如说面包、洗发水、果汁以及烟草等。快速消费品行业主要受到中国人口增长、人均可支配收入（经济、GDP 增长）增长、二三线城市的城镇化覆盖率提高（原农村自给自足的模式逐渐转为需要购买快速消费品生活的模式）、持续的日用品高通胀等因素的刺激，在中国的市场份额不断扩张，截至 2017 年年底的中国大陆现已拥有近 3.5 万亿美元的市场容量（Market Size），且每年的增速仍然保持在 5% 左右。

世界顶级的 FMCG 企业包括：玛氏、PG 保洁、联合利华（Unilever）、雀巢等。不同的企业在 Marketing 运作方面各有千秋，或者说它们的优势环节各有不同，比如 J&J 的 Sales 渠道管理和分配方面更强，而保洁（PG）的 Branding 方面更强，因此读者在定位自己兴趣后应当更有侧重点地关注对应的企业，以此为目标来修正求职规划和人士规划。总的来说，FMCG 领域对于 Marketing 的重视程度几乎是所有行业之最，因此对于上文提到的七大块分工方面一定也是体现和执行得最为细致、到位和完整的，如果能够进入该领域从事 Marketing 工作，无疑等同于站在了 Marketing 领域的金字塔顶端，对于自身专业能力、经营理念、运作模式等方面的经验提升和眼界开阔将大有裨益！

（2）医疗保健行业（HC——Health Care）

这个行业分为两大类，医疗器械（Medical Device）和药品（Pharmaceutical）。

医疗器械方面，细分可以分为两类，第一类是大型医疗设备和仪器（如医院的 CT 机，再比如 GE、飞利浦、西门子卖的大型设备），第二类是医用耗材（Disposable，纱布、缝线、心脏支架等）。药品方面，可以分为处方药和非处方药。

2016 年 10 月，国务院颁布了《"健康中国 2030"规划纲要》（以下简称《纲要》），"健康中国"的概念被提升至优先发展的战略地位，《纲要》明确提出健康服务业总规模于 2020 年、2030 年超过 8 万亿元和 16 万亿元，"健康中国"战略必将成为我国医疗健康产业发展的重要引擎。

在医疗器械领域工作的从业者往往需要和各大机构的设备处主任、采购部负责人打交道，而负责药品类的从业者则更多地需要和医院从上至下的各类医生打交道。通常很少有人从医疗器械领域跳槽至药品领域，反之，跳槽的情况则比较普遍。

HC 行业商业模式属于分销网络模式，其终端消费者一般是医院医生、经销商、各机构的设备采购部门，与 FMCG 有较大的区别；HC 行业的 Margin 边际收益大，因此团队往往比 FMCG 的更大，因为可以支付得起更多的员工；HC 行业由于需要对于相关医疗器材或药品有专业方面的认知以便业务操作和谈判，所以对于人才的专业背景有特定的要求，但也不绝对，不少企业比如 J&J（强生）在大多数岗位上还是更注重人的基本素质（比如 Interpersonal Skills 与人的沟通技巧），在入职后也会提供大量的专业性培训来强化员工的专业知识储备；由于外企很多相关的产品都是英文说明，和国外业务的交流也需要英语，因此对于求职者的英语能力要求较高；待遇方面，外企要高过国企和民企；在部门设置上 HC 行业的公司基本都分为研发部、医药部、市场部、销售部、公共关系部，而在部门重要性上与 FMCG 行业相比，HC 行业的研发部、销售部与公共关系部往往扮演着更重要的角色，这些部门需要输送大量的"前锋"冲杀在战场上直面终端消费者洽谈合作，而市场部主要负责协助提供一些辅助的"装备"。

在 HC 行业，大多数求职者的 Dream Employer 有 GE（通用电器）、西门子、飞利浦、J&J（强生）、波士顿科学（Boston Scientific）、雅培（除众所周知的雅培奶粉外，还经营医药和医疗设备的业务)、GSK、辉瑞、诺华、戴尔等。对市场营销感兴趣的读者可以进一步深入了解这些公司的情况。

在药品类领域工作分为处方药与非处方药(OTC)两大类。对于处方药的市场营销而言，由于该类药品需要医院医生的处方作为购买许可，因此医药公司并不能按照传统的市场营销方式来向消费者宣传和做广告，国家相关部门的监管也非常严格，因此在营销上药品公司的目标客户实际上是医院的医生而非最终消费药品的患者、病人；而对于非处方药，由于消费者有自主购买的机会，因此药品公司在做市场营销的时候也能与其他商品一样地去开展，典型的例子比如我们在电视上看到的"泰诺""新康泰克"等药品广告。

如果说上文提到的 Marketing 七大环节比较固定的话，那么以下这些便是需要随着时代科技和人们消费理念变化而随时改革跟进并融入上述七大环节的市场营销主心骨——营销模式！

图 3-26　市场营销模式图

上图中，Traditional(传统的营销)包括服务营销、体验营销、知识营销、情感营销、教育营销、差异化营销、直销、合作营销等。而随时代科技发展，网络营销、绿色营销、整合营销、公益营销、事件营销、饥饿营销、病毒营销等也如雨后春笋般出现于人们的视线中，其中当今社会中最火热的无疑是网络营销和电子商务了。

在以 E-Marketing 为基础的商业运作中，运作方式都有许多共通之初，由于篇幅有限，我们以电子商务——B2C 和 B2B 为例，来让大家深层次了解这类机构的内部运作方式。

(3) B2C(Business-to-Customers)

B2C 是电子商务的一种模式，即商业零售，在这种模式中商家直接面对消费者进行产品的销售与服务。规模较大体系较成熟的 B2C 类企业一般分为七大部门：客服部、技术部、市场部、采购及物流部、网站运营部、财务部和人力资源部。

客服部：客服部自然是以为客户服务为工作职责，那么客服部对公司而言有多重要呢？从市场营销的角度来看，客服部对外服务的质量会很大程度影响到客户的产品使用体验、满意度，客服处理问题不当可能将其他市场营销（Marketing）所做的长期努力化为泡影，客服为客户处理问题得当不但可以提升客户的忠诚度，还有机会促进该客户对公司其他产品的二次消费的可能性、转介绍可能性等，最终则是以公司营业额的增值与价值的最大化为目标。

技术部：技术部的职责是企业内部各种信息化系统的建设与维护，包括公司网站、呼叫中心、电子商务系统的建设与维护，以及采购、仓储、CRM 等各种系统的优化等工作。

市场部：负责产品研发、市场调研、品牌战略、媒体推广、广告设计、渠道公关、对外合作、网站策划与美工、CRM 营销等。

在诸多部门中，我们重点来研究一下其**市场部**，通过以下各种不同的划分方式，我们可以看到其各个工作部分的工作内容与职责衔接情况。传统的划分方式有两种，按照对内对外的工作方向性划分，以及按照媒介推广、活动公关和营销分析的"三组式"划分。

第一种划分：对内和对外

① 对外 Marketing：**采购及物流部**负责根据采购名单进行招标和采购、网站仓储在全国的布局和设计、制定仓储标准和物流配送标准、设计仓储管理系统、选择物流配送合作伙伴、设计产品配送包装、根据订单的进行配送，并根据销售状况调节产品在不同仓储之间的库存等。

② 对内 Research：研究分析 CRM 体系（包括会员级别、积分机制、客户活跃机制、沟通机制等），优化购物流程，提高用户购物体验，制定 CRM 营销战略，分析销售数据，研究用户购买行为，最终提高订单转化率。

第二种划分：三组

① **媒介推广**：支付合作（支付宝、银联、手机支付）、网络推广（SEM、合作营销——门户和合作网站合作、EDM 邮件营销、CPS 投放合作）、投产分析——投资渠道效果分析，渠道重心调整。

② **活动公关**：通过新闻撰写、活动策划、品牌公关、高层访谈和口碑营销等各种方式不断向用户渗透网站品牌理念。

新闻公关：寻找媒体对本公司/产品曝光、评论。

品牌公关：品牌定位、危机处理、各渠道媒介的口碑营销、活动策划公关。

活动策划执行组公关：负责策划、参与各种活动，包括行业研讨会、新闻发布会、高层访谈（含网络访谈、电视访谈、报纸访谈等），组织安排相关负责人参与，并与其沟通确定发布文稿（Word、PPT、演讲大纲等）。

③ 营销分析。

产品营销分析团队有三个主要职能：产品分析筛选、产品定价和销售分析。

A. 产品分析筛选：分析各个种类的产品，确定网站主推产品名单，预测产品销售额，跟采购部协商确定采购量，并根据销售情况不断调整。

B. 产品定价：根据传统渠道价格、竞争对手价格、采购成本等各种因素确定网站产品定价，保持产品竞争力和毛利润。

C. 销售分析：分析网站各种产品的销售情况，将产品分为若干等级——畅销品（现金牛）、滞销品（瘦狗）、潜力产品（明星）和不确定产品（问号）；寻找并确定畅销品的品种，尽快用促销等方式消化滞销品的库存，通过内外部资源提升潜力产品的销量，分析研究不确定产品的原因。①

（4）B2B（Business to Business）

B2B指的是以互联网为平台的企业直接对接企业的市场营销模式和关系。通过B2B，企业间更好地、更有效率地对接，最终实现合作共赢，可以说近些年来B2B的发展势头非常迅猛。而趋于成熟的B2B网站的用户一般有两种，一种是供应商，一种是采购商。

B2B模式中的市场营销主要是网络营销，包括网站流量推广和品牌提升、负责研究搜索引擎营销（SEM）②、搜索引擎优化（SEO）③、竞价排名④、购买关键词广告⑤、邮件营销、新闻公关营销、会议营销、线下展会、报纸杂志广告、户外

---

① 参考：周勃.大型B2C电子商务网站组织架构分析.http：//www.chinavalue.net/biz/blog/2011-9-15/834356.aspx.

② SEM-(Search Engine Marketing)，即搜索引擎营销，包括SEO，单纯来说一般的SEO只是为了搜索引擎的排名来针对网站进行优化和代码结构重建，但是不会考虑竞价排名，SEO注重的是流量，SEM注重的是营销，意思就是定向流量，但是会考虑竞价排名。

③ SEO-(Search Engine Optimization)，即搜索引擎优化，指的是通过对网站结构、关键字选择、网站内容规划进行调整和优化，使得网站在搜索结果中靠前，最终使得公司特定的品牌与产品被客户搜索到的可能性得到提升。

④ 竞价排名，网站付费后才能被搜索引擎收录，付费越高者排名越靠前。PPC(Pay Per Click)按点击收费，之后还是需要SEO来优化搜索引擎。

⑤ 购买关键词广告，即在搜索结果页面显示广告内容，实现高级定位投放。

广告。

其中以较具代表性的 SEM 为例，其服务流程分为以下几个步骤：

第一步：商业分析——公司宏观战略目标的确立。

第二步：市场调查——调查的内容包括"人们是怎样搜索到网站？常用关键词？性价比更高的关键词？竞争对手战略与策略？搜索引擎机制？什么样的网站值得去洽谈链接合作？等等"。

第三步：网站优化——从结构与功能角度出发，根据搜索引擎偏好等特性对网站的页面结构、数据调用以及 URL 结构进行规划与优化。

第四步：搜索引擎优化（SEO）——通过对网页的 URL、正文标题、正文内容、标题、META 标签、ALT 标签、链接等的优化操作使得目标关键词更容易被客户从搜索引擎中搜到且排在靠前的位置。

第五步：搜索引擎收费服务——付费收录、付费排名、点击收费。

第六步：搜索引擎管理——定期跟踪了解目标关键词的排名变化；通过服务器日志来挖掘访问者来源信息、关键词使用情况等信息，从而定位搜索引擎管理对公司产品推广的产出价值，用以决策今后搜索引擎优化策略该如何调整，比如是否需要更换别的关键词、相应网页的代码和内容是否需要调整等。现实生活中，由于 SEO 已经被绝大多数公司广泛认可并重视，同行竞争者在搜索引擎方面每天都处于激战之中，很少有公司能够长时间获得靠前的排名。

通过对 SEM 工作具体步骤的了解，你是否对当代流行的网络营销有了更深的认识和感触呢？随着科技的发展，消费者获取信息的习惯与消费习惯也发生着巨变，网络营销的模式不但更与时俱进符合消费者的消费行为与习惯，且往往与传统营销模式相比成本更低、效果也更佳，各类企业几乎无一例外地对网络营销也越来越重视与依赖。

（三）市场营销领域未来发展趋势展望

随着社会经济发展特别是科技的发展，市场营销领域也发生着很大的变化。传统的营销模式虽然依旧有用武之地，但受众群体大多还是年龄较大观念较保守的消费群体，而作为消费能力最强与消费欲望也最旺盛的年轻群体，更为适用新科技模式下的相关市场营销，例如电子邮件营销、互联网营销，新科技所带来的新型市场营销模式在成本、效果等方面也有着得天独厚的优势，这使得大量的中小企业也能获得原先只有财大气粗的大企业才能达成的营销效果。在这种不断变化的大环境下，不论是企业还是市场营销领域的求职者、在职者都应该及时地与时俱进、做好调整。下面罗列了市场营销发展的几个大方向：

第一，整合营销(Integrated Marketing Communications)。用简单的话来说整合营销就是要"用一张嘴说话"，不论公司运用何种营销手段与工具，在每一个独立的环节中都要确保公司先前确立的特定品牌形象或特定系列产品的形象协调一致，使得品牌的影响力得到不断加成的效应，这就是所谓的整合营销。整合营销需要以消费者行为学与心理研究作为依据和导向，确立符合消费者偏好的品牌形象后，维护品牌形象在各个渠道和媒介的一致性。

第二，公司社会责任(CSR-Corporate Social Responsibility)。欧美等国早在20世纪30年代起就开始对CSR进行研究，而近10年间，社会对于CSR的关注与日俱增，几乎所有研究都表明对任何想兴盛不衰、长久发展的企业和产品而言，加强企业在对社会贡献与付出方面的形象推广是必不可少的市场营销环节。2013年欧美地区有一家大型市场调研公司问卷调研了3万多名消费者，得出的结果是30%的消费者愿意花更多的钱(约10%)购买他们认为有社会责任意识的企业的产品，近70%的消费者认为当今社会CSR是对企业至关重要、不可或缺的一部分。如何将CSR的形象有效地传播出去就成了众多公司尤为关心的话题，是否将CSR融入产品的市场推广？还是单独斥资进行公益类活动？在哪些媒介上开展这样的传播推广？邀请哪些公益形象大使、投入多少代言费合适？公益活动的线上线下如何具体执行？诸如此类的问题都需要公司的市场营销精英去斟酌，俨然就是一整套产品的营销。

笔者先前花费数月做过一份关于北美地区CSR的详细研究报告，虽然这里不适合深入展开，但欢迎有兴趣的读者通过本书提供的联系方式与笔者进一步交流。

第三，文化营销。人类文明的发展与社会的进步使得消费者的需求结构发生转变，显而易见在当今中国，随着人民消费水平的提高和生活质量的提高，消费者购物时选择产品和品牌时，不再单单以产品的性能、功用和价格等作为最重要的选择标准，而是越来越多地考虑该产品和品牌的文化内涵。这样那样的文化内涵可能符合消费者的价值观，也可能让消费者觉得通过使用具备这种内涵的产品能为其外在形象加分。比如第二点中提到的CSR就有一个很好的例子，在美国地区有一家超市叫作Whole Foods，它主张提供最优质的果蔬、日用品给社区老百姓，主张将收益中的一定比例部分捐赠给穷苦的人民群体，声称企业中的每一名基层工人都能得到最好的福利和关怀(而非近期传得沸沸扬扬的血汗工厂的形象)。在笔者曾经做过的问卷调研中发现,虽然这家超市的各类商品售价明显高于其他同行竞争者,但其业绩却明显好于其竞争者。接受问卷调研的近 8 成消费者表示,在这家超市买东西除了放心之外还能带给自己身心的愉悦,感到幸福是因为觉得通过在这家超市购物为社会需要帮助的人做出了贡献。Whole Foods 的文化营销让人感到企业文化不单单源自媒体与广告宣传和公益活动,而是切切实实融入整个公司上下的文化中,当你在一家连锁超市购买水果时,收银员会面带笑容热诚地告诫说你买的这袋橙子里有一个看起来坏了,建议换一袋或回家早些把坏的拿掉以免整袋遭殃时,公司对员工的温暖很明显已经传递到了客户身上,传递到了社会。

第四,网络营销。互联网络时代到来已久,网络营销的特点或者说优势已经被不断放大,爆发式增长的网店模式(如上文提到的 B2C)对于实体店营销模式的冲击明显,网络营销投入成本低、传播快、范围广,所面对的群体也大多是年轻、购买欲强烈、消费能力充足、行动力足够的群体。

Barnes & Noble 是美国最大的实体书店,在全国拥有达 1 000 家门店,却也没有经受得住互联网的冲击面临倒闭,于是乎开始转战网络书店,现已成为在美第二大的网络书店,仅次于亚马逊,B&N 预计将在一年内关闭大半实体书店。

互联网的魅力和潜力不可估量,下面笔者要说到的便是与互联网强强结合的大数据广告营销模式。

第五,大数据与互联网背景下的精准广告营销模式。传统广告行业在互联网的冲击下已经被迫进行转变,而大数据时代的来临将开启全新的广告精准投放时代,大规模投放广告的模式很可能将一去不复返。上文提到过 B2C/B2B 中相关的关键词竞价,比如谷歌的 Adwords,就是互联网精准广告营销的开山鼻祖。谷歌的 Adwords 不但适用于精准特定关键词投放,还可以让用户选择投放时间、地点、模糊关键词、完全匹配关键词投放等更为精准的选择。

在这样的大数据背景下,我们已经能够感受到许多让人震撼的情形,比如在淘宝、亚马逊浏览过一些特定的商品,你就会发现在数天后浏览新闻、论坛或其他不相干网页的时候蹦出相关类型商品的广告。之前听说过一件真实的事情,张女士的丈夫王先生收到某婴儿产品的广告单,广告单上说道:"恭喜王先生与张女士喜得贵子",可实际情况是张女士和王先生两人都不知道这个事情! 最后通过体检的确验证了这家公司的说法! 那么,这家公司是怎么比孩子的父母都先一步知道这些信息的呢？这便是大数据时代的奥秘所在，通过张女士最近浏览的网页、产品、百货公司留下的信息，结合特定人群消费者的消费行为研究，发现张女士的购物偏好与消费行为同孕妇非常匹配，于是便大胆却有把握地做出了判断，最终先人一步让消费者张女士和王先生知道了这家公司的产品，精准化地将产品投放到最有购买需求的人群中去。该公司从最初获取数据到最终投放广告经历的过程便是大数据时代下我们可能需要关注的基本模式：从数据收集到数据筛选，到数据挖掘（Data Mining）再到数据分析，随后交到市场营销Marketing部门去展开营销推广与传播。

> 上文提到的四点都是随着时代变迁和社会科技进步而出现的市场营销或者说社会的新现象、新特点，作为向往在市场营销领域有所发展的人士，需要具备一定的敏锐洞察力，抓住整个社会与行业发展的脉搏，与时俱进，及时做出调整，专攻特定的营销技术和积累特定的商业案例，大方向较为确定且随时微调的职业规划才是合理的职业导向。

（四）市场营销领域职业发展路线与待遇情况分析

首先，待遇方面我们以几个最大牌的快速消费品行业（FMCG）500强企业为例，例如根据2012年的市场行情，宝洁给予初入公司的员工（Entry Level Staff）的起薪（每月）基本保持在本科9 000元、硕士10 000元、博士11 000元的水准，每年14个月薪水，另有千元以上的交通费补助等，在Marketing部门工作，每年的待遇涨幅在30%左右；再例如玛氏：Entry Level的员工基本月薪在11 000元以上；再比如箭牌，Marketing部门Entry Level月基本起薪在7 500元左右，Sales在5 500元左右，箭牌实行全年15月薪制。

总体而言，外资FMCG公司相对更看重工作和实习的背景，弱化本科的背景。其管理培训生（MT-Managemnt Trainee）入职年收入在9万～15万元之间（不论在什么部门，MT拿的起薪都是统一的。外资HC方面，第一年福利都在11万元以下，往后3～5年将出现较大的差距，浮动范围在18万～50万元），而随后根据所在的部门不同待遇会有浮动。通常从事品牌（Branding）的部门福利较高，比如升至助理品牌经理（Assistant Brand Manager）则能拿到20万元左右的年收入，品牌经理的年收入在35万～60万元。上级的市场部经理以及其他各部门中高层的收入对于初入职场的求职者来说意义有限,但仍然可以作为参考。

从职业发展的角度来看,世界500强中FMCG的公司毕竟就那么几家,其中Marketing部门作为核心决策和研究的高端部门,每年招收的应届生数量也非常有限,有不少热爱Marketing的人士最终都会与这些名企擦肩而过。而除这些企业外的一些中型、中小型企业又很少有正儿八经的Marketing工作可以从事,在名气和待遇上也相差甚远,那么难道那些热爱该行业的应届生、求职者就只能留着遗憾转型转行了?答案是否定的,在进一步研究Marketing行业后,笔者绘制了图3-27,发现这些名企之外,同样以Marketing为生存之道的其他产业链上的企业还有广告公司、传媒公司、公关公司等,根据笔者和许多名企HR、品牌经理以及广告公司员工做的调研显示的情况,许多传媒公司、广告公司、公关公司和FMCG的大佬们都有着密切的合作。当这些大佬们以及其他企业的市场部资源配置不足或为节省人力等成本时,业务和项目就往往被分(外包)给传媒公司或广告公司来做,在这样的合作机遇下,这些承包商旗下的人才的能力能够被直接检验,与FMCG大佬们内部的人脉关系也能更容易地建立起来,而在做这些项目的过程中,积累的经验同样是非常充实的。因此对于一些执着于Marketing领域的求职者,笔者不太建议真的只做非华山一条路不走的打算。我们说鸡蛋不能都放在一个篮子里,自己的职业生涯和未来更为重要,建议大家在求职的过程中,适当选择一些市场营销产业链上下游的相关企业、甚至中

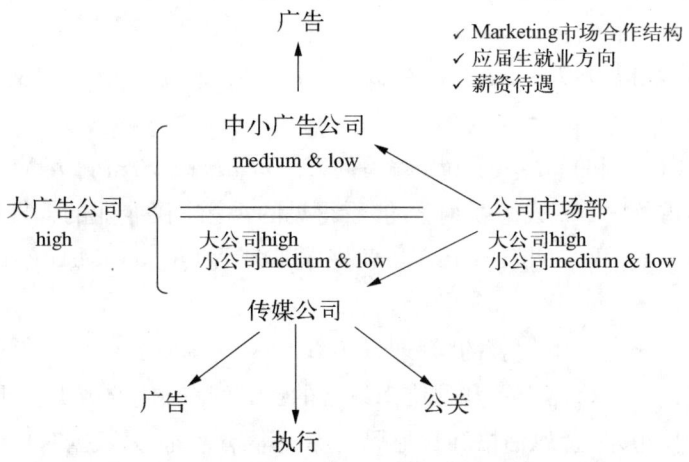

图3-27 应届毕业生市场营销类工作选择方向

小企业中的相关职位起步先积累经验,厚积薄发后完成"曲线救国",完全是可行的职业发展路径。

(五)如何提高自身在市场营销领域的竞争力

1. 定位

根据前文提到的 Marketing 分工的七大部分定位自己最感兴趣的某个或某几个环节,结合随后提到的"营销模式"选择符合潮流和市场需求的特定方向专攻,比如选择传统的营销路线还是与时俱进补强自己在 E-marketing 方面的技能?比如选择了 E-marketing,是否进一步提升自己在 SEO、SEM 方面的基本功?

2. 阅读与案例学习

不论在任何行业,多观察成功案例、失败案例,多总结,从中寻求更好的解决之道和灵感永远是开启成功之门的金钥匙。如果你对市场营销感兴趣,首先建议阅读以下书籍,这可以帮助你对于市场营销的整体有更直观和细致的理解和感悟。推荐的阅读书单:Leon G. Schiffman,Leslie Lazer Kanuk,S. Ramesh Kumar 与 Joseph Wisenbit 共同编著的《消费者行为学》(*Consumer Behavior*);菲利普·科特勒编著的《营销管理》;

菲利普·科特勒和瓦得马·弗沃德编著的《要素品牌战略:B2B2C 的差异化竞争之道》;

杰克·特劳特和史蒂夫·里夫金编著的《重新定位》;

杰克·特劳特(Jack Trout)和阿尔·里斯(Al Ries)编著的 *Positioning*(中文名为《定位》)以及 *The 22 Immutable Laws of Marketing*(中文名为《22 条商规》);

Charles Hill 和 Gareth Jones 编写的 *Essentials of Strategic Management*;

艾尔弗雷德·D 钱德勒编著的《看得见的手:美国企业的管理革命》;

W·钱·金(W·Chan Kim)和勒妮·莫博涅(Renee Mauborgne)编著的《蓝海战略》;

斯图尔特·克雷纳编著的《管理百年》;

赵国栋、易欢欢、糜万军和鄂维南编著的《大数据时代的历史机遇》;

维克·托迈尔-舍恩伯格和肯尼恩·库克耶编著的《大数据时代》(英文名为 *Big Data*)。

另外还推荐如下有价值的报刊和网站：

《哈佛商业评论》，读者们可以登录 Harvard Business Review 购买商业案例（Case），其中的经典案例是美国几乎所有顶尖商学院的必备学习案例；

《中国企业家》(http：//mag.iceo.com.cn)；

《创业邦》(http：//magazine.cyzone.cn)；

《南方周末》《经济观察报》(http：//www.eeo.com.cn)；

《中国改革》(http：//magazine.caixin.com/china_reform)；

美国《福布斯》、美国《财富》(*FORTUNE*)；

《华尔街日报》中文版(http：//cn.wsj.com/gb)；

沃顿知识在线(http：//www.knowledgeatwharton.com.cn)。

3. 进阶高等教育深造

师傅领进门，修行靠个人。有时候人们的失败并不是"个人修行"不行，而关键是我们找不到那个"师傅"。进入市场营销相关领域的高阶学习阶段，或许不能确保你毕业后拿到世界 500 强 FMCG 中 Marketing 核心部门的 Offer，但它能让你得到拥有丰富业内经验导师的指导，得到更有针对性更具学习价值的案例，得到最权威的分析和讲解，在你课中课后有任何疑惑或灵感的时候，都能得到这些专家的点拨以及周围同样积极优秀且志同道合同窗们的建议。这些对于

你自身能力的提升、眼界与理念的开拓都是意义深远的。

最近流行说一句话，叫作"拿 2 000 元的薪水要有 1 万块钱的范儿"。它的前提是，你要有那高素质和底蕴做基础！人们常说，成功往往需要一点点运气，说得不错，对于应届生来说，要挤独木桥，要把自己塞进 500 强企业的确难度非常大。但是当你做到了上述三点，因为运气不佳而进入一般的企业工作之后，你一定要坚信，你未来的发展和你周围坐在同一屋檐下的同级新人相比一定是不同的，于是乎，你更积极更有信心地去工作，不断充电，超额完成上级安排的任务。半年、1 年、2 年后，当你以不断增长的业内经验和能力却早已能够以踏实的心态习惯于在"2 000 元的岗位上体现 1 万元的范儿"的时候，离你马上体会到另两句话"质变和量变——不积跬步无以至千里"和"机会是留给有准备的人的"也不远了。猎头的挖脚，作为社会生源在就业市场上再度递出简历，直至最后站到面试的舞台上，这一次，成功一定不会离你而去，并且，职位很可能是 Senior 的职位！也就是说，"曲线救国"完全是可以成功的，"屌丝逆袭"不是梦！

出国深造

以美国大学开设的市场营销硕士项目为例，大致可以分为三个方向：

① Marketing Research 项目：代表大学有佐治亚大学（University of Georgia）、密歇根州立大学（MSU-Michigan State University）等，该项目需要申请者具有较强的数理背景，更确切地说在这类方向的市场营销项目中开设大量的以统计学知识为基础的课程，如产品定价、客户关系管理等，需要学习如何运用统计软件如 SAS、SPSS、STATA、R、MATLAB 等结合真实案例进行数据分析甚至后续的数据挖掘，这在当今大数据时代的背景下显得更有意义。

② Marketing Communication 类项目：代表大学有著名的西北大学（Northwestern University）、波士顿的爱默生学院（Emerson College）、芝加哥的洛约拉大学（Loyola University Chicago）等。这些项目偏重公共关系管理、客户管理等非技术性的内容，其核心是整合传播营销（IMC-Intergrated Marketing Communication），指的是学习如何恰当地运用各种营销工具和手段在市场营销的各个环节中将企业或产品的市场形象及品牌定位进行整合，使得整体形象一致和统一，从而形成一个更强更好的市场效果。

③ Marketing 项目：指的是传统的市场营销项目，课程内容涵盖前两种方向在内的各类市场营销知识，例如数据分析、电子商务、广告、品牌管理等。学生在修完一定数理的必修课后可按照自身职业定位和偏好通过选修课调整学习方

向。代表学校如罗切斯特大学（University of Rochester）、本特利大学（Bentley University）等。

要想申请较好学校，申请者需要特别注意自己的托福成绩，市场营销专业与金融专业不同的是，前者对 GMAT 的成绩要求不是太严格，但对托福尤其是口语和写作的要求非常苛刻，比如南加大类似项目的托福最低要求达到了 114 分。其实逻辑上也非常容易理解，根据笔者在美国调研过程中涉及对市场营销专业的了解，从项目学习角度来看，作为偏文科的项目，该专业的学习过程中涉及频繁的演讲（Presentation）、论文（Paper）；一些知识记忆多的考试如消费者行为学（Consumer Behavior）、商业法（Business Law）等，一学期内还会安排数次闭卷测验和考试（Close-booked Quiz & Exam）；从毕业后的就业角度出发，市场营销类工作除了 Marketing Research 方面之外，都需要极强的语言能力来构思编写文案、设计市场调研计划、参与各类访谈等。综上，市场营销这样的项目无疑对在读学生的语言能力有着更高的要求。

就业方面，在美国的国际学生在非市场分析（Marketing Research）型岗位的就业较一般，例如 Branding（品牌）和 Advertising（广告），需要和大量的美国学生竞争，在语言上的劣势与文化上的差异是国际学生竞争力不够的主要原因。

作为国际学生，在市场研究和分析（Marketing Research）、在线营销，与开发中国市场相关的工作方面的就业率要高许多。上文有提到世界500强的快销行业是市场营销类人才最中意的领域，而其中宝洁、联合利华、玛氏等外企更是连续多年垄断了市场营销类人才心目中的最佳雇主地位。面试该类外企，除了海归毕业生在国外积累的营销理念和丰富案例外，由于全部采用英语面试和笔试，海归毕业生的英语水平将是自身的一大优势。

除了市场营销的硕士项目（Master Program）之外，选择MBA类项目也会对在市场营销领域的就业起到很大的帮助。过去FMCG类企业招的MBA较少，但近年来却非常重视MBA毕业生，不但招聘的时候开始偏好MBA，甚至还开设出了一些适合MBA毕业生的特定的项目（如领导力发展项目培训生Leadership Development Trainee），因此MBA项目对于符合条件的学生来说也是可以考虑的选择之一。

四、咨询——职业规划

咨询是什么？对于商科学生，它应该是我们平时耳熟能详的行业，但其既没有被国内外商学院设置为一个专门的项目，其从业者数量也不如金融和会计行业那么众多。将"咨询"列为笔者的"陈老师私塾"课程以及本书独立一节的原因是，笔者一次又一次地听说各类商科专业的学生都对"咨询"感兴趣，认为其工作能接触大量的新鲜事物，能在上班的时候到处旅游考察，与各类企业打交道，但笔者终究发现很少有人正确理解什么是咨询，也鲜有人知道这个所谓的咨询类行业在现实社会中是怎么运作的。那么就先让我们进入第一部分，辨析定位商科学生所谓的"咨询"。

（一）此"咨询"非彼"咨询"

正如投行和私募这样的概念常被大多数人误解和误传一样，咨询——这个商科学生常关注的名词也面临同样的问题，很多对咨询的理解都是有很大误区的，当我们听到那些被口口相传的"某某某在咨询公司工作"以及耳熟能详的"麦肯锡、波士顿咨询"等大名时，这些到底都是什么样的咨询？很少有人能够解释个大概，所以在这里我们首先就要对"咨询"做一个定义。

什么是咨询？其实如果按照广义的咨询来看，咨询涉及的领域非常广泛，按照传统大类来分，咨询行业包括管理咨询、科技咨询、信息咨询、工程咨询、IT咨询、政策咨询、信息咨询、策划咨询、职业咨询、法律咨询等。而一般商科学生关注的和提起的咨询指的大多是"战略和管理咨询"这个狭义概念。

① IT咨询：即知识管理咨询。我们提过信息化技术来管理知识资产，那有没有人知道什么是知识资产？包括管理能力、企业知识资源、技术与专利、企业文化、品牌等。对知识资产的管理包括知识资产的整合、知识结构调整、知识体系的规划，其中当前最流行的就是利用联网技术和信息化技术来操作，比如ERP流程改造和管理平台改造等。

② 政策咨询：一类是涉及国家及地方政府的国际性问题，能做咨询师的一般都是社会科学和自然科学的专家。另外一类是为企事业单位服务，解决其对地方政策因不熟悉带来的问题，多以常驻顾问形式服务。

③ 工程咨询：主要针对矿区、港口、公路、建筑等做项目的方案评估和规划，要求专业性很强，一般这类咨询公司都有政府背景。具体咨询内容有：工程政策咨询，勘查设计，工程规划咨询，投资机会研究，预可行性研究，可行性研究，项目评估，专题研究，工程设计，招投标咨询，工程造价咨询，工程监理，项目管理，工程验收，工程后评价等。

④ 专业咨询：在国内占比很大，如财务咨询（会计事务、审计、税务）、法律咨询、质量咨询、心理咨询等。

⑤ 信息咨询：包括留学咨询、移民咨询、广告策划咨询、市场调研咨询、招聘咨询等。

⑥ 策划服务咨询：包括广告策划、包装策划、会展策划。

⑦ 职业咨询：求职指导、大学生就业指导、人才测评（如MBTI）、就业技能培训、再就业指导。

⑧ 管理咨询：包括投资管理、企业管理、公共管理、技术管理。

其中企业管理和技术管理涉及范围最广，但对于商科学生来说，投资管理咨询和企业管理咨询两类与商学院学生的背景会最为对口，其中投资管理咨询专业性更强一些，偏向于金融类投资分析方向的商科学生。而我们平时提到的"咨询"实际上指的是"企业管理咨询"。接下来让我们进一步了解关于管理咨询和战略咨询的细节内容。

（二）管理咨询与战略咨询

1. 主流管理咨询的运作结构

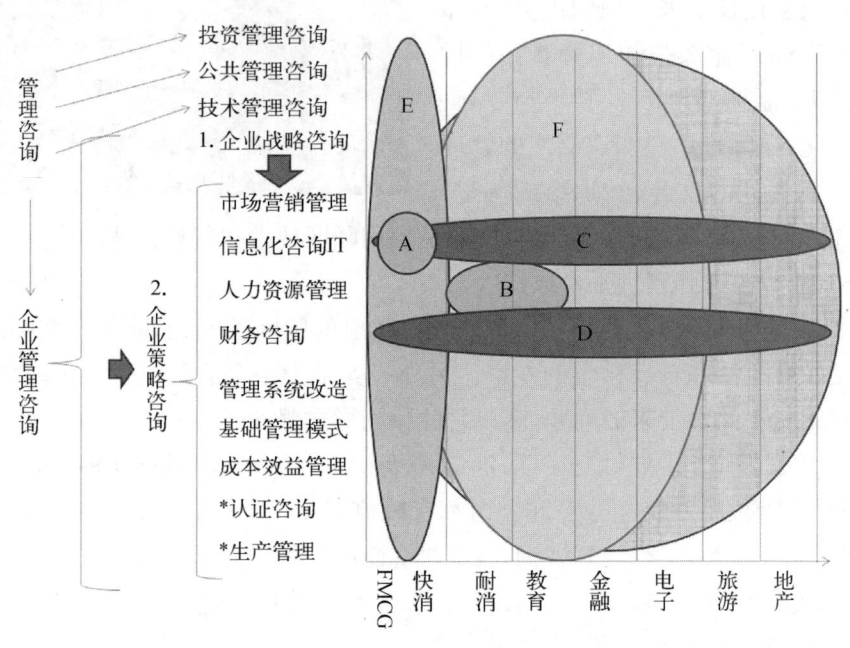

图 3-28　主流管理咨询结构图

图 3-28 是根据调研结果制作的主流管理咨询结构图，图中表达的内容有以下几点：

（1）管理咨询的分类，包括投资管理、企业管理、公共管理、技术管理

① 企业管理：如今，企业管理咨询的影响力已经遍及整个社会，包括政治与经济。在政界，许多发达国家的政府拥有自己专属的政府管理咨询公司或团队来为自己国家的运作提供全方位的支持，出谋划策；而在商界，世界 500 强企业

大多都拥有自己专属的多名"企业医生",比如美国通信巨头的 AT&T 公司每年投入 4 亿美元经费,在公司运营的各个层面聘请 1 000 多位"企业医生"进行指导,即企业管理咨询。

② 投资管理:企业运营与发展的过程中需要面临大量的投资决策,比如公司间的收购并购,企业向金融机构寻求融资,企业有特定的项目需要投资,特定区域的厂房与网点需要扩建,自有资金需要通过委托资产管理公司或信托公司等专业机构在金融市场进行投资保值,等等。

③ 公共管理咨询:主要为政府项目、政府决策、事业单位发展提供咨询、调查、策划、课题研究、方案设计。如《中关村发展战略与定位研究》《上海制造业信息化规划》等。

④ 技术管理咨询:比如工业、农业、畜牧业生产技术咨询、产品与技术开发策略咨询、标准化技术管理咨询、技术安全咨询等。

接下来是本章的重点,也是商科学生需要关注的重点"企业管理咨询"。

(2) 企业管理咨询

如图 3-28,在企业战略咨询(共 9 类)开展之前,一般咨询公司需要先行为企业定制"策略"方案,这里的"策略"与"战略"有所区别,前者侧重宏观大方向的目标规划,而后者偏重微观的特定局势下的方案布置①。就如同读者要先做好"方向"的规划或者说人生规划与长期的职业规划,接着再一步步制订后续的规划一样(详见第二章"人生规划与职业规划"),企业同样需要先有个远期目标,这样才能使得公司的发展更有针对性。在宏观战略制订完成后,咨询公司则开始解剖企业的各环节运作情况,寻找目前运作管理中存在的与企业长远发展目标背道而驰的问题根源,最后逐一找出解决方案。

(3) 企业策略咨询

信息化咨询(IT)、人力资源管理和财务咨询是管理咨询公司在市面上最普遍的划分,这种划分一方面源自公司的组织结构,另一方面也是因为各大咨询公司选取其中的某一项作为自己的优势(技术)和金字招牌来打开属于自己的市场,比如埃森哲(Accenture)、IBM、毕博等的金字招牌是其信息化 IT 咨询实力;美世咨询(Mercer)则以人力资源管理咨询专业度著称;而在财务管理咨询方面,

---

① 具体来说,策略咨询指偏宏观的战略咨询后的深入企业实施的偏微观的策略咨询。而战略咨询中需要帮助客户分析如何面对市场竞争并保持既有优势? 如何挖掘企业潜力并找出新的利润增长点? 如何不断地为客户增加价值?

四大会计事务所无疑是行业的领头企业。

① 市场营销管理：提供营销解决方案，包括行业市场分析、市场战略制度、营销组合、市场管理、销售管理、品牌管理、渠道和客户关系管理等。渠道调查，包括战略咨询过程中，咨询公司人员往往需要以特别的身份深入各种渠道和终端调研，比如，如果调研白酒行业，往往去各种酒店饭店，以各种身份套出各种品牌酒类的市场占有率、客户的口味偏好和选择的原因等。

② IT咨询：按照客户要求和企业特点，搭建管理平台，利用先进的信息化管理技术实现企业改进和转型，提高业务效率和盈利水平。例如，信息系统（ERP，CRM，OA）的实施、企业网站规划和设计、电子商务模式的设立、网络营销咨询等。

③ 人力资源HR管理咨询：包括人力资源规划、人才招聘和管理、团队建设、职能职责和岗位设置、报酬体系、绩效管理体系、员工培训体系、职业生涯体系、人才测评咨询、员工管理体系。

④ 财务咨询：财务管理专家，深入企业现场进行调查研究，收集各类财务数据，结合财务报表来分析企业的全方位运营状况，我们知道会计是"商业普通话——通用语言"，财务报表就是企业的"体检表"，通过对财务报表和相关财务信息的分析我们可以得出企业所体现出来的各种表象问题，而后如果企业需要管理咨询介入，管理咨询师便会针对问题可能的多种来源进行排查，比如下到生产线去询问生产工人的工作情况，跑去各渠道了解市场推广和消费者特点等，这样的实地考察的思路其实就像医生给病人诊断病情一样，在初步了解了病人的病情后往往要求病人去进行各类检查，CT、X光、核磁共振、验血等，需要确认病情，随后才能对症下药。（对公司财务方面的初步分析，在我们这章要讲的重点——战略咨询过程的前期就需要完成一部分，详见下文）。

⑤ 管理系统改造：分析问题，然后对企业职能部门构架进行改造。

⑥ 基础管理模式：中小型企业，规章制度不健全，无法规范化管理，最终要做到的就是为企业设计基本管理模式，协助企业完善各项管理制度，建立改进并完善基本运行规范，建立和完善财务运作制度，做好企业的管理标准化、计量化、5S管理①及ISO9000质量管理等基础工作。从根本上提升企业现代管理意识

---

① 5S现场管理制度：5S起源于日本，是指在生产现场中对人员、机器、材料、方法等生产要素进行有效的管理，对企业现场（包括车间、办公室）管理中的一项基本管理。整理（SEIRI）、整顿（SEITON）、清扫（SEISO）、清洁（SEIKETSU）、素养（SHITSUKE），又被称为"五常法则"或"五常法"。

和能力。

⑦ 成本效益管理：重点是导入以成本预决算和效益管理为中心的企业财务管理体系；设计企业成本效益指标；制度效益指标实施方案；以企业流程为纲，分解成本效益指标；设计内部价格转移体系；指导各层级达成成本效益指标；效益指标和绩效管理。

⑧ 认证咨询：由于大部分商家选择制造商和供应商都需要通过各类产品质量和管理体系的认证，因此认证咨询这一块的市场需求较大，这些认证包括 ISO9000：2000 版质量

管理体系标准认证；QS9000 质量管理体系认证；ISO/TS16949 国际汽车工业质量体系认证；ISO14000 环境管理体系认证；EN46000 医疗器械管理体系认证等。

⑨ 生产管理：生产能力及均衡生产咨询、动态生产管理体系建立、生产过程管理咨询、生产现场管理咨询、生产设备管理咨询、生产控制数据化咨询、SPC 体系建立，FMEA 实施。

现实中管理咨询业内大部分公司在利用其金字招牌作为敲门砖叩开客户和市场大门后（图 3-28 中 A 和 B），慢慢拓展业务至服务更多行业（图 3-28 中 C 和 D），最终发展到全盘接管负责客户剩下的各项战略咨询（图 3-28 E 和 F），而不只仅仅提供自己最优势的那部分服务。随着业务的覆盖面逐渐广泛，经验的积累也遍布各环节，一些业务专业度更为全面的行业巨头也随着历史积淀而诞生，比如麦肯锡、波士顿咨询（BCG）、贝恩、罗兰贝格、科尔尼等。

2. 战略咨询服务流程分步解析

在了解了管理咨询与战略咨询的结构体系后，读者还会对其具体的日常工作内容与操作方式产生好奇，的确，仅凭一些业内专业的大词和结构的划分对于想了解这个行业的读者来说一定是远远不够的，那么接下来我们就根据图 3-29 来看看实际操作中咨询服务的细节流程。建议读者对于其中的每一步

工作内容运用一下自己的想象，假想自己身临其境，是否对这些工作内容和模式感到适应，是否对于工作开展中所需的能力和技术拥有兴趣和信心，相信这样会对你的职业规划起到更好地引导作用。

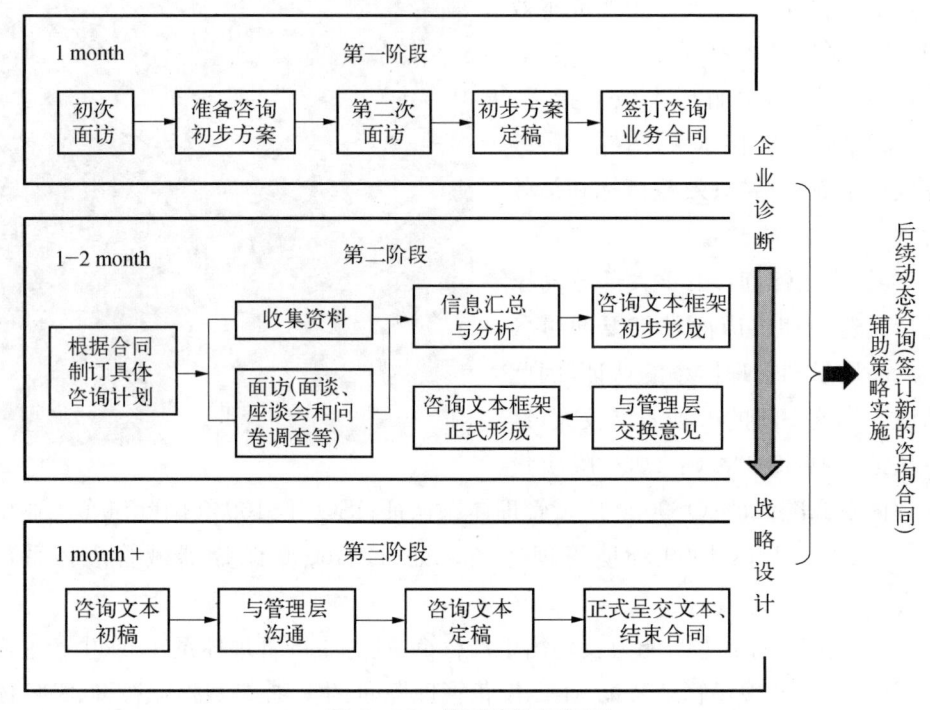

图 3-29　战略咨询流程图

战略咨询步骤分解如下。

第一阶段：初步把脉，达成信任。

初次面谈：尽可能地了解其咨询意图、目的、内容与范围，让对方高层管理人员认可自己的判断能力和公司团队的资源。这时候公司如果的确有意向，则需提交材料供初步解决方案分析，材料包括：企业发展概况、产品、生产销售概况、现行组织机构图、职工人数及分类、近3～5年资产负债表、损益表、产品制造成本表等资料。

准备咨询初步方案：根据手中的资料，结合第一次面谈时对方的目的、需求来得出初步解决方案，形成书面材料，作为第二次面谈的材料。

第二次面谈：将已做好的初步方案计划和对方高层汇报，把对方第一次提出的咨询意图、内容和范围进行肯定、补充和修正，先给出个简要的战略框架，再分开一个个地细谈，博得对方信任。

初步方案定稿：结合第二次面谈，修改方案，定稿。

签合同。

第二阶段：深入企业，行业及市场调研。

收集更多信息的过程，利用深入交流面谈的过程，和企业员工交流来判断收集到的信息的准确性。顺序一般是先和中层交流，中层一般对其所负责的部门有细致的了解；然后下到各个基层，听员工的感受；最后才回到高层，这是因为最后面见高层的时候，不能对企业的内部情况一知半解，要做到基本清晰。实际上企业管理上的毛病，解决方案都在企业内部，出于内部管理制度、体制、奖惩制度、复杂的人际关系等各种原因，许多知情者和当事人不吐真言也确有各自的难言之隐。

在进行深入企业调研这一步之前、之间或之后，根据实际情况的需要展开行业调研与市场考察。在第一阶段中所涉及的行业分析主要是通过二手信息的采集汇总来分析的，而第二阶段中相关调研大多来自第一手的访谈、调研和考察，管理咨询团队常常需要深入行业，找相关媒体、客户的客户、供货商、经销商、竞争对手进行调研，从而为分析出最准确的行业研究报告提供最有说服力的支持，这个由内而外的程序就是业内常说的"内访外调"。

最后，随着"内访外调"的完成，咨询团队在与客户高层管理团队深入交流确认之后带着整个调查得到的信息回到公司总部。

第三阶段：群策群力，资源共享。

回到总公司后，每周的早会上，各个业务小组，分享Case，群策群力，提供各种经验、建议以及资源，然后得出方案。

期间与对方管理层高层定期保持联系，将各个环节中不明晰的地方问清楚，把目前进行的环节结构大致介绍，交换意见。

最后完成定稿的时候，要做到一点，就是对方高层对你定稿内容中的每一个部分都心中有数，而不能产生这种情况，比如对方说"啊？这个是什么步骤，从来没听说过"，然后让你再开始解释，这就是之前初稿的制作过程中沟通不佳的表现。定稿交代后，根据双方意见，再次修改整理，最终提交正式文本，结束服务。

3. 管理咨询公司的其他业务

上文详细分析的是管理咨询公司最主要的业务（Case），除此之外，管理咨询公司还常常利用其市场情报和数据资源的优势，为一些金融机构（私募股权投资基金PE/风险投资基金VC/投行IB）等提供行业及市场方面的尽职调查服务（Market Due Diligence）；也有的咨询公司自行研究特定行业，将数据和分析汇制成报告作为产品销售或借此开发客户（CD, Customer Development），因为通过这样的形式咨询公司可以展现自己在特定行业的专业度，吸引客户购买Case服务。

（三）通过案例感受战略咨询的魅力

为了让大家更好地吸收以上（一）（二）两部分内容，我们通过一些案例来带大家复习和强化一下理解。

1. 第一阶段：短时间内"说服"客户

从对行业的了解和分析入手 { 宏观、中观、微观 / 强周期？弱周期？ / 红海？蓝海？ / 经济上行？下行？ / 夕阳？朝阳？萎缩？增长？ }　举例：消费品行业　举例：蚊香行业　举例：珠宝行业

图3-30 战略咨询第一阶段特点展示图

作为战略咨询和管理咨询师，需要在接触客户的第一阶段过程中用较短的时间"说服"（打动）客户。因为说白了，所谓的客户大部分都是身经百战的企业家，在特定（垂直领域）的行业资历要远远比我们的咨询师们要深厚，许多客户在接触咨询师的时候都是带着很大的怀疑心态，往往心想"一个行业经验远不如我的、没有企业创办和运营经验的小伙如何可以给我指点江山？"，有这样的想法实属正常，与此同时社会上许多外界人士也有类似的质疑，还有很多人会认为"事实就是这样啊，大量的企业在咨询公司入驻制定战略方案并执行后不但没有变好反

而变得更差了",不少学生也因为无法说服自己这一点而对此类工作退避三舍,觉得就是靠一张伶牙俐嘴去忽悠客户,做这样的工作哪能踏实?又哪能长久啊?

然而事实真是这样吗?倘若真是这样,那咨询行业也不会发展至今了。

所谓存在即合理,首先,战略咨询师通过各行业丰富的战略咨询经验所积累的视野、逻辑思维能力、多元化发展思路、发散性和创造性思维、跨界整合实操、资本运作等外加系统的商业分析工具可以帮助绝大部分有线性思维惯性的企业家突破现有的瓶颈,从战略角度为企业家"穷尽"各种"可行性方案"来为陷入瓶颈的企业寻求突围破局。

其次,战略方向正确与否与最后实施战略后企业是否真的变好之间并没有那么强的相关的联系,就算有,也要去分析到底是方向错还是落地过程中的动作错。刚才我提到"可行性方案"一词,没错,所谓的战略咨询制定的公司战略计划与方案都是在与客户公司的创始人、高管们反复调研、讨论、打磨、前后达数月之久方能敲定的,企业家本身对这样的方案一定是最慎重的,更不用讲制定这样的"大"战略必须是符合逻辑且甲乙双方均认同有足够可行性的。或者换句话说,用"实践是检验真理的唯一标准"来评价,大部分企业都是在落地实践环节淘汰掉的,绝不可一刀切地把大部分责任扣到咨询公司身上。前些年有不计其数O2O(Online to Offline,线上至线下)创业企业,为何外卖领域只剩下"饿了么"和"美团"("百度外卖"近期也已宣布退出战场),为何共享用车领域只剩下滴滴为首的几家公司?为何支付领域除了支付宝和微信支付别的都几乎无生存空间?大家的战略大方向都是一致的,然而执行层面呢?存在太多的影响因子和不确定性左右着哪怕100%相同的战略方案背后的结果。这也是我们讲不要完全相信"成功学"的重要原因之一。

从图3-30来看,要在短时间内赢得客户,需要咨询师具备足够的有学识积累,对宏观经济形势、中观各产业发展、微观企业运营、行业的强弱周期属性、红蓝海具体属性判断、于经济上下行过程中的以上内容的特殊性等都要有足够扎实的知识储备。

比如消费品行业,即便现在中国经济处于下行趋势但行业整体市场容量仍然会增长,因为消费品这块是刚需,所以本质上是这样的刚性需求属性使得消费品行业的发展与国家宏观经济的走势之间并不存在非常强相关的关系,而且国家持续强调需要拉动内需也是一个因素。有比如说即便某个行业确实处于下滑趋势,但也还需看内部结构;比如内部结构中的某些产品是细分还是上升的;比如蚊香行业,虽然整体市场容量从2000年后就开始增长乏力,之后没几年开始就下滑,至今十年多持续下滑,但其中的液体蚊香细分市场却在逆势增长,这可能就是战略调整的重要参考之一,加上现在大数据时代在结合更多数据分析的背后可以给予战略调整更为有力的支持。

举例:珠宝行业 Q:行业未来趋势?	✓ 什么样的人买钻戒?→结婚 ✓ 每年结婚人数升?降? ✓ 每年还有什么因素影响结婚人数变化? 1. →离婚率→升?降? 2. →市场价格→消费升级→单价 3. →消费能力→可支配收入→精神文化需求 4. ……
举例:饲料行业 (禽料、鸭饲料) Q:企业如何转型?	• 80年代起:50%增长;近10年5%以下增长 • 禽流感→加剧行业下滑 ✓ 横向产业链(产品线)空间?→水产料 可行性分析:大部分客户是鸭饲料上下游→新投产线→新开渠道→投入产出? ✓ 纵向产业链(产品线)拓展?→上下游用户的需求?→兽医?鸭苗?→下游赊销→?→做生态(互联网+),重塑商业模式? → 还有别的方向吗?→跨界?→实业+互联网

图3-31 战略咨询实操案例展示图

> 笔者之前的一位同班同学从事的也是管理咨询工作,他之前就是被临时拉去见客户,客户是一个珠宝商,这位客户第一次见他就当面考他,笔者的这位同学对珠宝行业了解甚少,所以对方第一个问题就问:你觉得我这个珠宝行业未来趋势是上升还是下降?为什么?突然出来这个问题,来看看笔者的这位同学是怎么应对的。
>
> 由于本身是经济学教育背景出身,笔者的这位同学在面对此类问题时便开始了几乎所有咨询师都熟练且擅长的"迅速逻辑推理",基本上分析的内容诸如"现在买钻戒的人群大多是准备结婚人士。那么好,每年大概多少人结婚?每年结婚的人数是上升还是下降?那么同时影响每年结婚人数的还有什么因素?还有离婚率,因为离婚后再结婚还要买钻戒,那么你又是否知道中国的离婚率是多少,是上升还是下降?"这些点他知道一部分也通过推理瞬间再得出一部分,再继续推进得出"每年结婚大概在3 000万对,每年

> 呈上升趋势,而且现在特别是大城市的离婚率是越来越高,北上广深可能都有10%,再包括整个国内消费升级,钻戒的单价也往上走,所以量和价都往上走了,所以行业趋势应该是往上走的。"其他当然还有很多层的逻辑共同推导出这样看好的走势也都是现场一步步推理出来的,具体的这边就不展开了。

基本就是上述这样的思路一步步地推理,也就是说当潜在客户临时问你任何一个你看似没接触过的问题的时候,你是否可以通过自己的知识储备,结合迅速反应现场推导出恰当的回答。其实这个素质在很多其他场景下也都是互通的,比如参加世界五百强这样级别公司的核心部门面试、世界顶级大学的面试。

另外要注意的是,上面笔者提到的逻辑推理是大的框架,更细化地来看,这样的逻辑推理往往是从宏观的、普适的、更多元化的角度来带着客户思考由客户自己提出的问题。

大部分传统企业家一心盯着自己的业务,对自己每年的营业额和利润心知肚明,却很少能突破线性思维去系统性、多元化思考。下面,笔者来举个例子:

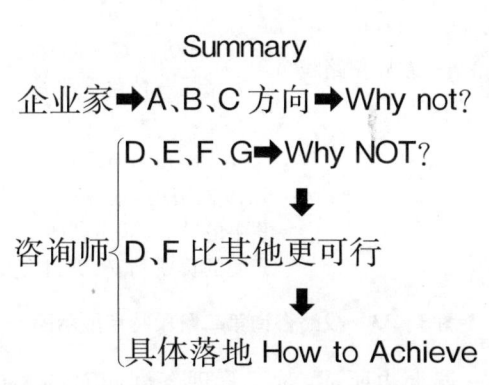

图3-32 战略咨询师与传统企业家思维方式差异图

假设一个做了30年鸭饲料生意的客户问你现在禽流感肆虐,原本的主营业务鸭饲料销售塌方式下滑,接下来这个生意该怎么做。如果你就跟着回答说要怎么优化运输流程、压缩人力开支、投资品牌宣传、增加渠道合作、强化销售运营管理等诸如此类的建议,那你肯定是说不过对方的,因为但凡是你可以想到这些层面的内容对方极有可能几十年下来该经历的都经历过了，假设是这样的回答，那么这个客户也就飞了。咨询师需要能从因为禽流感导致鸭饲料整体市场下滑的不利局势下找出可能存在的横向产业链中反而逆势增长的细分市场，比如鱼虾类水产的饲料产品（水产料）。咨询师还需要能从这样的可能性发掘过程中对可行性做初步的评估，比如新产品线开发所需的新产线投入资金企业是否有基本的能力承受？如果可以那么为了新产品去新铺渠道是否有足够的资源支持？如果回归到企业核心资产的分析发现客户 30 年经营积累下大量的长期客户资源是有二度开发潜力的，那么开始思考从纵向产业链来看是否有原本鸭饲料客户的其他需求可以满足（兽医或鸭苗）？原本上下游用户的生态存在哪些问题可以挖掘出商业价值（比如从鸭饲料下游用户的赊销需求中是否可以挖掘出互联网金融业务的市场）？这样的投入情况下预期的投入产出在情景分析（Scenario Analysis）下有何差异？企业是否有理由接受？

所以，以上这些都解释了为何我们咨询师要突破传统线性思维，并通过多元化思维的方式来为客户穷尽其他各种业务突围的可能性。

2. 第二阶段：中期战略报告制作

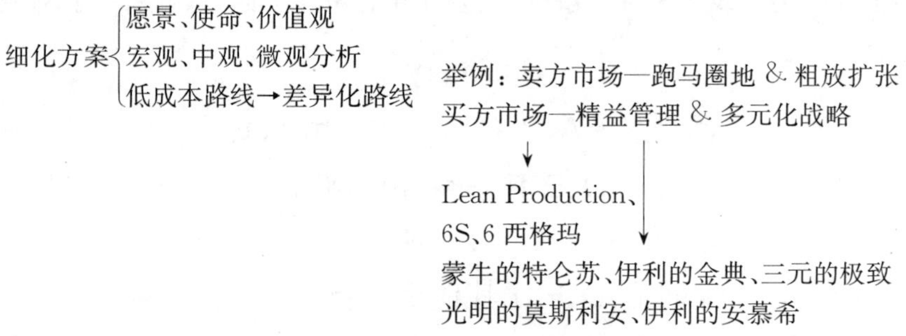

细化方案 { 愿景、使命、价值观
宏观、中观、微观分析
低成本路线→差异化路线

举例：卖方市场—跑马圈地 & 粗放扩张
买方市场—精益管理 & 多元化战略
↓
Lean Production、
6S、6 西格玛
蒙牛的特仑苏、伊利的金典、三元的极致
光明的莫斯利安、伊利的安慕希

图 3-33 战略咨询第二阶段特点展示图

因此，再次总结一遍上边所述，对于管理咨询面对的客户（大部分都是企业家）来说，他们往往都是专注聚焦一个点一条路拼命走下去，很少想得到别的方向（很多时候也因为往往许多重资产的公司都投入了好几千万好几亿，故心思都往一个点上去了，也没有别的心思想别的），这样往往会迷失，并且一股脑一路走下去。而管理咨询师非常大的价值就是帮助客户去思考客户本身思考不到的，这需要的是系统性、多元化的思维，而企业家大部分都是线性的思维。有些时候这是因为思维模式上的差异,有些时候是因为相关知识面,积累局限和意识的差异,也有些时候是设身处地当局者迷的缘故。

对于咨询师第一阶段的工作而言,当在面对客户怀着主观质疑的心理预期下展现出此等功力之时,这给到客户的现场冲击力也是震撼的,而要知道,大部分管理咨询师都需要具备这样的实力。如果你想成为管理咨询师,你也需要努力朝着具备此等能力的方向去靠拢。

当通过第一阶段的努力拿下客户后,便进入了第二阶段,在这个过程中咨询师需要为客户通过更为细化的报告和可行性方案。要做到这点,需要从企业核心文化和资源配置开始,涵盖宏观经济面、中观产业面、微观经营面的方方面面。对咨询师来说,需要具备足够扎实的时事政治、经济学、管理学的知识储备,并且掌握对各行业普适的经济与商业规律、模式等方面融会贯通的跨界思维能力。具体来讲,咨询师必须对以下概念有基于理论和实践相结合的、深刻且前瞻的理解,比如:商业与产业发展过程中的由"蓝海至红海",由"卖方市场+粗放发展+跑马圈地到规模经济+低成本战略再到买方市场+差异化路线 & 多元化战略 & 精益管理",由"朝阳产业+单一产业业务方向到夕阳产业+细分市场定位调整+跨界转型",由"传统商业组织发展模式到现代化组织演变进化"(如阿米巴模式、股权期权激励模式、裂变式创新),由"传统发展增长模式到借助资本及其它资源杠杆"等。

3. 第三阶段:后期方案确定

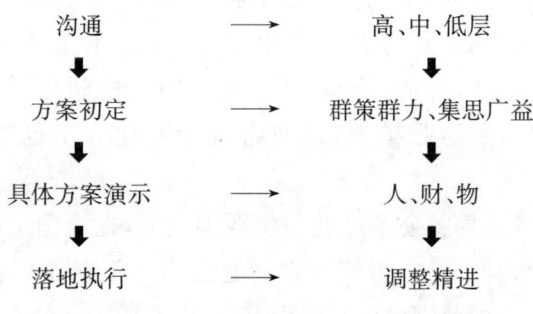

图 3-34 战略咨询第三阶段流程展示图

在咨询团队完成第二阶段分析报告的基础上,咨询师们还需要将所获得的信息与客户的高中低层分别进行访谈沟通,在第二阶段得出的建设性分析建议方案基础上与客户针对各类方案的可行性进行商讨,群策群力、集思广益。有些可行性方案在咨询师参考跨界经验和经济商业产业规律的基础上得出，但仍有不少可行性上的阻力并不在公司经营的表面呈现。比如一个方案从逻辑上讲可行，这只是最终这个方案可以落地并为企业真正带来正向价值的必要非充分条件之一，正所谓良药苦口，大部分方案在执行过程中都会牵扯企业内部多方利益，可能对企业内部人员与架构的稳定性造成很大的负面影响，在面临这样的局面下客户高层是否可以做好取舍顶住压力下决心将"良药"服下并坚持贯彻是一个巨大的挑战。

当走完以上这些流程后，一份完整的战略咨询报告便得以完成。一般前后耗时2~4个月不等，在战略方案制定完成的基础上，企业需要完成接下来每一步的落地，如果有的企业会需要在这个过程中的服务，那么咨询公司也会派驻管理咨询团队来帮助经营层面上更细化的支持。举例说，如果在战略定位过程中发现某饮料行业龙头企业需要在产品渠道分配重心上作多方面的调整，那么管理咨询团队就要通过各种途径为客户寻求到如何重新调整的建设性方案，比方说需要下到客户所在市场去调研，看看在餐厅、超市、自动贩售机等渠道产品的销售情况的差异，在不同类别及档次的餐厅中产品的销售的差异，在铺设不同渠道的过程中资源的投入产出比等。

（四）管理咨询行业未来发展趋势预览

我国管理咨询行业的发展自2000年以来进入规范化的快车道：三级两标体系建立、国际咨询师引入，加入国际咨询协会。国际化的大咨询公司独自占据国内高端市场的形势开始发生变化，中国本土的各级别咨询公司以及从业人员开始成熟，专业度与模式不断向欧美先进领域靠齐，随之而来的便是咨询市场的不断膨胀扩大，以及咨询专业化分工也越来越趋于精细与合理。

近两年国家统计局曾公布过的一份数据表明，在全国工商登记的中国咨询公司约有14万家，其中真正做管理咨询的公司还不到5%，而出色的水准较高的管理咨询公司，全国范围内仅有几十家。

管理咨询行业的发展趋势

如果结合经济的全球化和中国经济发展的趋势，可以说中国咨询业的发展取决于中国咨询市场的发展，咨询市场的容量大、需求大，则中国的咨询业未来的发展空间也大；而顺应着时代与科技的发展，市场也会凸显出各种各样的新需

求,对应的咨询技术和咨询方式也会应运而生。顺应这样的逻辑,可以将管理咨询行业在国内的发展潜力与趋势归结为以下几点:

第一,管理咨询的发展在国内尚属起步阶段,大部分尚未被开发的潜在客户对于管理咨询的理念和认识还有很大的提高空间。

第二,目前国内的管理咨询公司整体咨询水平不高,还有非常大的上升空间。国内的管理咨询公司与外资公司相比最大的差距在于为咨询体系的不成熟、针对国内国情的案例与经验积累贫乏、从业者实际的管理经验匮乏、服务质量上并没有权威的专业的第三方认证与监管,从而导致管理咨询公司难以做出口碑。

第三,许多欧美发达国家的管理咨询公司的市场已趋近饱和,因为多年来为数众多的专业度极高的"企业医生"已经为本就比较成熟的资本主义市场注入了许多先进管理理念,这导致了市场的需求不如以前;另一方面这些国家的经济尚未从2008年经济危机中脱离出来,普遍存在的企业客户的资金问题也与收费高昂的管理咨询服务费对立。在欧美,不少管理咨询的龙头大佬们都在走下坡路,甚至主动寻求被收购,比如 Booz & Co(博思咨询公司)[①]于2013年11月成功被 PwC(普华永道)收购。但我国国内情况则恰恰相反,就市场的需求和经济总体状态而言,管理咨询行业将有很大的发展空间。

第四,大型的外资管理咨询公司早年间在国内设立公司,现今开始在大陆地区加速扩张,代表公司有麦肯锡、贝恩、罗兰·贝格等,其原因就是他们看好中国经济的发展潜力和前景,看好中国市场未来对管理咨询的需求。

第五,国内不少行业都有长期垄断型的大佬驻扎,行业内的其他公司只有分大佬吃剩下的羹,而中国的咨询业起步不久,在目前的中国咨询市场上外资咨询的实力还是强于国内本土的咨询,但还没有出现真正意义上的垄断,属于完全竞争市场。未来的行业内竞争残酷,硝烟四起,但没有寡头的群雄纷争给予求职者的则是更多更公平的机会,那些即便在求职过程中失败的人,仍可在水准比较接近的行业内平台上证明自己。

第六,中国的管理咨询业的重组和专业化分工完成。将来国内的管理咨询公司可以大致分为以下6个类别(见表3-3),国际化综合性管理咨询公司、国际

---

① Booz&Co是成立于1914年的美国老牌管理咨询公司,其在全球拥有57个办公室,全世界前100的公司中的70家,美国前500公司中的400家都是Booz的客户,2012年Booz的营业收入达10亿美元。

化专业性管理咨询公司、区域性综合性管理咨询公司、国内专业化管理咨询公司、行业内管理咨询公司和中小型管理咨询公司。从中可以看出,国内的管理咨询公司走国际化全球化的道路,从而具备足够专业度来服务国内大型外企甚至亚太地区的客户的发展是大势所趋,而对求职者和从业者的启示是,熟悉全球化企业运作等相关知识的复合型人才将更受市场欢迎。

表3-3 各类管理咨询公司目标客户分类表

公司类型	企业规模		目标市场	专业领域	发展方式
	员工数	产值			
国际化综合性咨询公司	10 000人以上	1 000亿元以上	高端市场、世界500强企业、业内龙头企业、政府、国家机关	所有咨询课题	全球化人才
				培训辅导	全球网络
				专业顾问派出	长期固定服务
				专题研究	专门呼叫式服务
国际化专业性咨询公司	1 000人以上	500亿元以上	某一个或几个专业领域	专门性课题	专业胜
				系列化服务	注重研发
					产品系列
区域性综合性管理咨询公司	1 000人以上	100亿元以上	按固定区域划分内的主要客户;政府专业性咨询	所有咨询课题	品牌影响
				培训辅导	精耕细作
				专业顾问派出	区域独特优势
				区域性研究	
国内专业化管理咨询公司	500人以上	50亿元以上	全国市场、有较大需求的特定行业内主要企业、地方政府与相关机构	专门性课题	强调专业优势
				系列化服务	突出服务特色
					中国客户实用性技术和方法
行业内管理咨询公司	100人以上	3 000万元以上	某行业内客户、专门政府与相关机构	行业专门业务	行业内特殊资源
				行业特殊服务	行业内专有技术
中小型管理咨询公司	100人以上	3 000万元以下	中小企业、商业模式不成熟的客户	所有咨询课题	核心人物
				培训辅导	特定客户优势
				特定课题	特定专业或方法

第七，行业趋势——随着社会的发展以及大数据时代背景下科技的发展，整个管理咨询行业的竞争格局也在发生着巨大的变化，整合与业务创新将是自现在起乃至未来几年该行业的主基调。近年来，整个管理咨询行业的整合在全世界范围已经愈演愈烈，连原本稳居世界第二梯队的大型跨国巨头如由世界"竞争战略之父"迈克尔·波特创办的 Monitor Group（摩立特咨询集团）以及美国老牌管理咨询公司 Booz& Co 都纷纷破产，先后被普华永道国际会计事务所（PwC）与德勤会计师事务所收购，其他较小的管理咨询公司更是因为没有跟上时代进步的节奏纷纷被淘汰。麦肯锡、波士顿咨询、贝恩等第一梯队的老大哥们由于财大气粗以及战略与业务转型较为及时最终没有受到太大的冲击。根据现今已发生的情况往长远来看，随着大数据时代的到来，管理咨询行业可能有以下变化：第一，决策机制转变：企业决策建议从传统咨询公司所能提供的行业经验、管理实践和逻辑推导，向全面数据采集和数据分析做支撑转变，即以大数据支持为决策核心；第二，模式创新加速：在大数据及信息爆炸的时代，各大产业公司加速跨界融合，其自身业务边界进一步模糊化，未来由产业融合触发的模式创新将大大加速。相应的，咨询公司应具备为客户提供创业战略和管理模式设计的服务能力；第三，客户能力变革：相较轻资产的咨询公司，资本运作能力更强的产业客户具有更快嫁接大数据系统和云计算的能力，更有可能率先完成向以数据为决策核心的企业转型，其结果是直接影响传统咨询公司的服务能力及其服务价值。

第八，国际知名管理咨询公司转型及行业并购问题。各大国际顶级咨询公司发展的大趋势是向综合性管理咨询公司演变（战略＋运营＋IT 实施）。一方面是以麦肯锡、波士顿咨询、贝恩为代表的顶级战略咨询公司向下整合运营管理咨询和 IT 实施咨询；另一方面是由埃森哲、IBM、凯捷为代表的传统 IT 咨询公司以信息技术咨询为入口，向上整合战略与运营咨询，完成全产业链整合；其外，四大专业服务公司以其充沛的现金流、广泛的客户咨询和更稳健的业务组合将更有能力整合业务相对单一的传统咨询公司，其代表包括摩立特咨询集团（Monitor Group）、博思咨询公司（Booz& Co），以及罗兰·贝格战略顾问公司和科尔尼公司。

第九，随着大数据时代的到来，越来越多的行业领军咨询公司将数据分析部分。更大比重地结合进原本的咨询服务，让大数据分析的科技力量更精准、更多维度地为战略咨询管理咨询报告提供数据支撑。为此，以麦肯锡公司为例，专门成立了相关的支持团队,其中代表性的岗位叫作研究分析师(Research Analyst)。

(五)管理及战略咨询职业发展路线与待遇情况分析

表3-4 管理及战略咨询职业发展路线与待遇情况分析[①]

年限	外资咨询	含奖年薪	年限	内资咨询	含奖年薪
	Analyst/Business Analyst	20万元人民币		初级咨询顾问/助理咨询师	8万元人民币
1~2年	MBA进修(一般为硬性条件)	/	1~2年	咨询顾问/咨询师	15万元人民币
2年	Associate	30万元人民币	1~2年	MBA进修(非硬性条件)	/
1~2年	Project Leader/Project Manager	50万元人民币	2年以上	高级咨询顾问/项目经理	30万元人民币
2年以上	Engagement Manager	不定	2年以上	项目总监	不定
2年以上	Associate Principal	不定	2年以上	初级合伙人(俗称小合伙人)	不定
不定	MD/Partner	不定	不定	公司级合伙人(俗称大合伙人)	不定

1. 外资管理咨询

就管理咨询专业度而言,已经拥有百年管理咨询行业历史的西方国家无疑要领先于国内本土咨询,能够进入外资管理咨询公司,对于自身实战经验积累、国际化职业度以及薪资待遇上都会更有优势。上文已有提到过,世界上最优秀

[①] 引自"陈思炜老师商科职业规划私塾"第四课,"管理咨询与战略咨询"课件,数据采集自多家内外资管理咨询公司,其中的年限为每个职级间的大致所需年限,而非累计所需年限。

的管理咨询公司包括 McKinsey①、BCG②、Bain & Co③、罗兰·贝格④国际管理咨询公司等，属于这个区间的还有 Monitor、Booz & Co、RB、ATK、ADL、毕博⑤、埃森哲、科尔尼、德勤、普华永道、美世、奥美公关国际集团⑥，等等。这些公司的主要业务有：帮助客户指定企业级战略（包括拓展现有业务的市场份额或者利润率，进入新兴市场或者提供新产品新服务，进行兼并、收购、出售、IPO等）以及帮助 PE 等其他客户进行市场的尽职调查，等等。

各类管理咨询公司在业务特点上也是各有千秋，根据国内按照行业容量和销售额划分标准，在战略咨询领域的排名顺序：波士顿咨询（BCG）＞麦肯锡

---

① 麦肯锡：全球最著名的管理咨询公司之一，1926年在美国成立，是专门为企业高层管理人员服务的国际性公司，在全球44个国家和地区开设了84个分公司，目前拥有9 000多名咨询人员，分别来自78个国家，均具有世界著名学府的高等学位。其业务主要是提供战略方面的咨询，同时还涉足企业金融、商业技术和运营等一系列广泛的咨询领域及管理议题。麦肯锡中国公司被评为"中国最受尊敬企业"之一。

② 波士顿咨询，全称"波士顿企业管理顾问公司（BCG）"，是全球著名的管理顾问公司，在战略管理咨询领域堪称业内翘楚，并为公认的先驱。集团创立于1963年，拥有超过2 800位专业顾问，在世界主要城市设有58个办公室。公司的使命是帮助客户超过其竞争对手。其在世界各地的主要客户都是规模庞大的企业，其中也包括发展迅速、在本行业内不断开创新领域的中型公司。主要业务涉及消费品及零售业、工业品、能源与公用事业、医疗保健、高新科技、金融服务。

③ Bain & Co.创立于1973年，总部位于波士顿，全球著名的咨询机构。其主要创始人威廉·贝恩早年就业于波士顿咨询公司。在1973年贝恩带领几名咨询顾问离开了波士顿公司，成立了贝恩公司。在1973年到1980年代中期，贝恩公司的年增长速度为50%左右。在1998年，贝恩公司拥有咨询顾问近1 500人，年营业收入在4.5亿美元，客户主要分布在60多个国家。公司的主要业务领域包括：战略决策、电子商务战略、客户关系、企业成长、企业运作管理优化、供应链管理、组织与变革管理、兼并重组贝恩公司认为向客户提供的应该是基于经验为客户击败竞争对手和争取更多的回报率服务。他们的业务并不局限于任何单一的传统产业，而是从众多工业和商业模式中透视出独到的观点，客户从他们那得到的永远是最佳成效，而非一份报告而已。

④ 罗兰·贝格国际管理咨询公司于1967年在德国建立，现已成为欧洲最大的管理咨询公司之一，隶属于德意志银行集团，在全球26个国家和地区设有35个办事处。公司的咨询顾问来自全球近40个国家。专长于为企业提供公司战略、重建、重组、市场营销、物流营运、企业兼并后联合及人力资源管理等咨询服务，帮助企业解决在市场进入战略确定、中国营运模式的建立、合资企业重建与购并、全国销售网络控制及招聘与保留人才方面的问题。

⑤ 毕博（BearingPoint）——原毕马威管理咨询（KPMG Consulting），总部位于美国弗吉尼亚州麦克林市，是世界最大的管理咨询公司和系统集成商之一，拥有员工16 000余人，年收入近29亿美元，服务全球2 100多家企业客户，其中包括72家美国《财富》100强公司、318家《财富》1 000强公司以及超过四分之一的环球《财富》2000强公司，并致力于服务中小型企业、政府机构和其他组织，是美国26家政府部门中21家的主要系统集成服务提供商。毕博（BearingPoint）有着极高的客户合作保持率，其中前150位的保持率为96%，而前50位大客户的保持率更是高达100%。

⑥ 全球最大的传播服务公司之一，为众多世界知名品牌提供专业性的策略顾问和传播服务。奥美于1948年由"现代广告之父"大卫·奥格威（David Ogilvy）在纽约始创。如今，奥美已成为一个全球性的国际集团，提供多方面的传播服务，如广告、顾客关系行销、公共关系、互动行销、促销和视觉管理等。作为世界十大传播公司之一，奥美在2000年的营业额达88亿美元。目前，奥美在全球100个国家和地区设有359个办事机构，并拥有10 000多名富有才干和创新思想的专业人士。奥美将本地文化背景及其自身的国际网络有机结合起来，在帮助客户保持其国际品牌一致性的同时，为其提供符合当地需求的传播策略。

McKinsey＞贝恩咨询 Bain & Co；从纯咨询业务总量来看,埃森哲＞IBM(国际商业机器公司)＞德勤咨询(DTT)＞凯捷管理顾问公司(Capgemini)；HR 咨询方面：翰威特＞美世＞韬睿惠悦(Towers&Watson)＞合益(Hay)。

发展路径方面： 参见表 3-4,外资管理咨询公司比如 BCG 一般第一年入门级的职位叫作 Analyst 或 Business Analyst。一般来说在外资咨询工作 2~3 年后,就会遇到瓶颈,这时候大多数人都会出国读 MBA。MBA 毕业回来之后就具备了升副理 Associate 的资格(往往拿到 MBA 的人士在重回管理咨询业后会获得非常大的薪资提升,上表仅表现行业的平均收入水准,以美国 TOP 16 MBA 毕业生的起薪为例,与入学前的收入相比增幅至少在 1 倍以上,比如某世界主流管理咨询公司给 Analyst 开出的年收入为 30 万元人民币,而为拥有美国等海外顶级 MBA 开出的 Associate 岗位的年薪在 60 万元以上),升为 Associate 后再经历 2~3 年的积累可成为公司的 Project Leader 或 Project Manager,再往后的职位是 Engagement Manager 和 Associate Principal,最后则是 Partner。也在有的外资管理咨询公司比如贝恩(Bain & Co)第一年和第二年的员工也叫作 Associate Consultant(AC),第三年是 Senior Associate Consultant(Sr.AC),读完 MBA 后则可升为 Conslutant,再过 2~3 年后有望成为 Manager,但随后何时能成为董事总经理(MD 即 Managing Director)、合伙人(Partner)则要取决于个人的表现。

门槛方面： 如果拿前面提到的内容作比较,进入著名外资咨询的难度略低于著名外资投行(BB),约等于国内一线券商(中信、申万、国泰等)总部核心部门(投行部、固收部、资管等),大于 Marketing 的世界 500 强 FMCG,大于四大会计事务所。管理咨询工作性质对人才的综合素质尤其是逻辑思维能力、快速学习能力和沟通技巧方面有极高的要求,MBA 往往与这些特质非常接近,但一般来说,美国排名前 16 和欧洲排名前 5 的 Bschool 的 MBA 才会有比较大的希望进入最顶级的外资管理咨询公司。

薪资待遇方面： 这些 Big Name 各家在职工待遇方面都比较不错,罗兰·贝格 2012 年给予第一年入职员工的起薪在 18 万元左右(不含奖金 Bonus),因此第一年表现出色拿到 30 万元也是很有可能的。而业内老大哥麦肯锡、BCG 给出的基本底薪就在 30 万元以上。对于发展顺利的在职者,在这些大型跨国企业中每年可以得到 20%~40% 的涨幅,5 年后的年收入在 100 万元以上。(绝大部分外资管理咨询公司的在职者工作 2~3 年后会去修读 MBA 学位,留洋归来后有一部分人会拿到 Global Pay,即按照外资公司在国外的薪资水准来发放工资,这也就意味着比如从美国 MBA 毕业的学生很可能每年领取的工资是参照美国的当地标准，一般在 10 万～15 万美元之间，折合成人民币后非常可观。）

合伙人方面：外资咨询 Consulting Partner 也分 LP 和 GP 两种，LP 是有限合伙人，只出资，不运营，承担有限责任；而 GP 是一般合伙人，一般不出资，但负责运作，承担无限责任；Managing Partner/ Managing Director 就是管事的合伙人，大部分 MD 属于一般合伙人，但也不绝对。

工作强度：可以说外资咨询的工作压力或许是仅次于前面提到的外资投行了，据统计，平均每周工作时间为 80 小时，由于工作往往需要频繁出差，旅途疲惫以及途中所花的工作时间并没被计算在每周总工作时间内，如果计入，那么每周总工作时间 100 小时会是个比较准确的数据，这个数据和国内一线券商总部的非常接近。但读者始终需要注意的是，不要被这样的高数据所吓倒，高数据的潜在假设是在职者在一年中有做不完的项目，这在实际中是不存在的。淡季没有项目要做的时候，不论是管理咨询公司还是投行、PE、VC、审计类工作都是比较清闲的。

2. 本土管理咨询

国内的管理咨询公司已有数千家之多，但真正优秀的大多聚集在北京、上海、深圳人才汇集的三地，且为数不多，比如正略钧策咨询公司、北大纵横咨询公司、和君咨询公司等。其咨询人员一般来自企业的管理层，也有不少海外名校 MBA 背景的精英加入进来，普遍都具有非常高的素质，对现代企业管理特别是本土企业方面有深入的研究和丰富的经验，在价格与渠道人脉方面也有一定的优势，因此他们更为接地气，符合本土客户的青睐。

本土的管理咨询公司在门槛方面和薪资待遇方面相比外资都要低一些，初入行业的助理咨询师（Assistant Consultant）年薪在 8 万元左右，正式咨询师（Consultant）含奖金的年收

入在 15 万元左右；再往上一部分人也需要通过 MBA 的进修才能得到晋升至高级咨询顾问或项目经理，此时待遇可能能达到 40 万元以上；能否成功晋升至再往上的三个级别则存在许多的不确定性，这三个级别一般是项目总监、初级合伙人或部门合伙人（俗称小合伙人，负责管理特定的事业部的业务）和公司级合伙人（俗称大合伙人，负责管理公司，大多数都拥有公司的股份）。

合伙人级别待遇方面，不同类型的合伙人待遇有较大的差别，假设七三分成——除去其余各类成本后，小合伙人获得本部门盈余中的 70%，剩下的 30% 则分给公司合伙人。简而言之，小合伙人只能分享自己所带团队的收益，而大合伙人则可分享整个公司团队的成果。

总的来说，管理咨询行业在我国大陆地区的发展与欧美发达地区相比还属于初级阶段，在民营管理咨询公司尚未完全跟上国际上几位老大哥的步伐的时候，大数据时代接踵而至。我们所面对的是挑战更是机遇，当我们看到这两年国际上几位管理咨询大佬相继倒下的时候，国内的管理咨询公司、从业者以及今后想要从事管理咨询工作的商科学生，又该做何感想、如何应对呢？

（六）如何成为一名有竞争力的管理咨询工作求职者

从前面的内容中，我们可以看出管理咨询对于从业者的要求是多方面的，总结起来可以归为以下四个方面，抗压能力（AQ 逆伤）、自学能力（IQ 智商）、表达能力、业务洽谈能力与团队协作能力（EQ 情商）。

这几个能力中，除了 IQ 由于已经过了开发期提升空间不大之外（大部分人的 IQ 差距并没有很大，甚至可以忽略不计，而现实生活中由于 EQ 上或 AQ 上的缺陷使得许多 IQ 方面的强者在生活中或事业中屡屡碰壁，笔者认为个体 EQ 和 AQ 的不足将完全限制其 IQ 的正常发挥，往往比 IQ 略有欠缺所导致的结果更严重），其他几方面都可以通过自己有意识地培养和锻炼

达到非常高的水准。比如,你可以通过给自己制定学习或体育运动的计划(类似 To-do List)来锻炼自己克服困难的意志力和执行力;你可以通过与人打更多交道的社会实践如工作实习、社团与学生会、以团队为单位的竞赛等来积累为人处世之道(EQ 很多时候表现为与人交往中的各种处事能力,而更多的生活经历将为你积累大量的经验、教训,并且改善你思考问题的角度与习惯、处理问题的方法);你也可以通过参加辩论队、义务辅导学生、积极组织并主持各类活动等方式提升自己的表达能力。

所谓的自学能力,从某种意义上来说也是可以通过后天努力提高的。有一位笔者很尊敬的老师在大学本科的四年时间里修完了数学、化学、物理、生物、化工、计算机等六七个理工科专业,现在正在自学 20 个专业,他提到每个学科都有其精髓和特殊性,但这些深奥理论中蕴含的逻辑与思维能力更值得我们去琢磨,当学习了多种专业或多个领域的知识后,会发现事物之间、思维方式上都有不少相通的地方,这就使得他之后学习每一个新学科、新知识、新理论的时候,理解的速度飞速提升。这正是我们这里所说的自学能力,当我们的积累由量变实现质变的时候,不论是由于条件反射还是由于思维能力提升带来的理解速度、学习速度的提升,都将会帮助我们在事业上生活上走得更轻松。

根据前文提到的社会与行业的发展趋势,未来行业人才对于管理咨询行业人才的核心能力要求也会发生一定的变化。除了上述提到的传统咨询的核心能力要求(结构化思维、数据分析能力、快速学习能力、优秀的口头和书面表达能力、抗压能力)之外,未来的行业人才应具有的专业能力还可能包括:创新型商业模式设计能力、落地性咨询方案设计能力、变革管理实施能力等。

五、供应链管理——职业规划

(一)物流管理与供应链管理的异同

物流管理的概念现世已久,而近年来随着供应链管理越来越多地出现在人们的视线中,在我们谈及职业规划之前,首当其冲的是要了解清楚物流与供应链这对特征相似的孪生兄弟到底有何区别?

Difference between Logistics and Supply Chain? { 异名同质观（欧洲） / 统合观（北美） / 战略观

Still highly controversial so far!

图 3-35　物流管理与供应链管理差异

1. 国际上的三种看法

（1）异名同质观

异名同质观是流行于欧洲的对于物流与供应链管理区别的普遍观点。持异名同质观的人士认为供应链管理与物流管理是同一本质，不同的名称而已。物流管理本身是一个不断变化和更新的概念，它从二战时的军事物流引申到战后的企业内部物流乃至跨企业的物流管理。物流管理是为了最大化满足客户的需求，而对产品与服务等在整个物流各环节进行高效而合理的规划与管理，控制整个流通的过程。而供应链管理则是在提供产品服务和信息的过程中，对从终端用户到原始供应商之间关键商业流程进行集成，从而为客户和其他所有流程参与者增值。因此这种异名同质观认为从理论上来说，这两个概念并没有太大的区别。

（2）统合观

在北美，更多的专家将物流管理坚持"统合观"，他们认为物流管理是供应链管理的一部分，也就是说供应链管理是比物流管理更大更综合的一个概念，在供应链管理中除了物流之外还包括营销（Marketing）、销售（Sales）运作、采购、战略策划、信息技术等环节。

（3）战略观

持战略观的学者则认为供应链管理并不是物流、营销、运作、采购的统合，而是这些领域的战略成分的整合。比如说在采购部，采购合同的谈判是战略层面的决策，而最终确认并执行订单采购是战术层面的行为，因此供应链管理会涉及参与合同的谈判，但不会再进一步涉足具体订单与合同的执行及后续操作。

2. 国内的区分

国家标准物流术语（GB/T18354—2001）中对物流的解释为："物品从供应地向接收地的实体流动过程。根据实际需要，将运输、储存、装卸、搬运、包装、流通加工、配送、信息处理等基本功能实施有机的结合。"

国家标准物流术语（CB/T18354—2001）对供应链的概念定义为："生产及流

通过程中,涉及将产品或服务提供给最终用户活动的上游与下游企业,所形成的网络结构"。

具体来说:物流涉及原材料、零部件在企业之间的流动,是企业之间的"物品的位移",**不涉及生产制造**过程的活动;供应链管理包括采购活动、物流活动和制造活动,涉及从原材料到产品交付最终用户的整个物流增值过程。

总的来说:物流更关心的是"物品的位移",而供应链更关心商品的所有权和价值的转移,还有强调供求关系以及由此带来的公司战略部署和战术决策。因此,供应链体系是**价值流(产品流,其中包含物流)、信息流和资金流**三个流的统一,因而物流管理是供应链管理体系的一个重要组成部分,

作为基于物流管理并统合营销、运作、采购的新时代管理模式,供应链管理越来越多地替代着物流成为社会关注的焦点。

(二) 供应链管理类工作解析

1. 供应链管理主要涉及行业与领域分析

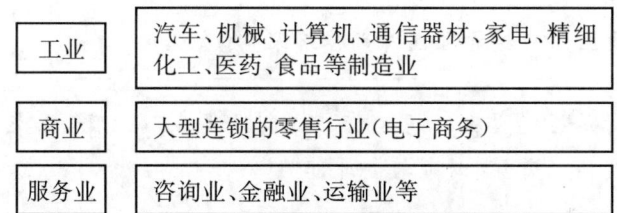

图 3-36 供应链管理主要涉及行业分类

首先我们来看看与供应链管理最息息相关的行业有哪些:

(1) 工业

工业领域包括汽车行业、计算机行业、通信器材行业、家电行业等资本与技术集中的领域,如今联想、上海通用汽车等公司的供应链管理理念和应用程度在国内都已处于领先水平。

(2) 商业

商业领域包括大中型连锁企业,零售业里面的家乐福、上海华联、联华集团、沃尔玛、国美、苏宁等。

(3) 服务业

服务业领域主要是中大型物流企业、物资储运公司、铁路快运公司、邮政局、

中国远洋公司等。还有国外的一些物流的电子商务运作商,如丹麦的马士基、飞驰公司、香港的利丰集团(贸易业务、进出口为主)。近年来金融机构也开始使用ERP等系统。例如,某跨国贸易集团A,其利用先进供应链管理,高效整合世界各区域成本最低、质量最好的资源用于生产活动,实现不限地域的世界制造协作,比如对于美洲零售商的订单、该公司可以选择在韩国采购纱线,在台湾漂染,使用日本企业在中国内地生产的拉链和纽扣,然后协调物流,四周左右后集结装配加工送至美洲的店铺上市销售。这样的A公司甚至不需要有属于自己的工厂,不需要太多的物流设施,却可把全球的资源利用供应链高效整合,在极短的时间内运用最低的成本做成各类多年来被人们认为"不可能完成的项目",使收益最大化。著名的苹果公司就是这样,没有生产线也没有工厂,所有生产都交由代工,随后在物流的过程中完成加工和组装程序,与渠道伙伴之间(供应商、零售商、第三方物流等)的协调和协作也同时进行。

在简单的举例后,相信大部分读者已经对供应链管理的魅力和流程有了一定的认识,然后再让我们通过最直观的结构脉络图来进一步理解供应链管理的结构。

2. 供应链管理上下游结构脉络与职能分配

(1) 欧美地区供应链管理内外部脉络架构(宏观)

> 各位读者是否能再次回想起前文提到的观点"任何行业中的任何机构与实体都需要市场营销、财务与会计部门"?

① 客户服务管理(Customer Service Management):包括订单信息分析、订单评估与承诺、具体的物流操作准备、生产管理等。

② 需求管理(Demand Management):包括需求预测、销售与运营计划、生产计划、产能计划、库存计划、采购计划等。

③ 订单履行(Order Fulfillment):包括系统数据准备、生产订单、物料准备、生产准备、生产过程、成品存储、成品发运、客户接收等。

④ 生产制造流程管理(Manufacturing Flow Management):包括物料供给、加工过程、产能保证、客户和供应商的信息共享等。

⑤ 供应商关系管理(Supplier Relationship Management):包括供应商开发、供应商评估、供应商早期介入、供应商质量、谈判和合同管理、采购计划协同、采购订单执行等。

⑥ 产品发展和商业化管理（Product Development and Commercialization）：包括产品策划、产品开发、项目采购、物料和零件审批、样件测试、产品试生产、产品测试、市场推广、生命周期管理等。

⑦ 返还管理（Returns Management）：修理和替换、回收管理、循环利用管理等。

图 3-37 之总结：供应链管理的实际操作包含三点核心要素，信息流（企业之间、企业内部信息共享）、物流（企业之间和企业内部部门之间分工合作加强物品流转效率、降低成本）、价值流（产品流——企业内部或特定物流公司加工、包装、设计、市场推广等实现服务和产品增值）。

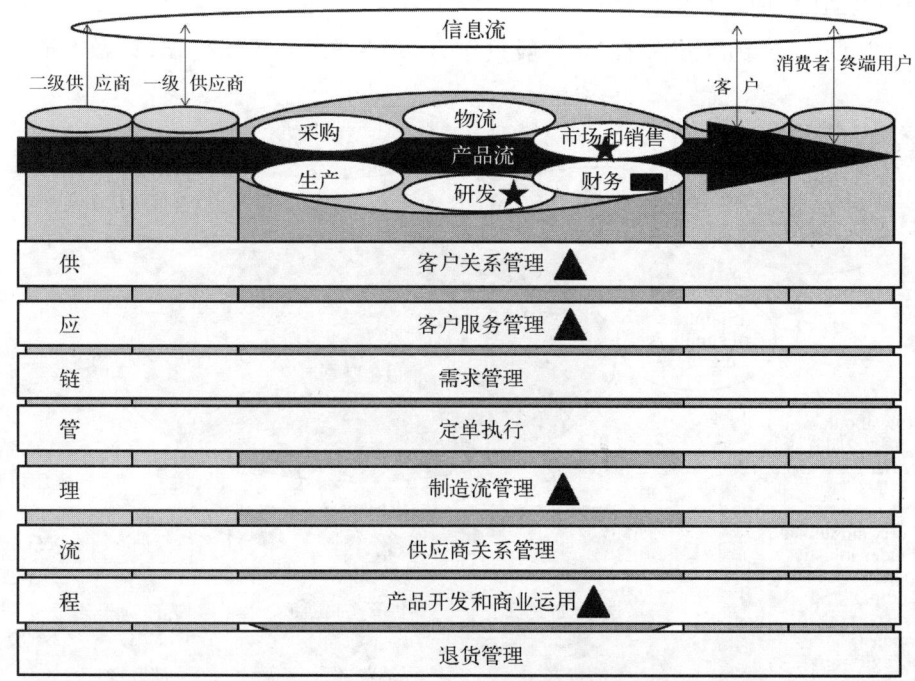

图 3-37　供应链管理流程分解图①

＊图 3-37 中三角形标出的部分是商业运作中属于与供应链管理交叉的部分，其工作内容和市场营销 Marketing 有着高度的合作空间。

＊五角星★标出的部分与第三节市场营销中的环节相一致。

＊长方形标出的部分属于会计（Accounting）和财务管理（Financial Management）范畴。

---

① 参考：OP 欧普特智本资源管理学院.供应链管理规划.www.opemt.com.

(2) 更符合大陆构架的供应链管理内外部脉络结构(宏观)

结合欧美地区供应链管理内外部脉络架构与中国大陆市场中实际情况,笔者绘制了更符合中国市场情况的供应链上下游管理结构图,其中以汽车供应链为例,根据图3-38中不同方向的箭头画出的标示可以清晰地代表上下游合作模式。链条中的各方的释义如下:

① Agent(代理商):代表厂家(可经营一种或多种品牌的产品),进货可赊账,行使某些职能,如一部分品牌管理和财务管理,一些没有自主细分市场部的制造商很看重代理商的作用和与其的合作。

② Dealers(经销商):(一定经营着多种品牌的产品)一般都需要现钱提货。拿货价格比代理商拿货价格略高。

③ Distributors(分销商):一般只作为一个中转站,不做终端,只做渠道。

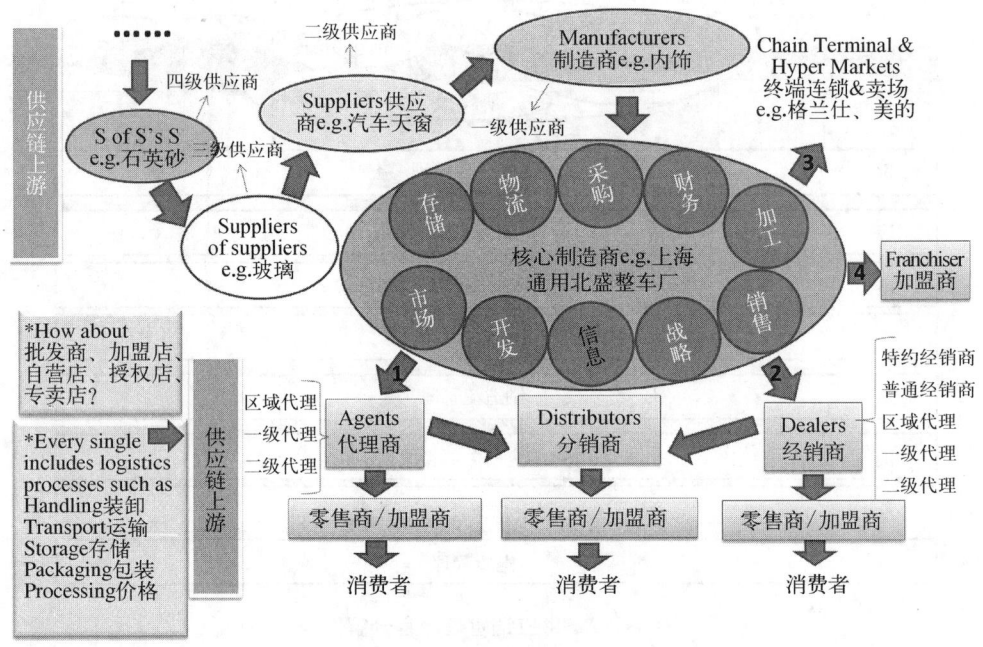

图3-38 供应链管理脉络图①

④ 批发商:批发商的前身其实就是商人,因为商人所做的就是直接从源头批量进货,然后再批量发售给下游商贩,商贩再对接社会中的个体消费者。传统

---

① 引自"陈思炜老师职业规划私塾"第五课-供应链与物流管理课程讲义。

批发商的运作模式中缺乏科学的统筹和管理，存在诸多待改进之处。

⑤ 自营店、授权店、专卖店：其实就是普通的店铺，但使用这些称呼则可以吸引更多消费者的眼球，让店铺瞬间显得"高大上"了不少。

⑥ 二级代理商与经销商：具体的划分由厂家决定，有的是以省份来区分：以省有单位为一级代理，地级市就是二级代理。有的是以进货量区分：进货量高的为一级代理，少的为二级代理。但是有一点不变的是一级代理级别比二级的高。如果代理产品，一般一级代理拿货价格会比较低，投入要比较大，而二级代理拿货价格会相对较高，投入会相对低。

⑦ 普通经销商：和厂家没有特别的约定，可以随意出售产品。

⑧ 特约经销商：销售额、产品价格、广告方法受到制造商（厂家）约定，事先是约定在合同上的。（约定了，产品就算不畅销，也不能随意低价抛售。那商铺就没办法了吗？也不是，可以通过各种促销手段，比如买店内产品满200元，赠送价值200元的Iphone手机抵用券，每人每台限用最多5张。）

有了图3-38这样的供应链合作脉络图，你是否对供应链有了更宏观更清晰的了解呢？随后，再让我们从更微观的角度来剖析供应链管理的各环节操作。

（3）供应链管理各环节深度解析（微观）

图3-39左下角"面向生产控制"与"面向供应商管理"以及中上"面向客户服务"三大环节，与前面所提到的市场营销（Marketing）联系度很大。

① 内部物流管理

对任何企业来说，只要涉及有形产品的流通或制造、组装等工作，内部的物流管理就不可或缺。在制造型企业，通常会强调"物料管理"这一综合概念。在商贸流通型企业，因为不太多涉及物料形态的改变，因此不很强调"物料"的概念，而是直接讨论物流管理。

企业内部的物流管理一般是服从企业的商流模式的，也就是销售、采购的需求，以及内部设计、加工、组装、生产的需求。内部物流管理呈现出非常鲜明的配合订单、计划的特征。内部物流所服从的根本目标就是企业能够在市场上盈利。

通常内部物流管理都由专门的物流部门执行，一部分企业没有专门的物流部门，可能是把内部物流的职能分散到了销售、生产、采购等其他职能部门。不管是整合的物流管理，还是分散到各职能部门的物流管理，其核心目标都是一样的。

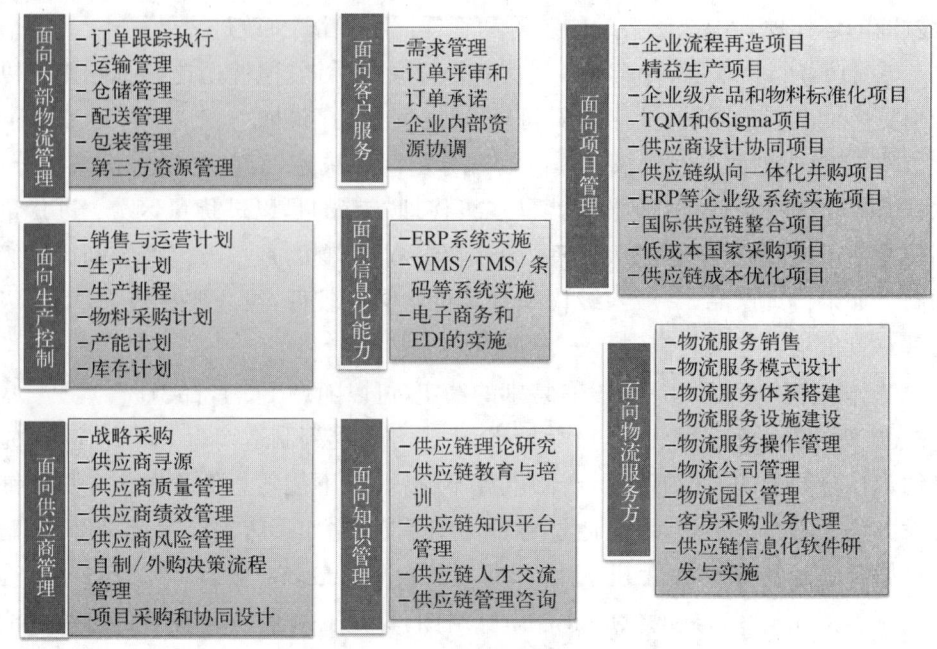

图 3-39 供应链管理流程细分图①

② 内部生产控制

一个典型的制造型企业，其计划体系一般分为三个层面，即企业长期战略计划（10年以上）、中期业务计划（1～10年）、运作计划（1～3年）。而这里谈的面向生产控制的计划体系，一般就是指第三层计划，和第三层计划所导出的更细致的计划。这个集成计划体系，我们把它叫作"供应链计划"（即销售与运营计划），和服从于供应链计划的生产计划、产能计划、生产排程、物料采购计划、库存计划等。

计划方面的工作，在任何一个企业都非常重要，很多企业都设置了"计划部门"，或者把计划的职能分配到供应链的不同环节中。计划编制和管理人员，需要有数字敏感性、熟练的数据表单编制能力。

由于计划起着对整体运作的协调、监控、变更的作用，往往计划人员又被授权监控供应链上的各种绩效指标，并制订方案、布置具体任务给各部门，以便提高供应链的绩效表现。

---

① 图片及以下文字描述借鉴自：OP 欧普特智本资源管理学院文章"供应链管理职业规划"，详见 www.opemt.com。

③ 面向供应商管理

采购和供应管理是供应链管理范畴中非常重要的一个方面。它决定了企业是否能够顺利地、稳定地以低成本获取必要的外部资源,供应给企业的业务活动,最后满足企业的外部客户的需求。

因此,采购与供应管理提供了供应链方面大量的工作岗位。这些工作岗位按照采购与供应的流程来看,分为采购计划(如何满足企业业务战略总体要求)人员、供应商寻源管理人员、商务管理包括招投标管理人员、供应商质量管理人员、供应商绩效和风险管理人员等。

如果将企业的采购供应与设计研发、生产、销售等不同业务环节挂钩的话,我们还需要有一个非常重要的采购岗位,即配合产品开发过程的项目需求的"项目采购"岗位。这里我们拿汽车行业的项目管理与供应链的关系做一个说明。一个汽车行业的企业,如一级零部件制造商的新产品开发项目,共分为六个阶段。

第一阶段是调查商业机会。也就是从整车制造商那里拿到新车型开发的信息。进行评估,考虑是否应该加入到该客户的新车型项目中去。这个阶段的评估,从新车型未来的销量、目标市场、车型总体定价水平、车型预计量产时间、客户合作历史和当前关系、己方的经验和状态等方面展开。

评估过程中,采购和物流为核心的供应链管理已经应该被初步考虑在内了。主要涉及未来的供应商资源以及物流初步模式。

第二阶段是项目范围的定义。和客户之间进行需求的澄清,如果在这个阶段可以肯定己方有能力,且有盈利前景,则可进入下一个阶段。而盈利前景主要取决于成本的预估,包括采购成本、物流成本在内。

第三阶段则重点拿到客户的详细需求说明 SOW,并进行产品设计。SOW 相当于一份询价书。但是在汽车行业,由于技术因素加多,所以 SOW 显得比较复杂。不仅包括技术、质量、成本方面的要求,也包括交货期、产能、付款条件方面的说明等。

在获取 SOW 之后,就进入到了产品设计阶段。这个阶段需要认研发为主,供应链体系、质量体系等职能共同参与,才能够进行下去。

其中,采购需要做的工作是锁定潜在供应商,并且进入到 PPAP 流程,也就是供应商样件的批准流程。供应商的全面评估工作也要在这个阶段完成。而物流则需要对未来产品生产过程中的采购物流、生产物流等做出详细的方案,也包括未来可见时间阶段内的生产计划和物料采购计划。

第四个阶段,即产品验证和设计定型。是指针对客户 SOW 的要求所开发的产品,通过必要的验证步骤,并且在过程中得到客户的认可和接受,达成今后的销售合作关系。

这时,采购、物流等相关职能就已经基本完成了资源的准备,等待开工的指令,即可以向产品生产提供资源。

一旦与客户的销售关系正式确立,则进入生产准备阶段,也就是第五阶段。生产线、配料路径、运输和仓储模式(包括成品)、ERP 系统内的 BOM 数据维护、包装材料的准备工作、与客户和供应商的 EDI 或者其他形式的数据交换,以及第一批采购物流的库存准备等,都将由采购和物流职能予以完成。

到了第六阶段,则是正式生产开始后的 6 个月内。产品开发项目组,包括先期的采购和物流人员,将与生产工厂一起共管供应链,直到供应链表现平稳。

所以,从项目管理的要求来看,供应链管理无论如何不应被忽视,更不应被有意排除在项目管理模式的建立工作之外。

④ 面向客户服务

这个方面的岗位归属部门一般比较多样化,在不同的企业有不同的模式。例如,一些企业把这部分工作划归销售部门,一些企业划归生产部门,一些企业划归物流部门。不论这些岗位的归属如何,都丝毫不能影响它们的重要性。因为这部分工作是外部客户和内部供应资源的接口管理环节。是否能够接受订单、承诺订单、交付订单,都取决于客户的需求是否能够不变形、不失真地传递到企业内部,并与其内部资源进行匹配,如设计能力、生产能力、物料采购能力、成本控制要求等。

一般我们会用订单管理或者订单工程来概括这部分工作的总体特征。在本书的另外一个专题中,探讨了订单工程的概念。

⑤ 面向信息化能力

供应链需要高度的信息化能力才能够产生好的效果。供应链领域的信息化内容非常的庞杂。简单地划分一下,可以分为企业内部供应链信息化集成、企业与外部伙伴间的供应链信息化集成、企业与社会公共资源的供应链信息化集成。

供应链信息化通常伴随着企业的供应链业务流程建立、优化和再造。因此,供应链信息化的过程绝对不是一个单纯的 IT 技术应用问题,而是业务需求的 IT 解决方案的设计和达成的过程。有志于在信息化领域有所发展的读者,不妨考虑供应链上的业务流程梳理、执行策略的确定，以及如何用IT手段予以实现方面的工作。

你可以成为ERP及其扩展如PDM、CRM、SRM、MES等系统的实施人员，可以成为物流信息系统如WMS、TMS、GPS/GIS、条码、RFID等方面的实施人员，也可以成为跨企业的EDI、Web-EDI、电子商务等方面的实施人员，还可以结合物流自动化的推进，成为物流工程如自动仓储设施AS/RS方面的实施人员。总之，IT结合供应链管理，显得魅力无穷。

⑥ 面向知识管理

中国在供应链管理领域发展的时间有限。从20世纪90年代初期引入供应链思想以来，这个领域的研究、发展、应用等最新成果往往来自外资机构。中国的企业、大学、咨询和培训机构等，能够牢牢把握最新研究成果，并且进行推广、普及、应用的并不多。

当然，也有少量企业表现不错，如泛联供应链（上海现代物流资讯）是国内供应链知识服务领域比较突出的企业。在这个知识发展领域，你可以选择在大学、研究机构、咨询公司、培训公司等组织就职。但是，要想成为出色的研究者、咨询者或者培训者，还是建议从业者应该至少具备5年以上的供应链实战领域的工作经验。

⑦ 面向物流服务

物流服务，泛指为需求方提供物流服务的各类机构。提供的服务形态多样，不一而足。其中包括了物流实际操作服务、物流设施提供、电子商务或者EDI公用平台提供等。这些组织把物流、供应链管理的专业性凝结成自身的核心能力，向众多的生产、商贸等类型企业提供供应链服务。

在这样的组织中，需要从业人员以客户为中心，敏锐地捕捉到客户的真实需求，然后设计出有针对性的方案供客户选择，最终达成服务协议，为客户提供优质的服务。

因此，除了有扎实的供应链管理、物流管理理论功底外，如何提高沟通技能，与客户展开有效合作，对于从业人员也提出了额外的挑战。

由于这类企业数量庞大，从业机会较多，适合愿意脚踏实地，从一线做起的供应链从业人员。随着服务日趋复杂和深入，你所扮演的角色也将越来越富有技术含量，越来越从一线的操作提升到项目管理乃至供应链全过程管理的高度。

由于面对的客户细分市场不同，可以进一步将供应链服务商按照行业划分为工业生产服务、快销品分销配送服务、食品冷链服务、危险和化工品服务、国际门到门服务、流通加工服务、物流基地设施服务等很多种类。其中一些种类之间又可以相互交叉。如食品冷链服务与快销品分销配送服务等。

⑧ 面向项目管理

一个企业除了重要流程为导向的日常业务工作外，充满了大大小小的各种项目。而与供应链相关的项目，不论是物流外包、内部流程再造、新系统实施或者集成、成本优化和质量管理等，还是一个具体的产品开发中的供应链管理、后进供应商的发展等，都需要大量的从业人员参与。

这些项目导向型的工作，经常与常规工作相互交叉，因此要求从业人员既要具有常规工作的能力，也要能够在项目管理方面具备基本知识，甚至是项目的领导能力。项目之所以不同于常规工作，是因为其具备"完整性""独特性""时间性""成本独立性""绩效可衡量性""资源的重点配置性"等特征。

项目管理不同于日常业务工作，往往对协调能力、成本控制、进度管理、沟通能力等方面有着更高的要求。因此，广大的从业者如果认为自己更适合于项目型的工作而非常规型的工作，则需要有意识地提高项目管理方面的技能。①

总结：从事供应链与物流工作的读者常常会抱怨工作的重复性太强、缺乏乐趣与挑战。但360行中，又有多少行当不是如此呢？在供应链行业，应当沉下心，尽量多得在上述八个领域内积累经验，平时多留意相关行业的最新动态与合作机会。例如，从事进出口贸易的读者可以平时多关注国际物流和供应商管理，可以研究一下供应商交付方面的拓展提高资金管理财务管理的效率；供应链管理方面可以考虑与第三方物流外包的服务以节省管理成本和物流运作成本，还可以推敲一下货代和海关事务。从事项目规划的朋友，不妨经常走走车间，思考一下如何精益求精提高生产效率。总之，供应链的整个链条中可以学习值得推敲的东西很多，做个有心人，勤于观察，厚积薄发的那一天终会到来。

(三) 供应链管理领域职业发展路线与待遇情况分析

1. 发展路线分析

传统路线：

技术：助理工程师、工程师、高级技工、技术总监；

---

① 以上内部物流管理、内部生产控制、面向供应商管理、面向客户服务、面向信息化能力、面向知识管理、面向项目管理、面向物流服务。借鉴自：OP欧普特智本资源管理学院。www.opemt.com。

营销：市场拓展、客户管理、渠道经理、销售总监；

运营：现场管理、供应管理、生产计划、运营总监；

采购：采购规划、采购执行、供应商管理、采购总监；

仓储：仓储管理员、物流经理、物流管理总监；

项目：项目助理、项目经理、项目总监；

终极目标：供应链总监。

非传统路线：(转型)

咨询：行业顾问、项目经理、项目总监；

创业：第三方物流公司、仓储公司、供应链管理咨询；

以上两种路线——传统与非传统(转型)路线中我们首先来讲讲**传统路线**。传统路线与前文提到的财务与会计行业较为类似，最终的目标是要做到供应链总监，那么要成为文供应链总监水准的人才需要具备怎样的才能，通过怎样的历练呢？

首先，要尽可能地多了解整个供应链领域的各环节工作，最好能在各领域内轮岗或工作，这需要从业者具有足够的耐心和长远的眼光，与做产品、市场营销类工作打拼五六年就可能飞黄腾达相比，由于不论从以上宏观还是微观的供应链内外部管理脉络图中，我们都能发现这个行业是个错综复杂的庞大系统，没有时间和实践的积淀，一般人很难做到对该行业的足够了解。通过研究高级供应链管理人才的背景，我们可以发现一个现象，惠普的全球高级供应链主管约翰法拉斯卡 John Frasca 曾在产品设计、自动化、物流行业都有过丰富的经验；Dave Laverty 先生在化妆品、保养品、香水等领域处于领先地位的全球性制造商和销售商露华浓(Revlon)担任全球物料管理副总裁，入行最初他从负责分拣、包装、配送的检查员做起，又从事了9年发货、配货、运输、产品设计等工作，随后他又辗转北卡罗来纳的生产基地担任了7年的高级主管负责管理车间的运作以及项目的开发，再往后他又被调去纽约从而正式开始了对供应链管理(物料管理、原材料采购和供需规划)的接触。

其次，需要具备基本的财务分析能力和较好地与人打交道的技巧，这两点几乎是所有行业高级管理类人才都必备的。

其三，在满足第一条建议中保持耐心和长远眼光的同时，学习能力以及对学习的积极性都有很高的要求。供应链领域涉及面广，很多地方需要知识和理论的实际结合才能真正领悟，而许多物流和供应链相关领域的人士其实拥有很好平台基础，如果利用好业余时间自学再结合得天独厚的资源，非常有利于知识的消化。

如果细分各短期目标，按照时间轴的形式来看：

1～2年：确定是否适合该行业（对大多数行业适用）；

2～4年：轮岗若干个部门，一般在一两个部门工作后可由助理转为资深员工；

4～6年：继续尝试在更多部门中轮岗实践的同时负责一定的新员工管理工作；

6～9年：第一阶段6年的经验积累，有机会尝试担任部门经理；

9～12年：第二阶段为9～12年，发展顺利可担任高级职业经理人工作；

12年以上：具备足够的行业经验和管理经验，有机会担任供应链管理总监。

在市场与销售领域，有些能力突出的总监才30岁上下，但在供应链管理领域35～40岁才是最常见的年龄段。

接下来，我们讲讲**非传统路线(转型)**。

非传统路线（转型）方面，供应链管理类人才可以向行业顾问、项目经历、项目总监、咨询顾问、第三方物流领域管理、仓储管理等领域转型，一言以蔽之，要转型并且成功使得自己的职业更上一层楼，需要平时扎实业内基础的同时，眼观六路地看到供应链管理与其他行业可合作可相互借鉴的各种机遇。

通过结合行业特色，发挥行业优势，合作实现共赢已是当今各行各业的共识。让我们以商业银行中供应链与金融的结合为例，来让大家了解行业协同效应和优势是如何产生和体现的。

在金融业商业银行对公业务这块有一种信贷融资产品（业务）叫作订单融资，若干年前传统供应链中除了信用级别最高的核心企业能拿到各种银行的金融支持外，其他链条都很困难，而问题是核心企业和几十家银行在合作，可操作空间非常有限。而订单融资充分考虑到两方面的需求，一个是核心企业上游信用评级低的供应商，另一个是考虑到核心企业希望供应商的资金流变得稳定来采购上游所需的原材料，按时向核心企业提供相应的零部件，通过财务方面结合实地考察对核心企业的一级供应商制定新的授信风险把控要求和机制，利用供应链上下游强势企业的高信用等级和传统情况下强势核心企业先收货数十日后才付款的特殊情况，和核心企业达成合作，获取每月滚动的其一级供应商的订单额，以每月中下旬核心企业提供的供应商交货清单和验收报告来给供应商提供授信，以每次应收账款的80%作为授信敞口，然后把核心企业的付款账户锁定在银行，这样所有相关账户的钱都经过授信行转出，这便形成了银行的日均存款，是银行最重要的指标之一。并且所有账户间的资金划转都需要落地监管，然后将供应商拿到的贷款进行监管，指向其日常货款接受者和日常运用开支等（也是对央行实贷实付政策的贯彻）。

这样的金融与供应链结合的业务极大地便利了制造业供应链上下游企业的商业资金流转，稳定了供应链上下游的生产供给以及整个行业的稳定性，也为商业银行带来了存贷款收益，行业与行业结合的共赢与协同效应尽显。

关于供应链金融SCF，请结合图3-40理解。

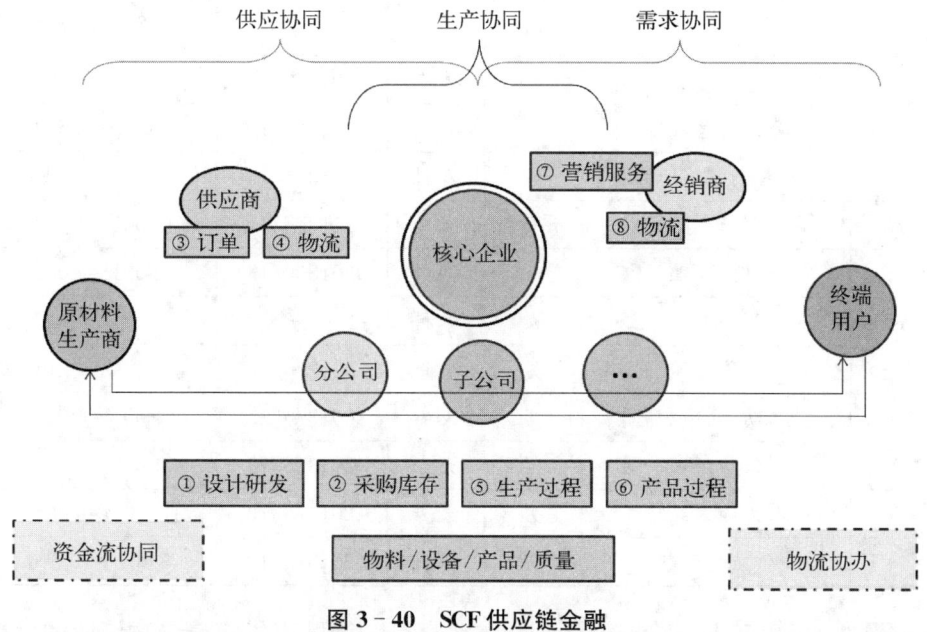

图3-40　SCF供应链金融

另外，对商业银行公司业务感兴趣的读者，推荐两本书给大家，一本是《银行客户经理财务报表分析培训》，另外一本叫《商业银行对公授信培训》，两本都是紫色封面的，是由陈立金老师及其创立的立金银行培训中心教材编写组编写的。陈立金老师是原某商业银行总行公司信贷部总经理、副行长，后来又自己成立了立金金融培训中心，负责对包括招商银行、民生银行、上海浦发、中信银行、建设银行、兴业银行在内的各种企业和银行进行培训，业内知名度很高。当年笔者在银行工作的时候从这两本书中获益良多，书中对商业银行公司业务深入浅出的透析至今仍让笔者印象深刻。

2. 薪资待遇水准参考

这里我们以供应链行业的国内非常成熟的一家企业A公司（真实企业）为例：

A公司是国内供应链领域的龙头企业。其集信息技术，整合全球资源，融商流、物流、信息流、资金流于一体，搭建全方位的一站式供应链服务平台，专业承接各类包括物流外包、商务外包、结算外包、信息系统及数据处理外包在内的外包业务，以及国内外供应链相关业务。

表3-5

公司	职位	性别	学历	统计时间	月收入（元/月）
A	大区经理	男	大专	2013/6/14	10 001~15 000
A	分公司总经理	男	MBA	2013/6/14	15 0001~25 000
A	首席执行官CEO/总	男	本科	2013/6/13	15 001~25 000
A	统计员	女	大专	2013/6/14	2 001~4 000
A	财务助理	女	本科	2013/6/13	2 001~4 000
A	商务专员	女	本科	2013/6/13	2 001~4 000
A	销售总监	男	本科	2013/6/14	25 000以上
A	助理	男	大专	2013/6/13	4 001~6 000
A	销售经理	男	大专	2013/6/13	4 001~6 000
A	人力资源经理	男	大专	2013/6/13	4 001~6 000
A	供应链经理	男	本科	2013/6/13	8 001~10 000

根据2016年相关数据统计，上海、北京等一线城市供应链与物流业的月平均工资在5 500元左右，本科或以上从业者的月平均工资在9 000元左右，从业1~2年的人士月收入的平均值在5 200元左右，这样的收入水准在整个社会各行业中仅仅处于中等段位，但近期的几篇新闻中的数据可谓让人为之一振。

本书的第一版曾写过2012年全年中国物流费用占GDP比重高达18%，不仅高于发达国家平均水平，也高于金砖国家，比印度的13%高5个百分点。2017年的1月18日，中国物流与采购联合会会长何黎明在《中国物流业2016年发展回顾与2017年展望》中称，2016年物流总费用约11万亿元，同比增长

3%左右,与 GDP 的比率有望降至 15% 以内,这是该数值连续 4 年下降,但这一比率仍然高于世界平均水平。发达国家这一比率在 8%～9%,其中美国物流成本约为当年 GDP 的 8%;日本物流成本约为当年 GDP 的 11%。业内专家表示,1 个百分比的下降意味着节省了数千亿元的成本。

其实这个比例在前些年最高时曾达 24%,和发达国家相比仍然偏高,这一现象体现物流在整个国家经济中的重要性,但却不是一个乐观的现象,因为导致如此高占比的根本原因是中国物流成本的高居不下。

从结构来看,物流费用包括运输费用、保管费用和管理费用三部分。2012 年,中国物流运输费用占 GDP 比重是发达国家平均水平的 1.7 倍,保管费是其 2.2 倍,管理费用则是其 6.9 倍。2015 年的数据显示,社会物流费用中运输费用 5.8 万亿元,同比增长 3.1%;保管费用 3.7 万亿元,同比增长 1.6%;管理费用 1.4 万亿元,同比增长 5%。从结构上看,运输费用占社会物流总费用的比重为 51%,保管费用占社会物流总费用的比重为 35.5%,管理费用占社会物流总费用的比重为 13.5%。纵观"十二五"时期社会物流总费用为 49 万亿元,是"十一五"时期的 1.8 倍,年均增长 6.5%,增速比"十一五"时期回落 9.7 个百分点,比"十五"时期回落 6.7 个百分点。

通过 2012 年和 2015 年的这几组数据可以看出中国的物流业整体没有摆脱粗放发展模式,虽然逐年增速放缓,但增长率仍然过高。高居不下的物流成本反映出的当今国内物流业之现状是:① 在中国大陆物流企业中小企业占到 90% 以上,准入门槛较低,且组织化水准很低,物流业普遍小、散、弱的问题状况突出。② 由于物流行业信息化管理程度不高,常常出现信息不对称导致的资源浪费问题,比如车找不到货、货找不到车,货找不到库、库找不到车和货的情况。③ 物流成本中相当一部分被路桥费和油费占据了,石油部门和税务拿走了其中的大部分,物流企业并没有从高额的物流成本中获益太多。

以上这一系列的现象表明,国内的物流及供应链管理领域仍有很大的空间需要提高,行业的发展空间和必要性将使得高素质人才的需求和待遇相应得到提升。从国家政策上来看,近年来,国务院也是不断予以物流业支持,在财政、税收、土地、车辆管理等方面出台了一系列支持政策。在各项利好和物流供应链行业巨大发展空间下,行业人才的发展空间也是巨大的。

无论在哪个行业,紧缺的高薪的人才往往都是高端技术和技能人群,再次提醒读者,在供应链与物流管理行业同样如此,虽然上文提到的各类数据向好,但在该行业的从业者仍需保持耐心,多注重自身在整个供应链条中各环节的实务经验积累,平时多充电补充一定的商业和财务基础知识,积累对应可合作领域的人脉基础,眼光放长远,脚步落实地,一定能够厚积薄发成为整个社会的高收入高地位的精英人士。

六、人力资源管理与行政管理——职业规划

(一)人力资源管理的重要性

人力资源管理,是在经济学与人本思想指导下,通过招聘、甄选、培训、报酬等管理形式对组织内外相关人力资源进行有效运用,满足组织当前及未来发展的需要,保证组织目标实现与成员发展的最大化。就是预测组织人力资源需求并作出人力需求计划、招聘选择人员并进行有效组织、考核绩效支付报酬并进行有效激励、结合组织与个人需要进行有效开发以便实现最优组织绩效的全过程。学术界一般把人力资源管理分为人力资源规划、招聘与配置、培训与开发、绩效管理、薪酬福利管理、劳动关系管理等模块。

对于人力资源管理的重要性,美国经济学家、人力资本理论之父舒尔茨[①]认

---

① 西奥多·W·舒尔茨,世界人力资本理论之父,美国著名经济学家。

为:国际竞争的关键,是人力的竞争,即劳动者技能、智能、科学知识、管理水平、信息量的竞争。而钢铁大王卡内基①也曾表示:"你们可以搬走我的厂房和机器设备,但只要把人员给我留下,几年后我仍然是钢铁大王。"由此可见人力资源管理的重要性。

(二)人力资源管理构架与系统

1. 企业 HR 管理定位

企业的人力资源管理由诸多外部影响因素决定,参照图 3-41,首先外部环境和市场决定了企业的经营战略,随后企业的经营战略决定组织结构(产业战略转型:当传统产业转入成熟和即将衰退时,将公司的业务重点向新兴行业转移),组织结构的形式将决定公司内部各个部门的具体职能。

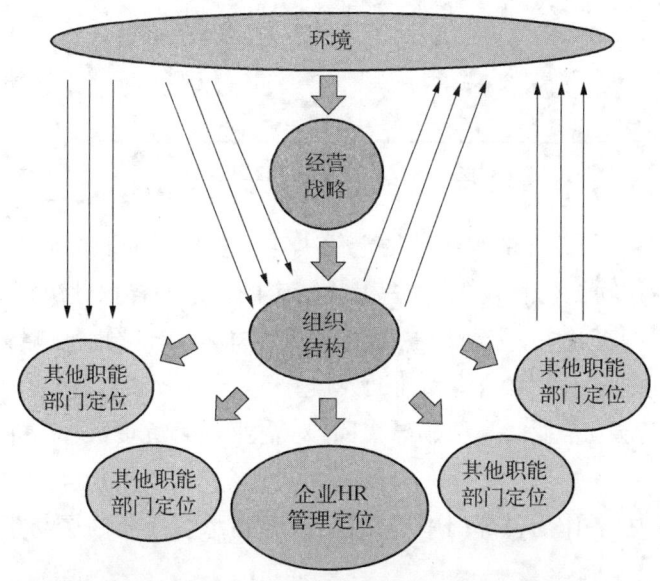

图 3-41 人力资源管理定位与组织的关系

---

① 安德鲁·卡内基(1835 年 11 月 25 日—1919 年 8 月 11 日):在美国,是与"汽车大王"福特、"石油大王"洛克菲勒等大财阀的名字列在一起的,他被称为"钢铁大王"。美国工业史上,安德鲁·卡内基写下永难磨灭的一页,他征服钢铁世界,成为美国最大钢铁制造商,衣锦还乡,跃居世界首富。而在功成名就后,他又将几乎全部的财富捐献给社会。他生前捐赠款额之巨大,足以与死后设立诺贝尔奖金的瑞典科学家、实业家诺贝尔相媲美,由此成为美国人心目中的英雄和个人奋斗的楷模。著名的卡内基梅陇大学也是和梅陇先生共同捐助建立的。

环境/市场环境千变万化，但由于变更组织结构耗时耗力需要大动干戈，公司往往无法保证随时变更经营战略，在这种情况下，公司往往需要及时对各职能部门的职责与定位进行调整。

2. 企业的组织结构（宏观）

企业的组织结构如图 3-42 所示。

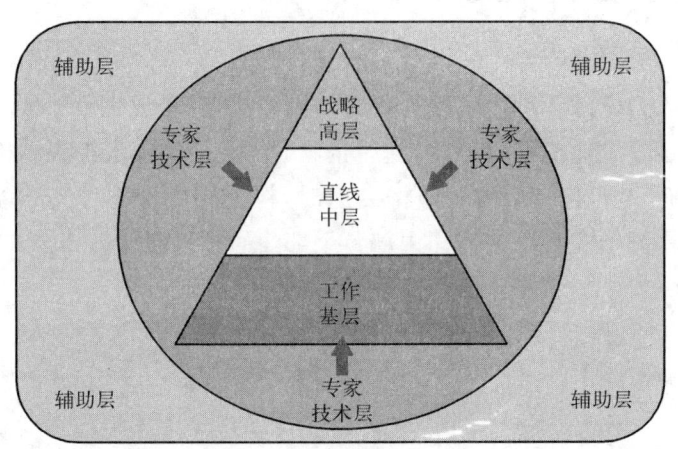

图 3-42　企业组织结构图

宏观角度来看，企业的组织结构定位决定了各部门的职能分工，HR 管理部门该在该企业中扮演何种角色、发挥怎样特定的作用同样由此决定，根据新组织结构学派的组织理论，一个组织主要有五大基本构成部分：战略高层、直线中层、工作核心层、技术专家结构和辅助人员。

① 战略高层：企业的高层领导集团，对企业全面负责，设立、推动组织的战略目标。

② 直线中层：作为各部门中层管理者，起到承接战略高层与工作核心层的关键作用。

③ 工作基层：顾名思义，是整个组织的最基层，行使最基本的产品生产、运营与服务等。

④ 技术专家层：一般隶属于职能部门的拥有专门知识和技能的技术人员，虽然一般不会直接参加生产与运营等工作，但通过专有技能的运用提高整个公司从上至下的效率与效益。

⑤ 辅助层：辅助层负责维护生产经营活动的正常进行，对整个公司起到保

障作用,比如设备维修、网络维护等。

而从微观的更具体的角度来看,各类企业内部均有不同形式的组织结构,因此在不同的组织结构下 HR 的定位也有所不同。

(1) 职能式组织结构下的 HR 定位(微观)

职能式结构下,人力资源部是独立而唯一的人力资源职能部门,统管公司上下全部的人力资源相关的工作。也正是因为其的唯一性使得其在组织中享有绝对的决策论与威慑力,各项相关工作的推动会较为顺畅,其他各部门会较为配合。

由于此种组织结构下的管理相对较为简单,人力资源管理的定位较为明显,但优缺点同样明显:

① 优点。便于实现各部门内的规模效应;有利于各部门技术与技能提高;非常适合中小规模的企业和对应规模的部门;适合产品品目较少较简单的组织。

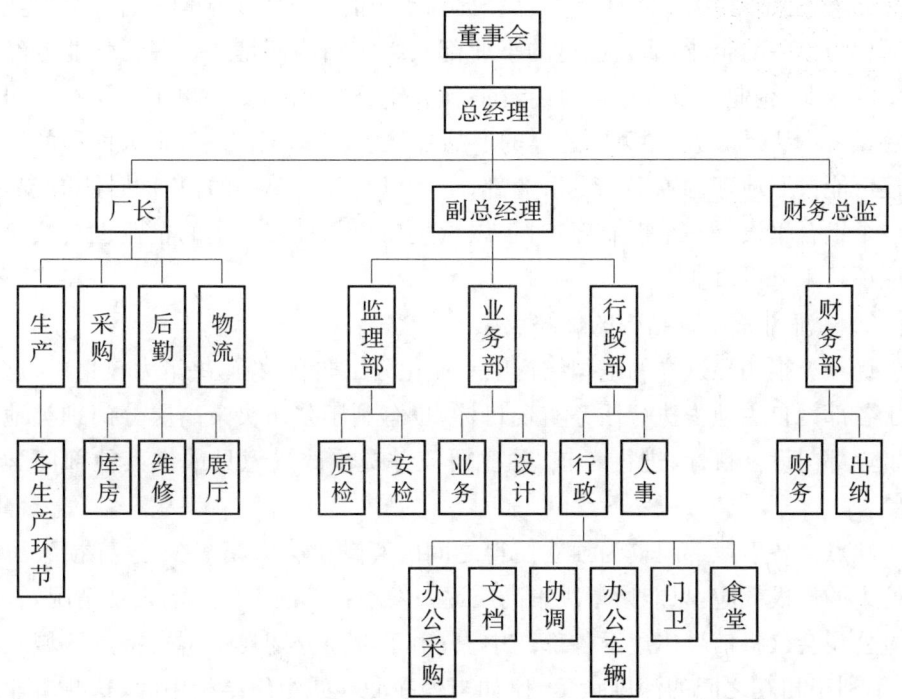

图 3-43 某企业组织结构图 1

② 缺陷。缺乏横向间的互相监督，不利于各项工作的执行效率，对各类事件反应较慢；容易造成组织僵化，固步自封；各组织间的认识有限，不利于协调利益与财富的最大化。

(2) 事业部式组织结构下的 HR 定位

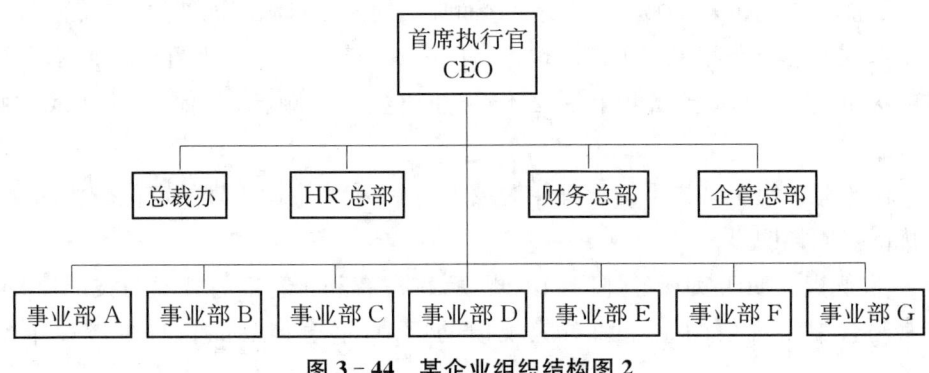

图 3-44　某企业组织结构图 2

① 事业部式组织结构：上文已经提到了职能式的组织结构适合产品与业务较简单与单一的企业，那么这里的事业部式组织结构便是适合多元化业务经营模式的企业，企业可以根据自身经营特点来分配事业部，如果单个产品在公司业务总量中占比足够大，便可以这样的产品单立事业部，当产品辐射大面积的区域时还可能按照地理位置来分设事业部；也可以将几个单一的但有共性的产品放在一个组合里设立一个事业部；对于以承接项目与过程为主的企业也会按照工程或项目来分设事业部。

② 事业部式组织结构的优缺点

优点。很明显这样的组织结构中专业化分工非常明确，决策力较集中，这有利于各部门自主地去执行任务实现目标，也有利于公司决策高层分门别类地为各事业部门设立目标、进行考核、独立研究并提出改进意见或供其他部门学习借鉴。

缺点。各事业部间较为独立使得之间的互动机会大幅减少，这样损失了群策群力的规模效应，只能指望决策高层逐一发现各部门工作中的表现情况，及时通过公司会议将信号传达至各部门中去；由于部门分别自主负责特点区域或产品，不利于相互之间的深度竞争，比如当处在职能式组织结构中时，这些事业部可能在同一个诸如销售部这样的部门下，相互之间的竞争与员工的积极性是自然而然产生的。

(3) 矩阵式组织结构下的 HR 定位

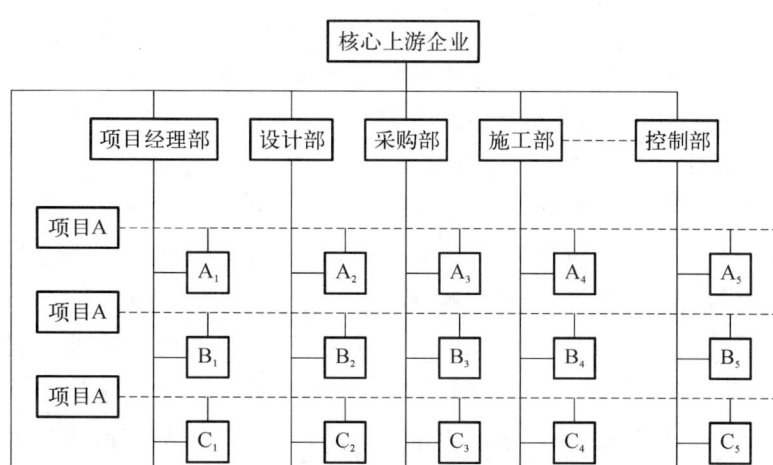

图 3-45 某企业组织结构图 3

① 矩阵式组织结构

矩阵式组织结构已经拥有 40 多年的历史，在这样的结构下纵向（职能部门）与横向（事业部门/产品）两两交汇，配合紧密，见图 3-46。

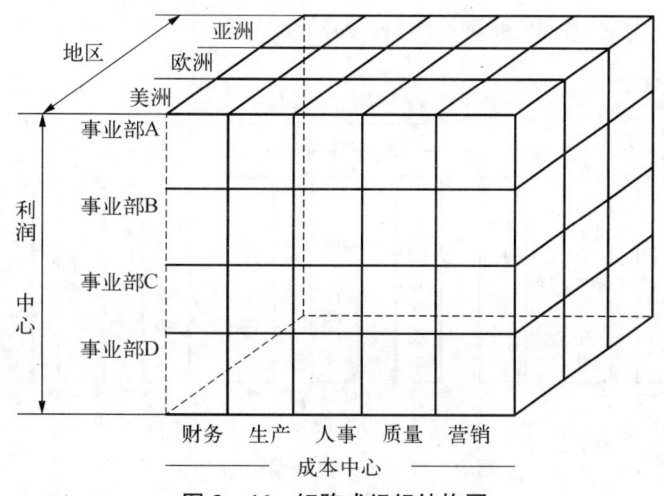

图 3-46 矩阵式组织结构图

② 矩阵式组织结构的特点

矩阵式组织结构的诞生理论上使得"职能式结构"与"事业部式结构"可以兼得，同时具备两者的构架并结合在一个体系中使得上面提到的两者的优缺点得以互补；另外一个优点是，该矩阵中的每个节点都同时由两个上级负责监管，在协调性上得到了加强，对于一些需要多部门群策群力商榷决议的复杂决策的决断力与执行力也得以同步加强；在优缺点与适用性方面的具体细节如下；与上述两种结构相比，矩阵式结构更适合那些拥有多元化产品的中型企业。

这样的组织结构同样存在一些缺点，比如受制于双重监管下的员工在执行力与积极性方面会受到限制，员工由于需要判断两边领导的精神与偏好，容易陷入犹豫从而减缓工作的执行，这对于员工的人际关系处理技巧有很高的要求；而领导层也容易由于管理界限的模糊阻碍管理的有效性与持续性。

事实上，设立矩阵式组织结构的初衷是为了实现职能部门与业务部门的平衡，但理论与现实还是存在一些差距，所谓的平衡最终也会向一方倾斜，最终形成偏职能式的矩阵结构（职能部门决策力更高）与偏项目式的矩阵结构（项目负责人决策力更高）两种。

综上所述，我们可以看得出人力资源管理是个浩大的工程，所承担的职责绝不仅仅是许多人认为的人力资源部或人事部的职责，人力资源管理的职责需要由整个公司的最高管理层、上述各种组织结构下各部门的相关管理人员与人力资源部或人事部相互配合进行。

（三）人力资源管理实际工作内容解析

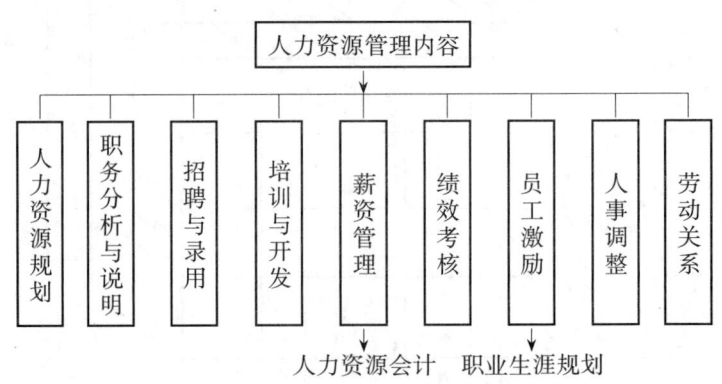

图 3-47 人力资源管理九模块

微观上，不论在哪种组织结构下，人力资源管理部门的工作都会涵盖以下职责内容：

人力资源规划

但凡规划便会涉及战略层次的计划，人力资源规划同样如此，需要根据公司整体的发展战略规划来设定人力资源方面的各阶段目标。具体来讲，是通过对公司现阶段人力资源状况的分析来结合公司上层对人力资源的需求，从而对于未来的每一个时间节点上人员的需求做好预估和筹划，并把各项计划落实到公司的书面政策与筹划中去，根据公司宏观战略与微观战术的需求度现状及时调整、对将来未雨绸缪就是人力资源规划的核心要义。

职务分析与设计

严谨而科学的职务职责设计是公司各部分、各部门内各环节无缝衔接的保证，平时我们常见的企业招聘信息中各岗位的职责面试与能力要求就是人力资源部针对公司的需求严格制定的。对于人力资源部的工作来说，需要对各工作职位的名称、责任、能力与技能要求等落实到纸面上的岗位说明书和岗位工作规范条例中去。

员工招聘与选拔

员工招聘是根据各岗位职责设定而进行的重要一环。具体内容包括公开招聘与内部竞争上岗的招聘流程制定、核心管理岗位的任命要求和流程制定、员工录用后续工作规范化制定。当今社会人力资源管理在人力成本控制上对企业贡献巨大，托管聘用制即劳务派遣制就是一种被普遍运用的节约成本的方法。BPO，即项目外包也是其中一种。

培训与开发

培训是员工能力提升、工作效率提升的保证，同时对于员工来说，系统性、有含金量的培训也是员工福利的组成部分之一，对于提高员工的工作稳定性很有意义。

开发与市场营销领域的Development也有类似的地方，一部分是开发"全新的"人力资源，包括计划招聘人才等；另一部分则是针对现有员工的发展，比如结合培训来考虑，需要考虑被培训人员的选择、不同的员工应该进行怎样不同的培训内容、各类培训内容应该如何设计、培训时间该怎么分配、培训的考核该如何设计、培训后员工的感受该如何去评估和统计，等等。

薪酬管理

薪酬管理主要负责如何合理地设计员工的薪酬结构，针对包括员工的基本工资、绩效、奖金、岗位津贴与福利等项目间该如何分配与平衡等。不同的配比会对员工的工作效率产生很强的影响力，比如上文我们有提到外资商业银行与非外资商业银行员工的薪资构成差别很大，其中外资银行考虑到业务开展难度较非外资相比较大，于是给予员工更高比例的固定工资和岗位津贴以稳定军心，而非外资银行则降低员工的固定工资部分,给员工很强烈的"优胜劣汰"的信号。

另外,有的 HR 部门还在这部分工作中加入人力资源会计职能用来与公司的财务部门进行对接,更全面地了解到员工现有的收入状况、支付状况、公司资金状况以及人力资源成本投入产出比等数据,从而为薪酬制定提高客观的依据、对于薪酬改革的可行性进行动态的平衡。

绩效考评

绩效考评是以岗位职责要求与薪资制度为依据,对员工的工作表现的考核。合理的、适时的考核是员工、部门乃至公司整体提高效率和产出的保证,同时也为后续的培训、晋升、薪酬调整等事宜调整提供了参考依据。

员工激励

员工激励包括物质层次与精神层次两方面的内容,物质上通过先前制度的奖惩制度来直接刺激调动员工的积极性,精神层次上通过沟通与疏导激发员工内在的主观能动性,一些公司还会通过系统性地为员工规划职业生涯来让员工意识到努力工作对其长远发展与利益的必要性。

人事调整

人事调整负责根据绩效考评和薪酬管理等调整人事结构、待遇等。

劳动关系管理

任何企业的雇主与雇员的关系都存在不稳定性,稳定性越低,员工的流动性就越强,公司的稳健发展与员工的稳定性、忠诚度成正比,因此就需要加强公司劳动关系的管理,这方面的内容可能包括协调员工与上下级的关系、企业文化建设、各类有利于增强员工凝聚力和幸福度的公司活动、调解劳动纠纷、处理员工离职和退休等善后工作等。

上述人力资源管理描述凸显了各环节相互联系的紧密性,可参照图 3‑48

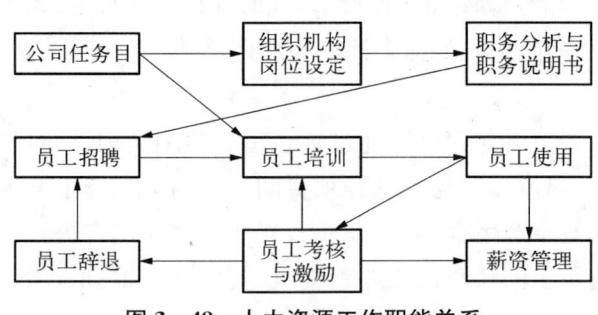

图 3‑48 人力资源工作职能关系

加强理解

综上所述,整个人力资源工作的流程如图 3-49 所示,在企业根据外部宏观环境决定企业经营战略之后,企业设定对应的组织结构与形式,随后各部门的岗位需求便得以确定,按照这样的要求定出职务说明并按要求组织招聘符合要求的员工,在员工进入公司后,对员工进行上岗培训,在培训合格后交付新员工特定的工作职责,随后为员工持续提供各阶段的培训。一段时间后,公司对员工进行考核,考核结果形成后通过分析与管理层的沟通制定相应的员工激励与人事调整方针,比如奖励、晋升、降级与辞退等。

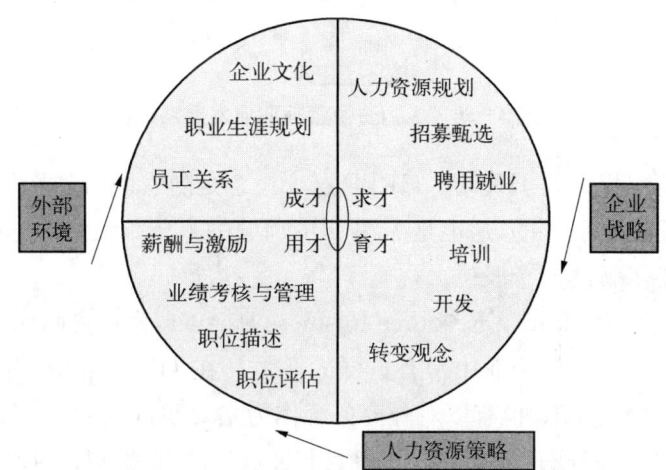

图 3-49 人力资源与公司战略及宏观环境关系

(四)人力资源管理与行政管理职业发展与待遇分析

1. 职业发展路线分析

(1) 传统直线发展路线

如果人力资源管理类人才选择在同系统同业内(不一定是原公司)发展,需要在上述提到的各环节中积累足够的经验,随后逐步晋升至部门主管、HR 总监助理、HRBP、HR 副总监、HR 总监。这个从助理开始直至总监的全过程少则七八年,多则 10 多年,是一个需要耐心,厚积薄发的漫长历程。

一般对于工作经验有限的人士,初入人力资源管理领域会被安排从事偏运营(Operational)的事务,而很少被安排招聘的项目计划、薪资福利、组织发展(Organizational Development)以及 HRBP 等具备战略意义的事务。

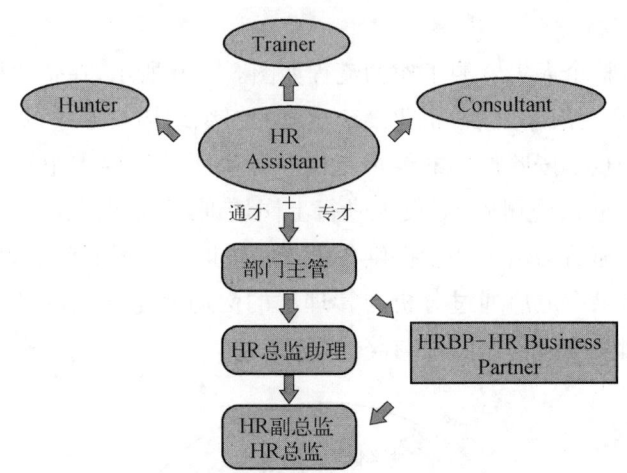

图 3-50 人力资源管理职业发展路线图

这里值得一提的是 HRBP。HRBP 这个概念是随着国内改革开放后外资类公司的进入而逐步引入的,这也是关注 HR 领域的人士以及想在这个方向扎根的读者有必要了解的一个职位。

HRBP 全称为 Human Resource Business Partner,直译可叫作"人力资源管理类商务合伙人",外资企业中常有这样的职位。在 HR 行业内,有主要负责公司内部职能管理的 HR,也有以对外商务合作为主要职责的 HR。HR 经理的职责包括公司内部事务的管理、手下职能型 HR 员工的管理,以及外部商务项目方面的管理,而 HRBP 承担类似 HR 经理的对外职责,主要肩负着配置总公司与分部或项目间人力资源的重任,由于其实际工作职务类似传统发展路线中的 HR 总监助理或总经理助理,这种商务型的 HRBP 被誉为是高级 HR 管理经理的摇篮。

事实上,在不同类型的企业中担任 HRBP 各有特色,比如在生产型公司内,讲究强势的层级概念;在研发型公司内,很讲究协调与维稳核心研发人员的关系;而在贸易型公司的,面对大量销售人员,强调的是圆滑式的管理与适时有效的激励。其实不单单是 HR 行业,任何职能式的工作在不同背景的行业环境中都需要随时灵活地进行调整。

(2) 非传统跳槽式路线

HR 领域的人才除了上述提到的直线发展外(见图 3-51),还可以选择转型向专业培训(Trainer)、猎头(Hunter)、管理咨询(Consultant)等方向发展。决定

HR领域人才可以向哪些方向转型的关键是对于人力资源管理六大块"人力资源规划、招聘与配置、培训与开发、绩效管理、薪酬福利管理、劳动关系管理"中特定环节的经验积累。

比如专业培训方向适合拥有大型企业高层5~8年及以上工作经验且积累大量培训经验的人士；管理咨询方向往往指专门负责企业HR领域优化的管理咨询，适合在HR领域工作期间对法律、劳动争议处理等方面有所常的人士；猎头类工作适合那些在HR领域中软技能较强、为人处世经验丰富、在特定行业内招聘体系人脉积累较好的人士，例如银行业的HR今后可能成为以金融业为主攻方向的高级猎头。

其中值得一提的是猎头类工作，"猎头"的概念最近几年在中国大陆地区越来越火，如果大家还有印象的话，上文会计财务部分笔者已有提过，"四大"会计师事务所平均工作2年以上的人士都会被猎头盯上。这种现象体现出国内猎头行业的一些特性——集中在中低端类人才领域、规范化程度低、职业操守不够：在国内，工龄在2年甚至仅1年的人士也常会收到猎头的挖脚，一部分无良的猎头会夸大工作机会的待遇福利情况、未来职业发展的美好。以笔者众多深有这类感受的学生中的A先生为例：

> 3年前，他在行业拥有2年的工作经验，月收入稳定在9 000元人民币，而当时他被某知名猎头告知有一份在B外资银行的工作良机推荐他去面试，职位是Team Leader（相当于小组长或主管），月收入可达13 000元左右，于是A先生被说服后请假赴B银行面试，面试完成后面试官对A先生非常满意，但他皱起的眉头让A先生顿时感到了不安，面试官略带疑惑且严肃地说："A先生，你的职业素养非常不错，但你的两年工作经验与我们Team Leader职位的要求还相差不少，如果我们录用你，需要你接受降职至高级分析师一职。"经过询问，面试官告知A先生高级分析师的月收入仅为8 000元多人民币，低于其当时的工作收入。由于变更工作产生的各类成本较大，收入也更低，A先生气愤地放弃了这份"良机"！

那么猎头为什么要这么做呢？在西方发达国家，猎头大多拥有多年工作经验的行业背景，作为说客替跨国大型企业寻找高端人才，他们运用自身在对应行业内的了解和积累的人脉替高级管理类人才（目标客户）进行全面的、逻辑性极强的职业规划,给出中肯的建议,以他们在商务合作磨炼出的三寸不烂之舌和气质折服客户。而目前在中国国内,猎头行业起步较晚,一方面,大多数从业者都只对行业知识略知一二,缺乏实践经验,因此在给客户做职业规划说服客户的过程中存在缺乏专业度的客观因素;另一方面,类似寿险行业当年的乱世,许多较低素质的猎头为了利益粗放地跑量、走概率——不断说服客户参加面试,最终能让其中的多少过关算多少,在这过程中他们不恰当或者故意夸大跳槽优势也起到了推波助澜的作用。

从对市面上大量猎头公司的在职者的调研中发现,初入该行业的缺乏工作经验和人脉的新人往往以猎头助理的身份负责执行资深猎头交代的任务、维护与上游客户(企业雇主)的关系、跟进下游客户(个人)的进度。没有人脉积累和相关背景的人士想在该行业发展无一例外地需要自行挖掘上游客户资源,有了上游客户资源,继而探寻挖掘上游客户所需要的员工才有了可能。

什么样的企业在什么样的情况下需要找猎头帮忙?有急切需求的、通过常规途径和现有资源难以寻觅适人选的、找到合适人选却未能说服对方的、资金实力足够支付高额猎头中介费的企业才有可能需要猎头服务,这样高资质的企业本身就有限,猎头公司和各猎头公司下的猎头又各成一派为数众多,在这样供需不平衡的大环境下,以及大多数高资质企业已有大量既有合作猎头的残酷现实下,说动这些雇主选择与一个新猎头合作需要非常充分的理由。①

因此,"艰难、艰辛、开头难"等词便成了猎头行业人士常挂嘴边对工作的描述。每晚七点起至九十点,是大部分行业从业者结束了一天辛劳工作后小憩放松的黄金时间段,却是猎头跟进潜在客户不容错过的战斗阶段(该时段被业内认为是大部分客户最方便通电话聊跳槽的时间),猎头行业工作的艰辛程度可见一斑。

在收入上,猎头类工作的基本工资不高,佣金或者说业绩的提成占到了大头。成功谈成一单说服下游客户跳槽只是第一步,该客户表现合格并通过试用期才是任务完成的标致,至此猎头可一次性获得该客户年收入的20%~30%作

---

① 这种现象和商业银行对公领域内的一些情况也非常相似,作为以吸存放贷为传统主营业务的商业银行来说,在公司业务方面,贷款是极高风险的业务(例如10笔100万元的贷款,利息收入10万元每笔,全年应收利息100万元,若其中一笔出现坏账则全年的付出就打了水漂),为了控制风险,商业银行无一例外地更偏好资质很高的企业(比如授信评级高的上市公司),但现实中国商业银行已过百家,几乎所有大型上市企业往往已与数十家甚至二三十家银行有着合作伙伴关系,其中还不包括其他非银行类的金融机构,想要这些现金流非常充裕的企业向你行贷款或金融服务需要怎样的理由?有时即便银行可以说服这些资金流充裕的企业通过额外质押来加强规模化效应,但他们有什么理由非你行不选呢?在利率市场化未彻底完成情况下,中小商业银行如何在利率上战胜国有四大行为首的大型银行?

为佣金，该费用由上游企业支付。大家可以想象，完成一笔年薪上百万的高级管理类人才的业务便可一次性收获 20 万～30 万元的收益，其优厚的待遇确实非同一般，甚至可以与高端销售类工作的待遇一较高下！

社会地位上，猎头作为衔接上游用人企业和下游高端人才的枢纽，手握人才市场第一手的人才需求、职位机会，以及与众多用人单位负责招聘类工作管理层的人脉关系，特定机遇下经常扮演着"内部推荐者"的身份。这样的工作在一定的行业基础上，苦口婆心费尽心机祈求企业主、说服下游客户的情况越来越少，而深受上游企业主信任并受托寻求合适人选、广受周围亲朋好友奉承以求"安排"与"推荐"工作的"体面的诉求"却越来越多。

一言以蔽之，对成功扎根猎头行业的精英人士而言，"人脉""高薪""体面"光环将常伴随左右。

2. 人力资源行业的薪资待遇水准参考

人力资源类工作稳定、体面，很少需要外出应酬、打拼，自然在收入方面也不会非常高，整体上属于整个社会中等略偏下的水准，随着工作经验的积累，如图 3-51 所示，待遇方面人力资源类工作平均每年会有 10%～20% 的提升。

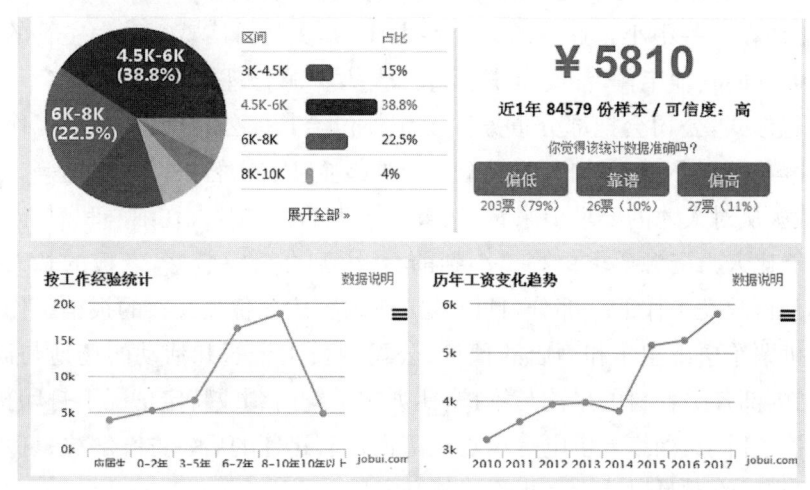

图 3-51　人力资源行业薪资概况图[①]

注：某些岗位的薪酬与工作经验并无直接关系，如销售类岗位。同时，岗位薪酬也与公司盈利情况、岗位所在公司的重要程度等因素有关。

---

① 数据引自：职友集.http://www.jobui.com/salary/%E4%B8%8A.

如果大家想要对HR类工作有更直观的感受，可以看看《杜拉拉升职记》这本书或电影，其中所描述的便是HR类工作中各种经历。

其实从工作性质上来看，人力资源管理类的工作中有很多部分和行政类工作非常相似，那么人力资源类工作和行政工作到底有什么区别，请见下文内容。

（五）行政管理

行政管理与人力资源管理的区别(HR VS Administration)

所谓行政，就是事务性管理的意思，在商业运作之初人力资源是行政工作的一部分，但为了更好地细分管理提高效率人力资源管理被逐渐剥离出来，行政工作的职能被融合进其他各职能部门之中，于是我们现在会发现行政部越来越少、人力资源部则越来越多。但总的来说人力资源管理与行政管理类工作有以下几个区别：

第一，在收入上，纯粹的行政类工作的收入待遇要低于人力资源类工作，差别在10%~20%之间，高级人力资源管理人才的年收入可以过百万元，但行政类工作的收入基本难以企及。

第二，在工作内容上，纯粹的行政类工作负责的内容比人力资源类工作更多更杂，比如在一些中小企业中的办公室主任，其实就扮演着行政大主管的角色，除了财务外的其他工作，都要负责管理。人力资源管理方面的工作有不少企业采用外包形式，公司会把部分事务性工作外包给其他公司代理，比如工作发放、员工档案与福利办理等，知名的大型人力外包企业有中智、外服、四达等。

第三，从对人才的要求上来看，从事行政类的工作对人在细心和耐心方面的要求可能比人力资源要求更高。小到前台，大到办公室装修，老板的私人助理，这些都是行政类工作的一部分，具体的工作内容比如各类发票的报销工作、员工出差的机票车票出租车和酒店的预订、公司内员工聚餐和活动的场地与酒店预订、公司内部各类耗材的采购与维护（比如在关键时刻或特定情况下打印机的油墨如果掉了链子、网络或供电等出现故障而没有迅速的后备方案解决、订水送水衔接不当等，绝对足以让大老板暴躁抓狂）。

第四，有些公司主要负责人的私人助理或秘书需要有非常强的待人接物的能力。许多外资企业中老板的私人助理(PA-Personal Assistant)会得到老板email的权限，负责回复各类邮件时会遇到各种棘手的状况，如何得当处理非常考验人的能力，与此同时，在处理各类邮件的时候肯定难免获取到老板的一些隐秘信息，做到守口如瓶的同时，根据这些关键信息通过捕捉老板的举动来揣摩老板的心思进而处理好各种事务将很可能得到老板赏识，最后得到晋升或转岗。

第五，与上文提到的人力资源类工作相比，职业发展方面，一些行政类工作的未来发展同样可观，其可选择面甚至更广阔。一些行政类工作特别是像第四点中所提到的专门服务于公司大人物的私人助理们，由于直接服务于大老板、代表大老板们与公司上下各个部门的同事们打交道、处理各类棘手事件、参加公司会议甚至区域性重要会议，有非常多的先天优势积累各类人脉，最终如果再有老板的推荐转型进入人力资源部、运营部、财务部甚至其他核心部门工作便是水到渠成的回报。我们往往看到的一些助理类职位，今后的发展方向都比较局限，比如销售助理今后往往就是正式销售，采购助理今后往往就是采购员，但行政助理则不竟然。

第六，值得一提的是得益于工作的锻炼，行政工作类人士更具备耐心、体贴、处事得当的特点，往往对于未来家庭对内对外事务的打点也会都会游刃有余。工作稳定、未来家庭贤内助潜力十足的行政类女性在很多情况下都深受优秀男士的垂涎，现实生活中更有不少行政助理最终和公司老板终成眷属。

第七，行政类工作比人力资源管理工作以及大部分其他工作要清闲一些，往往我们会看到人力资源部门的员工需要时常加班，但很少见到行政助理这样。腾出的空闲时间如果被较好利用，比如自学充电考取各类技能类证书（财务、物流、外贸、外语等）、修读专升本或在职研究生等，对于今后的职业发展就会大有裨益。在社会中的许多行业中，有不少工作待遇福利不高但却忙得不可开交，每一天都会把人忙得身心俱疲，这样的工作节奏多少都限制了在职者未来职业发展的灵活性。

第八，行政类工作的门槛总体而言更低。如果自身有不错背景却机不逢时，这样的人才其实可以考虑行政类工作，许多企业高管的私人助理类工作对人的成长非常有帮助，比如对于拥有外语优势和对海外文化体制熟悉的海归类人才而言，大型外企中总裁助理、总经理助理都是不错的具有一定挑战性的选择。

第九，人力资源管理领域男性占比非常小，这个比例在行政类工作领域略高一些。精确地说稳定性很高的行政类工作领域内女性还是占更大比例，但企业高管助理类工作中的男性数量会多一些。

七、酒店管理——职业规划

（一）酒店管理的发展现状

酒店管理，离不开"管"和"理"两字。但与上文提到的"Marketing"因为被翻译为"市场营销"而让很多人想当然地理解成为"卖东西和做销售"一样，酒店管理也常常被许多人误解成"伺候人"的苦差事。而实际上，那些所谓的服务岗位包括服务员、迎宾员、客服服务人员等只是隶属于酒店的日常运营的基层部门，并不在大多数受过高等商科酒店管理专业的人才重点考虑的范围内。

而真正适合这些高素质人才的部门都位于一线岗位的幕后，负责酒店的行政与管理，对于酒店这么一个庞大的体系如何运作、员工如何管理、服务质量如何提高、市场营销如何加强、大型活动如何策划、贵宾接待如何保障、突发事件如何应急等都要全权负责。或许不少人了解到大部分从事酒店管理的人士需要从基层做起，轮岗后才能进入后台真正开始管理类工作，让新人这么成长的目的就在于让他们对酒店各部门有深入的一线经验积累和了解，这些内容包括服务标准与流程、各部门与组织的真实情况、市场竞争状况等。其实许多行业都有类似

的情况，比如上文提到的银行与快销500强企业的管理培训生，在入职后的前两年往往也需要进行轮岗，随后根据表现安排到特定的部门进行管理类工作。

酒店管理行业也存在不少亮点。截至2013年年底全球范围内大概提供2亿多个职位酒店相关的工作岗位，据估计到2019年这个数字还将增长5 200万个以上。而中国大陆地区相关岗位的数量占到全球的近30%，总量上占到我国GDP的近13%。

供需决定商业发展的命脉，而根据权威部门的预计，到2017年中国成为世界第二旅游经济大国。酒店业的发展的一个标注便是消费者对于酒店的需求多元化，从最基本最原始的住宿这样的生理需求发展到对于入职体验、服务质量、附加价值更有追求的精神层面，相应的对高级酒店和娱乐设施以及配套的高素质先进管理理念和团队也会有更高的要求与需求。

应该说随着中国的经济不断向前发展，有不少行业不断面临着整合，有的行业被淘汰，比如一些轻工业，而有的行业则会随之兴起与兴旺，比如一些第三产业，酒店业与旅游业便是一个典型的例子。作为商科学生，应当更具备良好的商业嗅觉和前瞻性眼光，跟对了良好的行业发展趋势，自己的职业规划便成功了大半。

（二）酒店组织结构分析

要更好地了解酒店管理，首先要知道酒店庞大的组织结构体系是怎么设定的,其各个部分的职责和在酒店运营中的地位又是如何的。下面就让我们通过以下组图来了解酒店的常见体系结构。

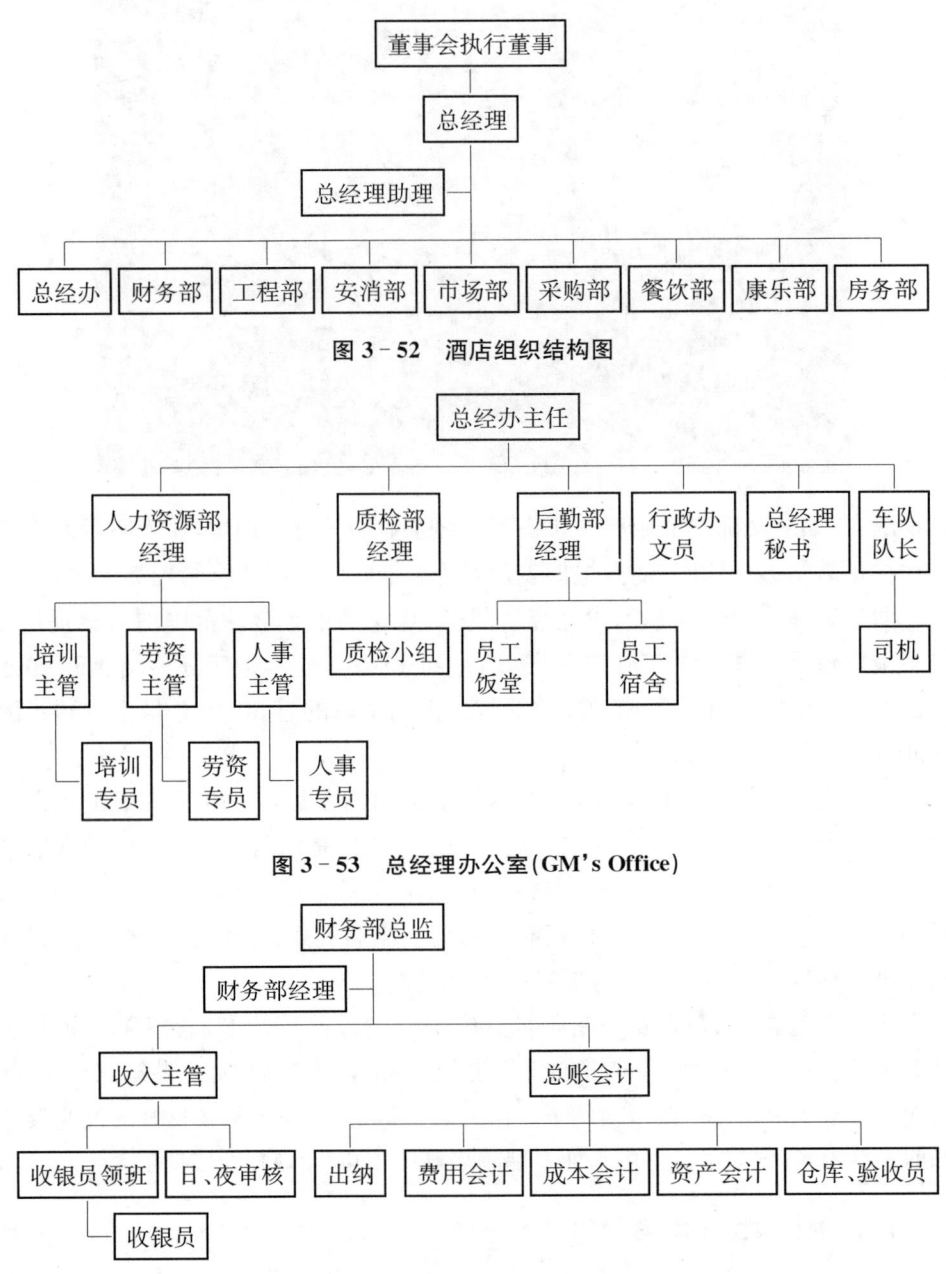

图3-52 酒店组织结构图

图3-53 总经理办公室(GM's Office)

图3-54 财务部(Finance Dept.)

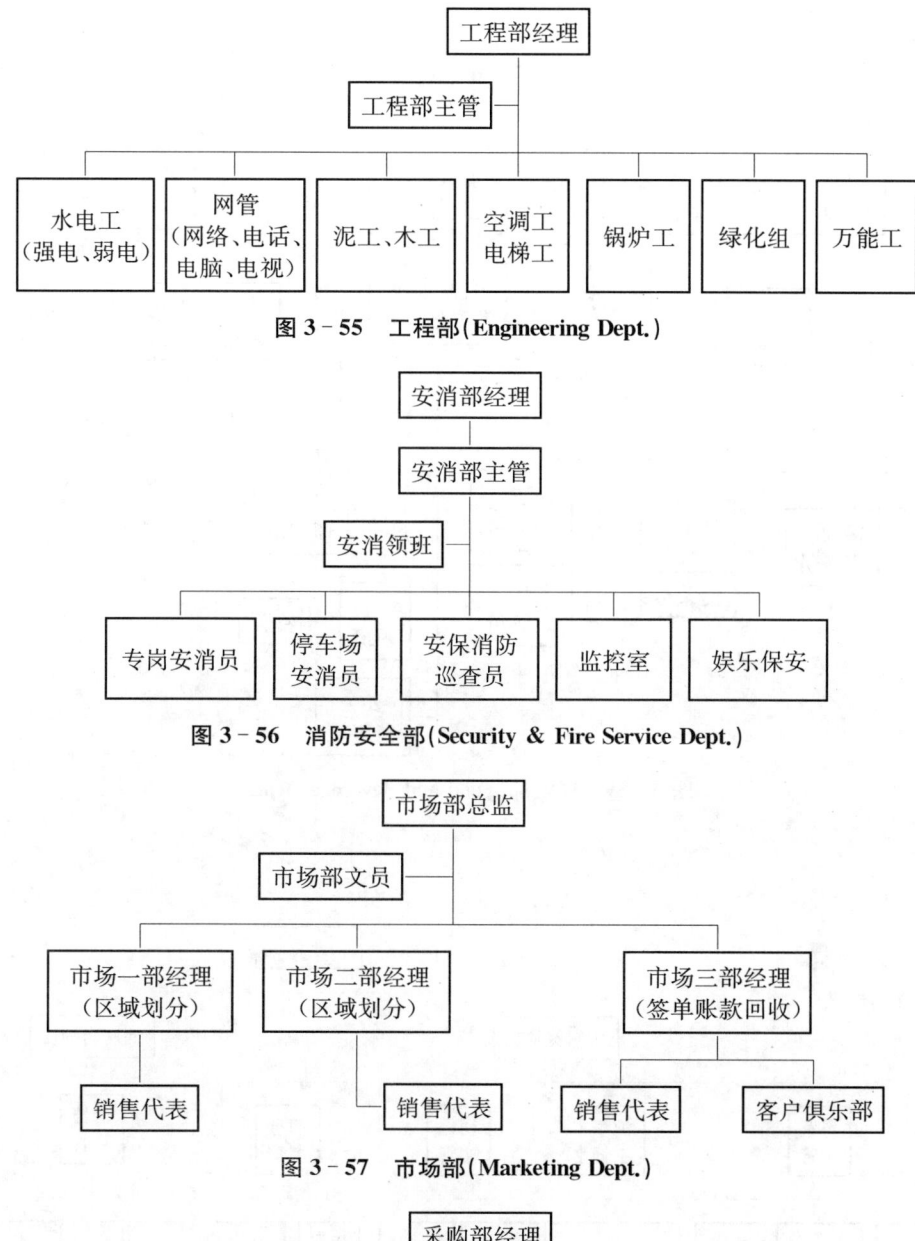

图 3-55 工程部(Engineering Dept.)

图 3-56 消防安全部(Security & Fire Service Dept.)

图 3-57 市场部(Marketing Dept.)

图 3-58 采购部(Purchasing Dept.)

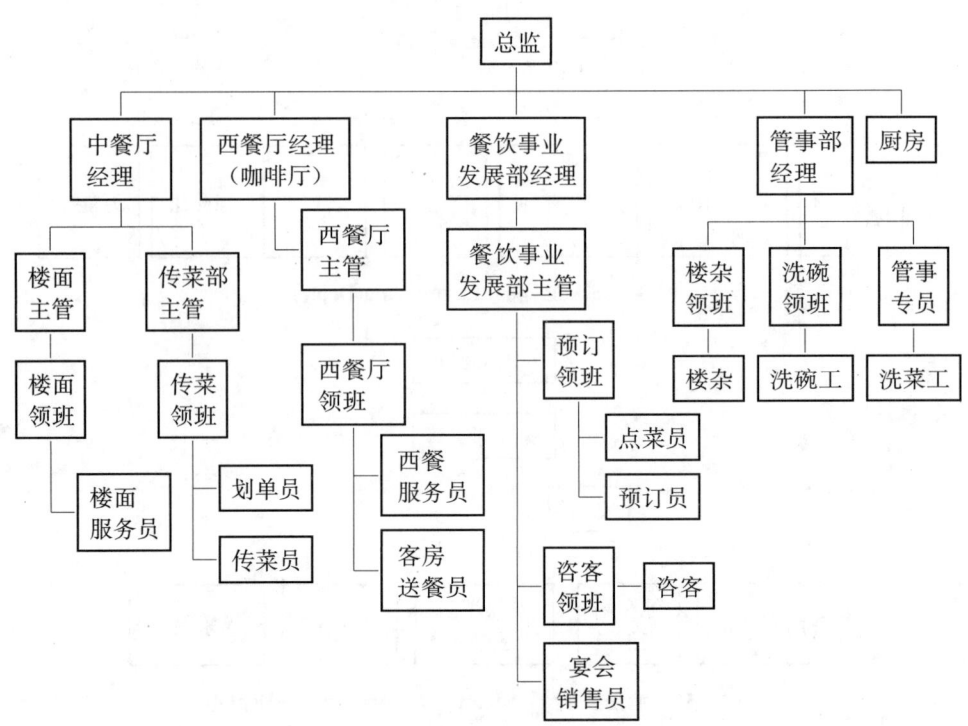

图 3-59 餐饮部（Food and Beverage Dept.）

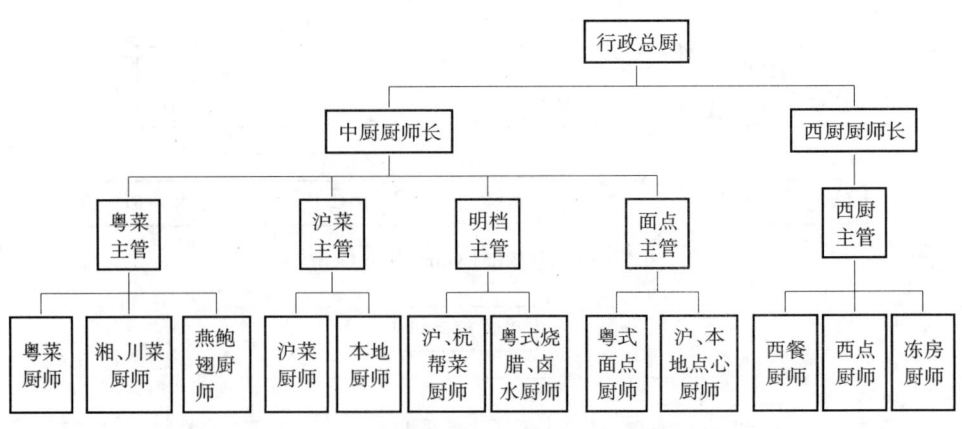

图 3-60 餐饮部厨房（Kitchen of F&B Dept.）

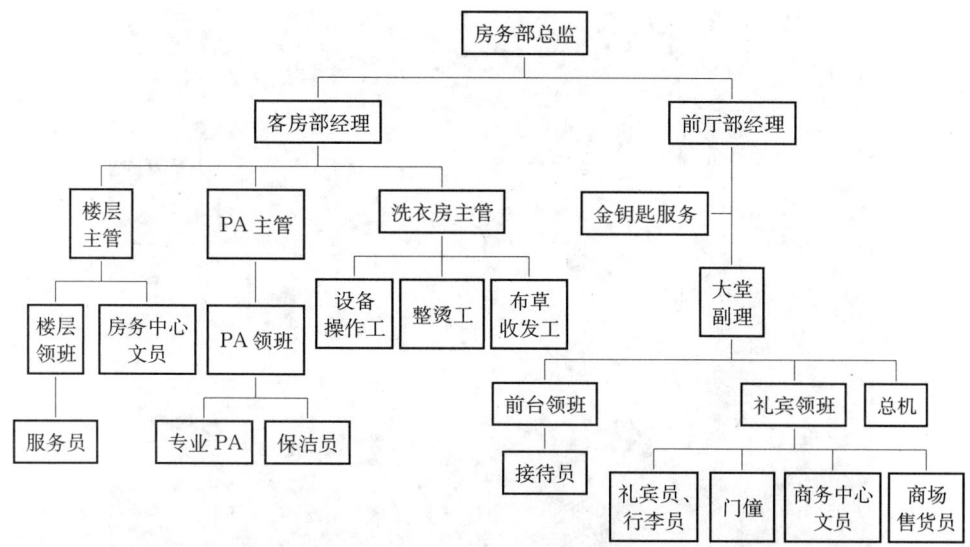

图 3-61　客房部(Room Div.)①

看完了这 10 张图片后,你一定会感叹酒店内部部门和人员的细致分工,并应该也能想象得出酒店管理的难度一定不小。那么在这些部门中到底哪些部门相对更重要、更难于管理,并且最需要通过专业化的培训或学习来提高管理能力呢?下一节我们将通过酒店管理的培训与学习方向来进一步剖析这个行业。

(三) 酒店管理四大方向

以上的酒店结构图描述的确是酒店的内部体系,但酒店管理的概念并不仅仅局限于传统意义上的"酒店",而是随着社会的发展和消费者需求的变化与时俱进,朝着更注重提高餐饮服务质量、开拓酒店附属及其他独立娱乐服务、提供特定品牌或产品的酒店内购物服务的多元化经营模式。

根据酒店业管理领域的培训和学术项目对"酒店管理"的划分,以下四项可以作为向往酒店管理方向发展人士的参考。

- 餐饮管理
- 酒店管理
- 娱乐及运动管理
- 旅游及会展管理

图 3-62　"酒店管理"分类

---

① 图中的 PA 指的是 Public Area(公共区域)的意思。

1. 餐饮管理

餐饮管理涵盖了厨艺和酒水管理两个主要方向,餐饮管理中也包括了食品服务管理。学生通常会参与学习餐饮行业中涉及的诸多领域,包括:高级餐厅、休闲快餐餐厅、流动餐饮、酒店餐饮运营、娱乐食品服务、非商业食品服务和酒水经营。

2. 酒店管理

主要指的是高级酒店的管理,其涵盖面较为广泛,下面可分为酒店及度假村管理及赌场管理。课程会涉及酒店运营、赌场、人力资源、信息科技、法律、市场营销、财务管理、房地产等。

3. 娱乐及运动管理

这个专业培养学生在事业、企业及非营利组织中管理项目、活动、设备及服务的知识和技能。学生可以从事的工作可以涉及很多方面,从学生生活和运动管理到公园活动和娱乐节目。主题公园、度假村、高尔夫球场管理（球童管理专业）、俱乐部（运动健身、唱歌、娱乐休闲）、夜总会管理、赌场管理等。

4. 旅游及会展管理

此专业下的课程可以涵盖会议、展览、娱乐活动管理、旅游景区管理、旅行社管理（旅游商务）、休闲管理等。学生会学习与旅游服务行业相关的会计、金融、市场营销知识。学生甚至可以选择更细分的研究方向,例如会所管理、演唱会、运动场管理、游轮管理和职业高尔夫管理等。

综上,大家一定对酒店管理的复杂性印象深刻,其实从商科学术的角度来看,酒店管理在商学院里被认为是个非常交叉的学科,真正要做好酒店管理需要运用到的知识非常广泛,包括前文各行业职业规划内容中涉及的知识,尤其是人力资源管理、会计财务、物流采购、市场营销、销售对于酒店管理格外重要。因此,高级酒店管理对于人才的综合能力(全才)更为看重,关于"专才"与"全才"笔者会在下文的专门章节中做深度分析。

(四)酒店管理职业发展路线与待遇情况分析

1. 职业发展路线

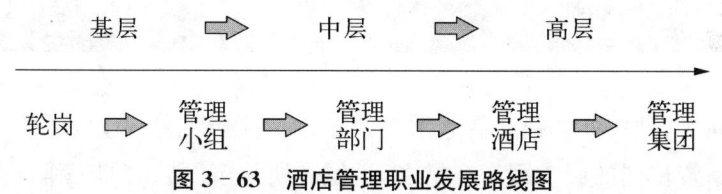

图 3-63 酒店管理职业发展路线图

酒店的体系庞大,管理任务繁重而复杂,因此往往要求酒店管理人员对酒店各个部门的运作都有足够的理解和实践,以满足今后承担更多管理重任的知识与能力储备(如图 3-63,由轮岗开始逐渐负责小组管理、部门管理、酒店管理甚至集团的管理)。在西方发达国家,酒店员工不会在一个职位上干太久,如果你在一个职位上做 3 年,就会有人过来拍肩膀:你怎么这么长时间没升迁?这样的高效轮转、晋升以及轮岗符合大多数工商管理的理念,也对该类管理人人才带来更高强的挑战与更快更好的提升机会。

2. 薪资待遇水准

酒店管理行业的平均收入水平和酒店的经营效益挂钩,2008 年全球经济危机后对酒店业内高端酒店造成了较大的冲击,国际商务人士一直以来是国内五星级酒店主要消费群体,而随着经济危机的影响,世界范围内大部分企业效益下滑,员工的出差及出差补贴方面都有很大比例的缩水,因此直接影响到酒店管理行业的薪资待遇。但随着全球经济的逐步恢复、国家对于开发旅游相关产业和酒店业的政策利好、我国各大城市国际合作来往的加强,相信酒店业的复苏也会随之到来。

总体而言,酒店业的福利待遇水平处在整个社会所有行业中的中等水平,具体个人的薪资待遇的影响因素非常多,不但和所从事酒店内的工作、部门、职级、工作表现、加班时长等挂钩,也和酒店的星级有非常大的正相关联系。提到酒店管理,四星五星水准的酒店往往才是高学历人群向往的地方,同样,也只有高端酒店才对酒店管理类人才的需求最为巨大,对人才能力的要求也更高。由于高端酒店更多地遍布于一线大城市以及部分旅游城市,那么我们就据此挑选几个国内城市的酒店业平均工资给大家提供参考。

据一些大型调查,北京、上海和广州等传统一线发达城市酒店管理业从业者的平均月收入在 5 000~6 000 元,远在全国平均值之上;而三亚、昆明、西安这样的旅游城市酒店业从业者的平均月收入更是接近 7 000 元。我们从数据中还可以发现,一线城市的平均收入水准高于大部分其他城市;对本科及以上学历的酒店业从业者来说,旅游业越发达地区的从业者收入越高,比如在三亚,本科及以上学历的从业者的月收入是大专学历的 5 倍左右。

从这些数据中,我们可以发现整个酒店行业的薪资待遇与城市的国际化及当地平均消费水准成正相关关系,总的来说,国内一线大城市作为高端酒店扎堆的地域是酒店管理类人才理想的发展区域,而目前全球经济复苏的状态对酒店业以及从业人群也是一个积极的信号。

(五) 如何提高自身在酒店管理领域的竞争力

1. 酒店管理领域职业技能证书类

酒店管理领域可供选择认证的考试多如牛毛,如营养师、咖啡师、调酒师、人力资源管理证、西餐师、营养师、国际礼仪指导师、助理酒店管理师(本科及以上学历的应届生可提前报考,相当于国家资格四级)、中级酒店管理师(一定工作年限后报考,相当于国际资格三级)、高级酒店管理师(一定工作年限后报考,相当于国际资格二级)、IHMA督导级别认证、全球AH&LA-EI认证等。但根据市场实际情况了解到,对于应届生而言其实真正作用最大的最实际的还是酒店英语等级证书、英语四六级证书、会计类证书。

2. 海外深造

酒店业最发达、管理理念最先进最成熟的地方无疑是欧美的一些发达国家,这些区域的酒店管理专业学习与进修项目也同样含金量十足,许多商科学生都知道瑞士的酒店管理非常出名,但其实美国的酒店管理也在许多方面有过之而无不及,特别是因为美国拥有的国内外市场规模更大和高级酒店数量也多得多,这些有利条件对于酒店管理这个非常需要结合实践的专业来说显得弥足珍贵。

前文已经提及了当前国内酒店业的现状,国内目前已有的星级涉外酒店多达近5 000个,而高级管理人才的缺口却非常之大,国内所开设的酒店管理职业技能培训大多集中在底层次服务领域,因此许多星级涉外酒店往往需要从海外调派专门的国际酒店高级管理人才来补缺。那么留学专修高级酒店管理,获取海外高档酒店管理实践经验将会对今后在国内的相关领域的就业起到较大的帮助。

在美国的酒店管理硕士项目主要可以分为这么几类:

一类是偏向实践的项目,比如University of Nevada, Las Vegas(内华达大学拉斯维加斯分校)的工商管理与酒店管理双学位硕士项目,由于地处旅游的黄金地段——拉斯维加斯,该项目与当地的赌场、娱乐会所、旅行社、酒店都有密切的往来与官方合作,学生常被星级酒店邀请至酒店进行见习;再比如University of Houston(休士顿大学)的MS Hospitality Management专业本身就设立在与国际知名的Hilton(希尔顿)酒店集团合作开办的Conrad N. Hilton College of Hotel and Restaurant学院下,几乎所有学生都会被学校安排去希尔顿酒店进行实习,通过这样的实习,许多学生毕业后都成功地找到了各地的五星级酒店全职工作。需要注意的是,这样的项目需要申请具备较多的实习或全职工作经验。

另一类是偏向学术研究的项目,代表学校与项目比如常春藤院校康奈尔大学的 Master of Management in Hopspitality、宾夕法尼亚州立大学、普度大学、弗吉尼亚理工大学的酒店管理硕士项目等,这样的项目适合本科拥有相关学术背景的学生,因为项目课程涉及许多旅游项目开发与设计、娱乐休闲产业的产品设计等内容。

第四章

进阶高等教育
——职业发展的必经之路

不是所有人都需要再一次进入学校学习才能成才，因为有的人悟性高、自律性强、自学能力突出，这样自学成才的案例我们似乎发现一抓一大把？但其实我们常常听说那些自学成才的案例而很少听见别人去宣传某人因为受到高等教育而成才，正是因为前者才是小概率事件，值得拿出来吸引人们的眼球，而后者才是大概率事件。比如说大家都知道比尔·盖茨大学没毕业就辍学并自学成才，可大家知不知道他之前已经接受过2年哈佛大学的高等教育？比如说著名风险投资家孙正义的"19岁定制50年规划"被人们津津乐道，而当我们在感叹孙年纪轻轻便可悟透职业每一步方向的天赋时，大家是否知道19岁时的他已接受过美国顶级高中教育以及世界名校加州大学伯克利分校的三年本科教育呢？又比如关于美国加州发生的枪击案，当每个来找笔者的学生质疑美国治安差的时候，笔者都以一组数据来回答他们：美国3多亿的老百姓拥有2.5亿多支枪，但恶性凶杀率以及各种犯罪率其实不高，在亚洲几乎只有日本的数据能比美国低，而正是因为枪击案鲜有耳闻才被媒体大加报道。选择不走寻常路走小概率，还是选择踏实一些向大概率靠拢，每个人都有自己的想法，如果你还愿意靠拢后者，那么请往下读。

首先来解开一个问题，对于进阶高等教育，选择留在国内与赴海外深造到底有何异同与利弊呢？

一、国内深造 VS 海外深造

（一）国内硕士研究生进修

1. 体制内与体制外

首先我们来讲讲，在中国大陆地区，硕士研究生的深造有哪些选项。国内的硕士 MBA 类进修可以分为体制内与体制外两种，所谓体制内指的是中国教育部体制，这类体制内硕士有三种选择方式：① 1 月统考，修读全日制 MBA，学制是 1 或 2 年，毕业后颁发双证，即学历证和学位证；② 参加 1 月统考的在职 MBA，学制 2~3 年，毕业后有双证；③ 参加 10 月联考的 MBA，毕业后只有学位没有学历。所谓体制外的 MBA，指的是不需要参加中国教育部举办的入学考试但是参照欧美的模式参加 GMAT(Graduate Management Admission Test)，即经企管理研究生入学考试或管理类研究生入学考试进行招生的项目，主要开办院校有中欧国际工商学院、长江商学院以及香港地区的一些商学院。近年来随着教育体制的改革，北大、清华、复旦、上交大等传统名校在招收 MBA 上也越来越多地采取了开放式(不需要或不强制参加体制内入学考试)的招生模式。

2. 学历教育与非学历教育

由上我们已经可以看出国内研究生的进修分为学历教育与非学历教育两种，具体来说，一是学历教育结束后可以获得双证，即研究生学历证(也被称为毕业证)和学位证；二是非学历教育结束后只有单证，最终获得的是结业证。

3. 全日制与在职研究生(非全日制)

国内研究生进修可以分为全日制研究生与在职研究生(非全日制)两种，全日制研究生是全日制的上课方式，即周一至周五上课，属于脱产的，全日制研究生学习是学历教育，全日制研究生一般 10 月份网上报名，11 月份现场报名，考试一般在次年的 1 月份，毕业后能取得双证即学位证和学历证，可以迁移户口或者托管档案到就读大学；在体制内，全日制硕士研究生的修读只有一种途径，那就是通过每年 1 月的全国统考；而在国内体制外的中欧、长江等院校通过 GMAT 以及自主命题的试卷来作为入学考试。

表 4-1 中国大陆地区研究生进修分类表

体制	授课形式	研究生类别		学历证	学位证	入学考试	备注
体制内	全日制	统考全日制研究生		✓	✓	统考	10月网上报名,11月现场报名,来年1月考试。
	在职	自考研究生-5月同等学力		×	✓	免试入学	有全脱产、半脱产、函授班模式,后凭借硕士结业证、本科学位证、本科学历证且本科毕业满3年参加5月底全国申硕考试[英语水平考试(大学英语5.5级难度)和专业课综合水平考试]通过后领取学位证,考试未通过可在4年内再次参加考试。
		专业	统考在职专业硕士	✓	✓	统考	仅5个专业:法律硕士J.M、工商管理硕士MBA、工程管理硕士MEM、会计硕士MPAcc、公共管理硕士MPA。
			联考在职专业硕士	×	✓	联考	3年左右学制,其类别除上述5个专业外还包括教育硕士(Ed.M)、体育硕士、艺术硕士(MFA)、农业推广硕士、公共卫生硕士(MPH)、军事硕士、兽医硕士、风景园林硕士等。
		单独考试类在职研究生		✓	✓	统考时间	委培和定向类别的在职研究生,招生院校自主出题,自主划线。
		在职研究生进修班		×	×	免试入学	通过所有必修课并通过结业考试后颁发结业证书或同等学力证书。
体制外	全日制	长江、中欧等开办的MBA类商科项目		×	✓	以GMAT成绩及自主命题考试入学	已获国际管理教育权威认证系统EQUIS和AACSB双认证,中国国务院学位委员会正式认可。
				×	✓		

* 学历证即毕业证,不颁发毕业证的则颁发结业证。
* 在职人员攻读硕士学位全国联考即联考也称GCT考试,含语、数、外、逻辑四项。
* 自考在职硕士研究生也称5月同等学力申硕,同等学力指的是学习能力的证明。
* 没有学历证意味着虽然拥有硕士学位证后,但仍为本科学历。
* 双证是指学历教育,户口档案转到学校,毕业后派遣。
* 单证研究生属非学历教育,不转户、不转档、不派遣,一般情况下不能申请要求研究生职位的岗位,硕士证只能晋升工资和职称。

笔者于2014年1月15日整理

在职研究生则是属于不脱产的,它是边工作边学习的学习方式,它的上课时间一般是安排在每月的周末或是假期内进行集中授课。而体制内,在职硕士研究生修读有多种途径，可以通过每年1月的统考报考在职专业硕士（其中MBA、MPA、法硕、会计、MEM 5个专业可颁发双证）；可以参加全国10月的联考，通过全国联考后方能入学的在职专业硕士研究生学习；可以选择"自考"——5月同等学力考试（免试入学），有的学生有机会选择单位委培和定向类别的在职研究生——单独考试类在职研究生，也可以选择修读免试入学但只颁发结业证的在职研究生进修班。体制外，可以选择报考中欧、长江等商学院的在职研究生项目，提供足够的GMAT成绩、托福雅思成绩或通过商学院自主命题的考试可以入学就读。

4. 在职专业硕士与全日制专业硕士

专业硕士是我国研究生教育的一种形式。根据国务院学位委员会的定位，专业学位为具有职业背景的学位，培养特定职业高层次专门人才。

专业硕士的课程学习和论文时间一般为3年，其类别包括法律硕士（J.M）、教育硕士（Ed.M）、体育硕士、艺术硕士（MFA）、工程硕士、农业推广硕士、公共卫生硕士（MPH）、军事硕士、兽医硕士、风景园林硕士、工商管理硕士（MBA）、会计硕士（MPAcc）、公共管理硕士（MPA）等10余种。

比较简单的区分在职专业硕士与全日制专业硕士的办法是：专业硕士的招生考试有10月份的"联考"和年初的"统考"两次机会，招收在职人员、以业余时间学习为主的专业学位考试通常在每年的10月份进行（7月报名），名为"在职人员攻读硕士学位全国联考"，简称"联考"，毕业后只能获得专业硕士学位，不能取得研究生学历；招收全日制专业学位研究生在每年1月初举行的"全国硕士研究生统一入学考试"（简称"统考"）中举行，完成全日制后学生可获得双证。考生可以自行选择这两种方式，这两大国家级别的考试的专业考试，由各招生单位自行命题、阅卷。

专业学位教育是我国研究生教育的一种形式，针对一定的职业背景和一定工作年限的在职人员，旨在培养高层次、应用型人才，以"进校不离岗"的方式进行培养，完成整个硕士的课程学习和论文时间一般为3年，其类别包括法律硕士（J.M）、教育硕士（Ed.M）、体育硕士、艺术硕士（MFA）、工程硕士、农业推广硕士、公共卫生硕士（MPH）、军事硕士、兽医硕士、风景园林硕士、工商管理硕士（MBA）、会计硕士（MPAcc）、公共管理硕士（MPA）等10余种。

在职专业硕士研究生中也有个别几个可以颁发"双证"的学历教育，它们是法律硕士、工商管理硕士MBA、工程管理硕士MEM、会计硕士、公共管理硕

MPA，但都需要通过全国每年一月举行的联考，该联考与全国一月的全日制研究生统考一同进行。

5.5月同等学力申硕——免试入学在职研究生

5月同等学力申硕（自考）是一种是免试入学修读硕士研究生课程的途径，入学后所有专业课成绩合格后，需要在每年5月底通过全国申硕考试，包括英语考试与专业课综合考试，以及论文答辩后，就可以申请到硕士学位。5月申硕的考试中英语考试难度介于全国大学生英语四级与六级之间，大约在5.5级左右。学习方式上，有全脱产、半脱产、函授班模式可供选择。

6."单独考试"——委培和定向类别的在职研究生

单独考试类研究生和全国统一的全日制硕士研究生完全一样，一般10月份网上报名，11月份现场报名，考试一般在次年的1月份，只不过录取类别为定向或委培，入学时不转户口和档案关系，毕业后回原单位工作。和全日制统考生和自费生一样，为委培生和定向生（即在职研究生）毕业后都能获取研究生学历和硕士学位。

报考条件：大学本科毕业后连续工作4年或4年以上，业务优秀，已发表过研究论文（技术报告）或已成为业务骨干，经本单位同意和两名具有高级专业技术职务的专家推荐，为本单位定向培养或委托培养的在职人员。学习方式上可以全脱产、半脱产、在职学习。

7.在职研究生进修班

在职研究生进修班也就是大家平常说的研修班，它是在职研究生教育的一部分。对于那些工作多年的在职人员，他们不但拥有了足够的社会地位，仍然还需要提高自身业务水平；他们已经有足够的社会积淀和财富，不在乎研究生的名份和享受它的学历教育待遇，只是纯粹地学习有用的知识。那么报考在职研究生进修班是再合适不过的了，既免除了复杂的入学考试体系的困扰，同时能快速地学习和掌握所需要的知识。学员必须修完了在职研究生进修班的必修课程，算是完成了硕士进修班的教育，最终还要参加结业考试以便用来验证最后的学习成果。不同的学院对于结业考试的要求是不一样的，有的科目成绩是有一定分数要求的，有的是要求英语成绩和论文答辩成绩；有的学院因为人多，还要限制名额；有的还要看学员的实际成果。

（二）国外硕士研究生进修

首先，在同类研究生项目的设计与方向上国内外往往有着许多不同之处，以金融硕士项目为例,国内研究生项目在课程设置上更偏向于经济而不是正统的金融学,它的核心学科是微观经济学,货币银行学和国际金融,而它们都是属于经济学大类的,货币银行学属于货币经济学而国际金融属于国际经济学。因此我们说国内的金融本科教育更是一种经济与金融的交叉学科。那什么是正统的金融呢?根据笔者在美国学习的这两年来看,目前国际上主流的金融应该是研究 Financial Market 的,涉及投资量化理论,MM 定理①以及期货期权的定价模型。我们在平时的学习中老师着重讲的也都是资产的评估和证券市场的有效性等问题,而没有将太多的精力放在研究货币和利率等方面,这些都是宏观经济学和货币银行学研究的内容。

> 以上国内外进修金融研究生项目区别非常大,读者需要注意的是,不同的课程设置下培养出的金融类人才今后的发展方向也会很有不同,国内金融类研究生毕业后的发展方向偏向宏观研究、经济政策类研究、学术研究等,相对来说社会上对这些领域的需求较少,不少学生研究生毕业后可能还得从本科生能从事的基础金融领域做起。国外进修的研究生毕业后,由于所修读的专业在金融市场方面、投资领域更为专注,往往更适合在各类投资机构中谋求一席之地,比如投资银行、收购并购部门、对冲基金、私募股权投资基金等。

下面我们就来看看出国修读金融类专业的情况。

其次,国内外研究生项目的进修由于教育体系和学位制度方面的区别也有着较大差异。(这里我们仍就以美国为例。)

美国一共有 4 350 多所大学,其中公立大学 1 685 所,私立 2 667 所,其中 52 所为一类大学,从第 52 到 228 是二类到四类大学,这四类加起来不到总数的 10%。100 家左右是美国的国家级大学。中国也有 3 000 多所高等院校。

---

① MM 理论是莫迪格利安尼(Modigliani)和默顿·米勒(Miller)所建立的公司资本结构与市场价值不相干模型的简称。美国经济学家莫迪格利安尼和米勒在 1958 年发表的《资本成本、公司财务和投资管理》一书中,提出了最初的 MM 理论,不考虑所得税的影响,得出的结论为企业的总价值不受资本结构的影响。此后,又对该理论做出了修正,加入了所得税的因素,由此而得出的结论为:企业的资本结构影响企业的总价值,负债经营将为公司带来税收节约效应。该理论为研究资本结构问题提供了一个有用的起点和分析框架。摘自 MBA Library 网站: http://wiki.mbalib.com/wiki/MM%E6%A8%A1%E5%9E%8B。

1. 美国的大学一般分为四类

（1）初级学院或社区学院：两年制的公立学校，遍布各个社区和城市，国内诸多机构和中介的桥梁课程也是和这些学校合作，符合成绩要求的学生完成两年的学习后会拿到"准学士"学位（分文理），证明已完成学士前两年的学习，据此"有机会"转入正规四年制大学完成接下来两年的学业，最终拿到学士学位。

（2）四年制学院：处于初级学院和高等学校之间。占美国高等院校总数的60%。

（3）大学：学术水平和地位高，且规模大。一般可授予学士、硕士和博士学位。

（4）专业学院：在美国有两种类型的专业学院：College 和 Institute，一种是独立的以发展特定领域人才开设特定领域专业办学的独立机构，比如我们熟悉的MIT、麻省理工学院、Massachusetts Institute of Technology，还有商排综排都在全美第30名左右的Boston College，它们都是独立办学的机构。另一种则比如约翰·霍普金斯大学的Peabody Institute，它是霍普金斯旗下的音乐学院，是全美排名第三的音乐学院。由此可见，即便是非综合类的专业学院同样有可能实力雄厚，在美国各类别高等学府各具特色地独立自主发展，为社会输送各类专门技术类人才与复合型人才。

2. 学位介绍

准学士、学士、硕士、博士，这里我们重点探讨学士与硕士学位。

（1）学士学位

国外常见的学士学位大类包括：BA（Bachelor of Arts 即文学学士）、BS（Bachelor of Science 即理学学士）、BE（Bachelor of Engineering 即工程学学士）等，相对来说，理学士与工学士就业较文学士更容易些。

（2）硕士学位

常见的硕士学位包括：MS（Master of Science 即理学硕士）、MA（Master of Arts 即文学硕士）、ME（Master of Engineeing 即工程学硕士）、MBA（Master of Business Administration 即工商管理硕士）等。也可按硕士项目教学方向将其分为学术性与职业性两大类。

学术性硕士学位：传统的艺术、科学和人文科目授予的学位通常是文学硕士和科学硕士学位。技术领域，如工程和农业所授予的也是科学硕士学位。独创性的研究、研究方法论和实地调查是这些科目强调的重点。许多硕士项目提供论文与非论文的选择。通过这两种方式所取得的学位是一样的,但是修课要求略微不同,前者修的课少后者则多,总的来说按学分。

职业硕士学位:大多数情况下都是"终端"硕士学位,也就是说这些硕士学习项目并不通向博士学位项目。这样的职业硕士学位常常具有具体的、描述性的名称,如商业管理硕士(MBA)、社会工作硕士(MSW)、教育硕士(M.Ed)、艺术硕士(MFA)。

二、到底是否有必要留学

可以说大部分学生选择出国留学的主要目的是为了使自己从学历、技能、知识、阅历以及国际化视野方面得到提升,而这些提升对大部分人来说最终是导向他们的职业发展——毕业后在职场上获得更多的机会、找到更高的起点、寻觅到更优质的平台。

在当今社会的大学生求职方面存在着这么两类学生:一类学生自身条件其实非常优秀却由于高考失利几分之差被迫成为一些排名较低大学的学生,在国内大学生数量猛增的当今社会,这些学生几乎连一些较好企业的简历关都没可能通过,更别提找到好工作了;另一类学生即便毕业院校同样一般,但却可以通过各种"办法"过关斩将在毕业后进入好的公司工作。

对于不同类别的学生来说,留学对他们的意义自然也是不同的,笔者认为如果以现在自身的能力与背景很难找到一个较好的、理想的职业起点的话,那么留学深造很可能对自己职业发展乃至一生起到至关重要的作用,"曲线救国"很可能只需要一年!而对于那些现有背景或资源已经足够使得自己在本科毕业后找到好工作,甚至很可能今后依然能够畅通无阻地获得一步步升职的学生来说,出国读书或许并不显得那么必要。

具体来说,留学深造与在国内深造相比有以下优势:

第一个优势——名校镀金。从各类世界大学权威排名中我们可以看出,欧美发达地区的教育质量普遍要高于国内,近年来虽然中国大学的世界排名逐年攀升,但以前100所大学排名为例,中国大学只占到四五个名额,在名校的数量上,国外的学校远多于国内,这意味着想要留学的学生会拥有更多的机会,比如如果你想申请国内排名前10的学校,你只有10个选择,而在世界上与这些大学齐名的大学多达好几百所！因此对于自身本科背景较弱的大学生来说，在一定意义上可以通过去海外名校留学来提升自己的就业竞争力。从各国教育质量上或者说回国后的文凭含金量上来看，目前国内对于美国大学的学历认可度最高，英国其次，澳洲与新西兰等国家较低。很多大型企业或高端领域的机构在筛选海量申请者的网络申请时会有一个默认的目标院校清单，对于一些供不应求的岗位，目标清单之外学校的应届生会被直接无视。虽然每个公司HR使用的清单会有所不同，但诸如世界大学排名前100或前50、美国大学排名前100、英国大学前10等权威的排名一直都是许多公司的参照标准。对于商科毕业生来说，许多公司的参照标准里综合大学排名是最重要的参考依据，但有一些综排较低但商科非常著名的学院和学校也会被列入目标清单之内，比如伦敦商学院（London Business School）、巴布森学院（Babson College）和雷鸟商学院（Thunderbird School of Global Management）等。以下是某券商总部应届生招聘的教育背景要求。

> 投资类、买方研究类、卖方研究类、投行类岗位原则上为统招全日制硕士及以上学历，其中硕士和本科原则上均毕业于中国大学综合排名前25院校、985工程创新平台财经类院校、QS世界大学排名前50院校或US News排名前50院校。
>
> 销售服务类岗位原则上为统招全日制硕士及以上学历，其中硕士原则上毕业于985工程院校、985工程创新平台财经类院校、QS世界大学排名前100院校或US News排名前100院校，本科原则上毕业于211工程院校、QS世界大学排名前100院校或US News排名前100院校。

第二个优势——更人性化的教育考试体系。从上文刚提到的中美教育考试体系与学位制度的对比可以看出，目前国内的研究生考试体系仍旧以一考定终身为主，学生自主的选择权比较有限，而在国外的制度下，基本不限制研究生入学考试的参加次数（虽然如GMAT这样的考试限制每365天每人可考5次），也不限制申请者的大学申请数量，一些临场发挥不稳定的学生可以通过多次考试来体现自己真实的水平，而一些应试能力稍弱但其他特色突出的学生同样有不少机会获得一些名校的破格录取，因此相比之下国外的教育体制显得更为人性化。

　　第三个优势——硕士学历的必要性。许多商科领域中的高端子领域对于硕士学历是有硬性要求的，比如金融行业中商业银行的总行、证券公司总部的大部分核心部门，业内不少老总们都抱怨过自己孩子由于学历不够、毕业的学校不够好，自己有再多的人脉都没法帮忙开出"后门"来；在许多领域中即便员工的岗位与职称相同，研究生的待遇也要比本科生高出不少；另外，许多行业内晋升中高级管理层对于硕士学历也是有明文要求的，读一下在职研究生对于职业生涯发展中前期且想一直留在同一系统中直线发展的人来说或许是一个不错的选择，但拥有全日制硕士学历（而非只有学位），能让我们在面对未来的不确定性时，给自己的职业发展增加保障。

　　第四个优势——"海归"的资本。提到"海归"的资本，不得不提一个敏感的词，叫作"国际化视野"（下文笔者还会提到这个话题），说它敏感是因为大部分"海归"都会认为这是自己的优势，但实际上国内大部分公司对于所谓的"海归"的国际视野和思维能力并不感冒。笔者认为海外的留学生活使得海归拥有更好的国际沟通能力，比如对于外语的精通、更了解国外的文化和人与人之间的沟通方式，在"海归"们求职过程中除了多了外资和合资企业这样的选择之外，甚至对于一些有需要开发国外市场业务的公司来说，这样的技能也会使得拥有海外背景的人士更有实力击败身边的竞争者，获得难能可贵的升迁或外派机会；再者，有过实实在在海外留学经历的学生相对会更为务实和踏实，他们更清楚那些在大部分没有出过国的人嘴里口口相传的那些国外怎么怎么好，国内怎么怎么差其实并没有那么的绝对，他们更懂得珍惜眼前，更明白在哪里、怎样的生活和职业发展更适合自己，也更有能力取海外之精华，出社会大缸而不染。

　　第五个优势——更高的长期投资回报。虽然国内研究生的学费及生活费要比留学低不少，但海外留学的不少学生能够在毕业后的未来几年中不但迅速地将留学所付出的财务成本收回，还能使得未来的职业发展更快更顺畅，具有战略意义。国外的商学院所设定的学费往往等于他们的学生毕业后第一年在当地工作的起薪，而如果毕业后选择回国或许收回财务投入的速度会变慢。我们也或有耳闻，不少学生留学回国后工资不但没有比之前高，还出现了下滑，究其原因，社会经济形势、特定行业的发展变化、特定企业的效益波动，以及留学时选择的学校的优劣都可能导致这类情况的发生。

留学深造可能存在的不利因素：

对于以后想要在非外企工作且没有其他社会资源的学生来说，海外商科硕士在毕业后求职方面有可能并不如国内的硕士研究生抢手，因为海外积累的工作经验和人脉要带回国内会有一定的难度，与更"接地气"、研究生阶段便在老板照顾下在国内实习积累人脉的国内硕士生相比（下文笔者会再深入提到关于国外积累的工作经验和人脉的问题），有着一定的劣势。比如许多大型银行、证券公司总部的笔试中就涉及许多国内学生很熟悉的公务员行测与申论类型的测试题，许多"海归"在磨炼了一口好外语的情况下，汉语水平多少都受到了影响，想象一下，当他们在毫无准备的情况下遇到一篇需要在短时间内长篇大论地结合抒情方式歌颂党和祖国的案例分析题时，是不是很可能直接缴械投降呢？不过也存在一些目标明确，清晰地、坚定地知道自己毕业后要回国工作的学生，在海外留学期间时刻保持对国内形势的了解和关注，与国内硕士生几乎同步准备面试与招聘、安排好国外学习，在必要时刻飞回国内参加几次重要面试，这样就能把一些求职的不利因素降到最低。

对于如果在国内已获名校保送机会的在校生、对于已在非外资企业获得较好职业发展的人士来说，由于机会成本太大，也不太适合选择出国留学（公派留学除外），建议选择修读国内的在职研究生项目，或像中欧长江这类体制外商科管理类项目。

三、留学生毕业后的就业率如何

上文的讨论中涉及回国工作的比留在国外工作的要多，那么读者很可能要问"中国留学生毕业后的就业率到底怎么样？"在平日的工作中，笔者也发现这个问题几乎是每个家长和学生都会提的问题，而笔者发现在问起这个问题的时候，他们几乎都主观地认为答案一定是以"就业率不高，因为"开头的，其实他们更多地只是想了解一下对于他们认为的这个答案的解释。

而笔者给出的答案是，"国外留学的中国学生就业率其实并不低"。可是实打实的数据显示，除了像英国这类由于非常不鼓励外来移民的国家之外，在美国这样的国家的中国留学生最终毕业后留在美国工作的人数不足10%，这样的数据看起来很好地反驳了笔者的观点？好吧，请允许笔者再次更完整地表达一下自己的观点,"对于排名较为靠前,比如美国大学综合排名前50、前100,甚至是那些没有综合排名只有地区排名的知名学校的中国毕业生来说,在美国的'**实际**'就业率并不低"。

首先,读者们需要知道的是,在美国,受到美国教育部以及中国教育部官方认证的正规大学有三四千所之多,而理论上排名较低学校的毕业生就业率相对也较低,因此这些低排名学校的学生多少都为整体留学生的低就业率做出了负面的"贡献"。而向笔者提问的家长们和学生们大多对"我们团队历年来帮助绝大多数学生申请到了美国前50的大学"这一情况非常清楚,因此对于这些很可能也能进入高排名院校留学的群体来说,这样的"全美国所有大学的中国留学生平均就业率"就显得没有太大的参考价值了。

其次,有些人也许知道大多数排名靠前学校的中国学生毕业后在美国的就业率同样不足15%,所以笔者在这里使用了"实际就业率"这个词。我国在统计国内应届生就业率时有一个默认的前提假设,那就是国内的应届生基本不存在去其他国家工作的选择,而海外留学生除了可以选择留在国外也同样可以选择回到祖国的怀抱,因而许许多多的留学生会由于一些主观上的原因放弃留在国外工作,比如,当你突然意识到,作为独生子女,能够在家乡工作,能够照顾到日渐年迈的父母,与大家庭有更多的相处时间其实非常重要时,你会如何选择?假设在选择留在海外还是回国时职业发展是我们较为看重的因素,当你发现你渴望从事的行业和事业在天时地利人和、正处于高速发展的祖国更有机遇时,你会怎么选择?当你发现受制于多方面因素的限制,自己在异国他乡能找到的工作和祖国给予的机会有天壤之别时,你会如何选择?当许多学生在了解或略有体验到在国外找到好工作的艰辛后会自我暗示自己其实还有退路,"实在不行"可以回国的时候,是不是有一大批学生便失去了拼尽最后一颗子弹努力留美找工作的毅力和勇气。关于留美和回国后找工作反差的例子:我的身边现成的例子中有在美国只能找到中小银行销售类工作却最终拿到中国国内券商中TOP1固定收益部录取的同学;有在中国内地找到TOP3券商总部研究生行业研究员工作但在美国连相关面试机会都没拿到的同学;有在美国只能去中小房产公司做基层销售代表却被在大陆正迅速扩张的世界管理咨询界老大麦肯锡录取的同学;有在美国获得有限的投行销售部门面试最终被拒但在中国国内被中金公司资本市场部录取的同学;也有在美国没有拿到任何一家500强市场营销工作面试的却最终通过国内某500强快销企业的海外专场通道拿到录取的。而上述这些活生生的例子背后都没有家族资源协助的影子,反过来看,拥有相关资源的学生中大多数其实也更适合回到国内,因为这些资源在特定的地方才更有价值。

其三,去了美国后商科留学生可以利用毕业后的 OPT 身份(可以被看作美国劳工部为留学生提供的学业结束后的短期工作签证)工作一年,许多雇主会愿意给留学生提供这样的工作机会,要延长这样的合法工作身份需要进一步申请 H1B[①] 工作签证,而很多雇主并不愿意或没有资质提供这样的资助(Sponsor),于是乎一些留学生考虑到这样的情况,索性放弃留美工作,与上一点原因类似,也属于主观上放弃工作机会。其四,许多获得雇主资助 H1B 工作签证的学生会因为一些客观的不确定性被迫回国。原因是美国现在的 H1B 申请程序中的最后一步通过摇号系统(Lottery System)抽取一定比例的申请者并发放签证(被抽中的大致概率在 65% 左右),使得很多人只能遗憾地打道回府。这很大程度上还是由不断增长的美国工作签证需求与经济危机后经济恢复速度缓慢导致的就业岗位供给之间的矛盾导致的。

其四,许多获得雇主资助 H1B[①] 工作签证的学生会因为一些客观的不确定性的原因被迫回国。因为美国现在的 H1B 申请程序中的最后一环节是通过摇号系统(Lottery System)抽取一定比例的申请者并发放签证(被抽中的大致概率在 65% 左右),使得很多人遗憾地打道回府。这很大程度上还是由于不断增长的美国工作签证需求与经济危机后经济恢复速度缓慢导致的就业岗位供给之间的矛盾导致的。

因此,我们可以看到,以美国为例,特别是对于排名较靠前学校的中国毕业生来说"实际就业率"其实并不低,如果留学生们只能选择留在国外工作这一条路,最终就业率的纸面数据就会变得很高。

最后,笔者建议对于"出国留学后就业率高不高、找工作到底难不难"这个问题,我们需要更为全面、辩证和乐观地去看待,我们应当理性分析国内的发展和机遇(与作为亚裔群体在美国的相比较),再考虑一下你希望留在美国的目的是什么,是否符合你的职业目标与规划,因为没有最好的,只有最适合的。同时笔者也希望一些同学和家长尽早摒弃"很不容易出来了,不要随便回去"的观念,虽然以美国为首的欧美国家教育质量仍然领先我国很多,但我国的经济社会发展速度和如今留给人才的发展空间已是远超往昔,越来越多最优先的海外

---

① H1B 是美国最主要的工作签证类别,专门用于发放给美国公司雇佣的外国籍有专业技能的员工,属于非移民签证的一种。持有 H1B 签证者一般可以在美国工作 3 年,期满后可申请延长 3 年,6 年期满后如果签证持有者的身份未发生转变,则须离开美国。

留学人才开始愿意毕业后就回来发展,在第五章第二节提到的"天时地利人和"之下,我们有理由相信可以在祖国富饶的土壤中茁壮成长,在不久的将来有机会以一个昂首挺胸的姿态和更高的综合条件在海外为祖国赢得更多的尊重和话语权。

第五章

留洋后我们要面临怎样的职业发展选择

在前面四章我们按照顺序先后讨论了人生规划、职业规划、各特定行业的剖析以及为职业规划服务的进阶高等教育后,对于打算留学深造的读者来说可能下一步需要的是了解留学申请相关的信息,但笔者观察到相关内容的书籍在市面上已非常多,因此笔者打算写一些市面上没有的:自我们拿到海外大学录取通知后,我们该如何以自己的职业规划为导向走好接下来的每一步呢? 职业规划和人生规划是我们的宏观战略,而站在这样的战略高度上我们更应该知道接下去的每一步更微观的战术执行也是至关重要的。

对于还未接触到商科留学的读者们来说,请记得如果今后遇到了这样的问题,找到这本书再翻开看看,相信你们能从中得到一些启发。

一、海外商科留学生应该如何合理安排学习与生活

"方向的力量",这是本书的书名也是笔者自始至终强调的主题,在做重大决定前,方向比行动力更关键! 当通过本书的前半段制定出自己的大致人生与职业发展方向后,接下来的每一步同样需要较为微观的战术规划,所有战术结合在一起才能对战略的结果做到最好的保障。那么在我们留学申请完成之后,我们需要做好怎样的心理准备和留学计划呢? 在美国的商科留学的生活、学习与工作是怎么样的? 又该如何去平衡呢?

图 5-1 是笔者绘制的一幅根据在美国商学院留学经历所总结的学习生活

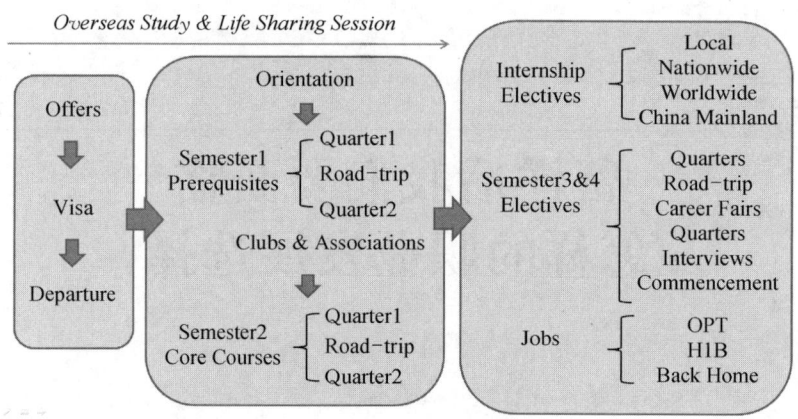

图 5-1 海外留学与生活

结构图,在以下针对该图每一个环节的深入描述和点评中读者可以各取所需,对留美学习与生活的状态做到心中大致有数,与此同时对于其中的一些自己特别在意的环节,不妨多抽出些时间做一下调查,可以向学长学姐、国外的亲戚朋友、所申请学校的招生委员会获取一些参考信息,当然笔者也非常欢迎大家通过本书中提供的联系方式一起探讨。

(一) 录取通知(Offers)

以笔者自己当年为例,在申请了 23 所开设金融硕士项目的美国大学后,收获到了 20 个录取通知,所谓幸福的烦恼有史以来还算是第一次遇到,关于选校,笔者分享给大家一个个人偏方,供大家参考。

为了更好地筛选出适合自己的学校,笔者当时用 Excel 制作了一个简单的选校系统(如表 5-1),其中第一步便是构建横轴与纵轴,纵轴由每所大学的名字组成,横轴由每所学校及项目的特色组成,包括泰晤士世界排名、US.NEWS 综合排名、US.NEWS 最佳商学院排名、专业排名、项目方向和课程设置、长度、学费(奖学金)、师资力量、校友资源、学生背景、国际生比例、往届国际生就业率、就业指导和安置等;第二步设定一个 100% 的总权重,将以上横轴中的每一项进行定义——在笔者的心目中的重要性占据多少比重(比如 A%),随后设定表格中每一对应的纵列的数据统一乘以这个权重 A%;第三步便是信息搜集工作,先通过强大的互联网搜索引擎采集信息,再通过学长学姐、亲朋好友、学校教授、公司同事与老板等打探一些网络上找不到或难以辨别真实性的信息,最终将这

第五章 留洋后我们要面临怎样的职业发展选择

表 5-1

	Ranking&Reputation (60%)						Qualities and Values (25%)					Location & Environment (15%)				Total
分项权重	世 30%	综 25%	商 5%	专 5%	美口碑 5%	中口碑 30%	长度 40%	奖 5%	师资 5%	课程 10%	国际生 40%	治安 15%	气候 35%	就业 40%	物价 10%	100% / 300%
UIUC	8.0 / 2.4	8.0 / 2.0	8.0 / 0.4	9.0 / 0.5	7.5 / 0.4	9.0 / 2.7	8.0 / 3.2	0.0 / 0.0	8.5 / 0.4	9.0 / 0.9	7.0 / 2.8	8.0 / 1.2	7.0 / 2.5	7.0 / 2.8	8.0 / 0.8	**22.9**
JHU	10.0 / 3.0	10.0 / 2.5	3.0 / 0.2	5.0 / 0.3	10.0 / 0.5	10.0 / 3.0	10.0 / 4.0	0.0 / 0.0	8.0 / 0.4	7.0 / 0.7	9.5 / 3.8	6.0 / 0.9	6.0 / 2.1	8.5 / 3.4	7.0 / 0.7	**25.4**
WUSTL	8.0 / 2.4	9.5 / 2.4	10.0 / 0.5	10.0 / 0.5	9.0 / 0.5	7.5 / 2.3	8.0 / 3.2	0.0 / 0.0	10.0 / 0.5	8.0 / 0.8	8.0 / 3.2	8.0 / 1.2	7.5 / 2.6	5.0 / 2.0	8.0 / 0.8	22.8
Vandy	7.5 / 2.3	9.5 / 2.4	8.5 / 0.4	8.0 / 0.4	9.0 / 0.5	7.0 / 2.1	3.2 / –	0.0 / 0.0	8.5 / 0.4	7.0 / 0.7	10.0 / 4.0	9.0 / 1.4	2.6 / –	4.0 / 1.6	7.0 / 0.7	20.9
Brandies	7.0 / 2.1	8.0 / 2.0	6.0 / 0.3	8.0 / 0.4	9.0 / 0.5	6.5 / 2.0	5.0 / 2.0	0.0 / 0.0	7.0 / 0.4	7.0 / 0.7	8.0 / 3.2	8.0 / 1.2	4.0 / 1.4	3.6 / –	6.0 / 0.6	20.3
BC	8.0 / 2.4	8.0 / 2.0	9.0 / 0.5	9.0 / 0.5	8.0 / 0.4	8.0 / 2.4	8.0 / 3.2	0.0 / 0.0	9.0 / 0.5	9.0 / 0.9	8.5 / 3.4	8.0 / 1.2	4.0 / 1.4	9.0 / 3.6	6.0 / 0.6	**22.9**
CWRU	7.0 / 2.1	7.5 / 1.9	6.0 / 0.3	7.0 / 0.4	7.0 / 0.4	7.0 / 2.1	10.0 / 4.0	0.0 / 0.0	7.0 / 0.4	9.0 / 0.9	8.0 / 3.2	7.0 / 1.1	7.0 / 2.5	7.0 / 2.8	8.0 / 0.8	22.6
Tulane	7.0 / 2.1	7.0 / 1.8	7.0 / 0.4	7.0 / 0.4	7.0 / 0.4	7.0 / 2.1	5.0 / 2.0	0.0 / 0.0	7.0 / 0.4	10.0 / 1.0	7.0 / 2.8	9.0 / 1.4	6.5 / 2.1	6.0 / 2.4	8.0 / 0.8	19.8

续表

权重	世	综	商	专	美口碑	中口碑	长度	奖	师资	课程	国际生	治安	气候	就业	物价	Total
	Ranking & Reputation 60%								Qualities and Values 25%			Location & Environment 15%				100%
Syracuse	6.0	6.0	6.0	6.5	6.0	6.0	5.0	5.0	6.0	6.0	7.0	8.0	6.0	5.0	6.0	17.9
	1.8	1.5	0.3	0.3	0.3	1.8	2.0	0.3	0.3	0.6	2.8	1.2	2.1	2.0	0.6	
OSU	8.0	8.0	9.0	9.0	8.0	8.0	5.0	0.0	9.0	9.0	6.0	8.0	7.0	7.0	7.0	21.0
	2.4	2.0	0.5	0.5	0.4	2.4	2.0	0.0	0.5	0.9	2.4	1.2	2.5	2.8	0.7	
Purdue	7.0	7.0	6.0	6.5	7.0	6.0	5.0	0.0	8.0	7.0	6.0	9.0	7.0	6.0	8.0	19.1
	2.1	1.8	0.3	0.3	0.4	1.8	2.0	0.0	0.4	0.7	2.4	1.4	2.5	2.4	0.8	
PPD	5.0	6.5	6.0	7.0	5.0	3.0	5.0	0.0	7.0	7.0	5.0	7.0	10.0	7.0	7.0	18.0
	1.5	1.6	0.3	0.4	0.3	0.9	2.0	0.0	0.4	0.7	2.0	1.1	3.5	2.8	0.7	
Fordham	7.0	7.0	7.0	7.0	7.0	6.0	5.0	0.0	7.0	7.0	6.0	9.0	6.0	9.0	5.0	19.7
	2.1	1.8	0.4	0.4	0.4	1.8	2.0	0.0	0.4	0.7	2.4	1.4	2.1	3.6	0.5	
UMD	7.0	7.5	7.5	8.0	8.0	7.0	10.0	0.0	8.0	8.0	6.0	9.0	6.0	8.0	7.0	22.2
	2.1	1.9	0.4	0.4	0.4	2.1	4.0	0.0	0.4	0.8	2.4	1.4	2.1	3.2	0.7	
UTD	6.5	5.0	8.0	6.5	7.0	6.0	10.0	10.0	6.0	6.0	5.0	8.0	7.0	10.0	10.1	22.1
	2.0	1.3	0.3	0.3	0.4	1.8	4.0	0.5	0.3	0.6	2.0	1.2	2.5	4.0	1.0	
Depaul	6.0	6.0	6.0	6.0	6.0	5.0	4.0	0.0	7.0	7.0	6.0	8.0	6.0	9.0	6.0	20.7
	1.8	1.5	0.3	0.3	0.3	1.5	1.6	0.0	0.4	0.7	2.4	1.2	2.1	3.6	0.6	
Clark	6.5	6.0	5.0	6.0	7.0	6.5	8.0	0.0	6.0	5.0	7.0	8.0	5.0	7.0	7.0	

续表

权重	Ranking & Reputation (60%)							Qualities and Values (25%)				Location & Environment (15%)				Total
	世	综	商	专	美口碑	中口碑	长度	奖	师资	课程	国际生	治安	气候	就业	物价	
权重	2.0	1.5	0.3	0.3	0.4	2.0	3.2	0.0	0.3	0.5	2.8	1.2	1.8	2.8	0.7	100%
St. Johns	5.0	3.0	7.0	6.0	7.0	3.0	10.0	5.0	7.0	7.0	6.0	6.0	6.0	9.0	5.0	19.6
Temple	1.5	0.8	0.4	0.3	0.4	0.9	4.0	0.3	0.4	0.7	2.4	0.9	2.1	3.6	0.5	
	6.0	4.0	6.5	6.0	5.0	4.0	10.0	10.0	7.0	7.0	7.0	8.0	6.0	9.0	6.0	19.0
Drexel	1.8	1.0	0.3	0.3	0.3	1.2	4.0	0.5	0.4	0.7	2.8	1.2	2.1	3.6	0.6	
	7.0	6.5	5.0	6.5	7.0	5.0	10.0	0.0	5.0	7.5	5.0	8.0	6.0	9.0	7.0	20.7
Delaware	2.1	1.6	0.3	0.3	0.4	1.5	4.0	0.3	0.3	0.8	2.0	1.2	2.1	3.6	0.7	
	7.0	5.0	6.0	5.0	5.0	5.0	10.0	5.0	7.0	7.0	7.0	8.0	6.0	9.0	10.0	20.8
Loyola-C	2.1	1.3	0.3	0.3	0.3	1.5	3.2	0.3	0.4	0.7	2.8	1.2	4.0	3.6	1.0	21.7
	5.0	4.0	6.0	6.0	6.5	3.0	8.0	0.0	7.0	7.0	7.0	8.0	4.0	8.0	5.0	
Utah	1.5	1.0	0.3	0.3	0.3	0.9	3.2	0.0	0.4	0.7	2.8	1.2	1.4	3.2	0.5	17.7
	3.0	5.0	4.0	7.0	6.0	6.0	8.0	0.0	6.0	6.0	9.0	10.0	2.0	7.0	8.0	
Houston	0.9	1.3	0.2	0.4	0.3	1.8	3.2	0.0	0.3	0.6	3.6	1.5	0.7	2.8	0.8	18.3
	4.0	4.0	5.0	6.0	6.5	6.0	10.0	10.0	6.0	8.0	7.0	9.0	6.0	10.0	10.0	
	1.2	1.0	0.3	0.3	0.3	1.8	4.0	0.5	0.3	0.8	2.8	1.4	2.1	4.0	1.0	21.7

两种方式获取的信息汇总后填入所有的空格中；最后一步就是算出各个大学的总得分了，然后我们可以简单地从 Excel 表的计算结果中找到最适合自己的那（几）所学校，想要再纠结一下的同学至少也能将范围缩至两三所学校了。

也许对于笔者申请上了那么多所学校，许多读者会表示震惊。对于当时的笔者来说，充分意识到了硕士学习对于自己职业发展瓶颈的关键性，因此笔者毅然地选择放弃当时的工作并执着地朝着目标前进。那时笔者有两种选择，第一种是凭借笔者还算突出和根正苗红的金融背景冲击一些美国前 50 的顶级学校的金融项目，第二种则是按照当时自己发现的"真爱"教育为导向去申请一些没有排名学校的教育类项目，在这样强大的反差下笔者还是坚持了前者，笔者认为商业技能是当今社会人才必备的技能之一，也完全可以服务于教育事业，帮助一些有良知的教育机构更好地管理和运作，将影响力扩大去服务并帮助更多的学生。既然下定了决心，看清了宏观战略上的方向，明晰了未来的走向和现在需要做的事情，笔者便不容许在微观的执行中出现差错，在经过多方了解到了美国的教育质量当之无愧世界第一，申请硕士允许不限申请数量的情况下，笔者申请了全美最顶尖的前 200 的大学中的 23 所（世界前 100 的大学中有一半以上都是美国的大学，而美国有三四千所中国教育部认可的正规大学，其中顶级的拥有确切排名的不到 200 所。）

再者就是关于笔者申请到 20 个 Offer，秘诀有三：其一是坚持不懈地将自己的硬件分数提高到学校的平均录取线之上，当时全脱产复习的笔者，用 55 天将托福从 63 分提高到 105 分，却一度屡屡在 GMAT 考试上折戟沉沙，考前的那一个月笔者保持每天早上七点到达上海图书馆自习，晚饭后进入健身房锻炼，压力最大的那几周头发都秃了好几块，最终笔者还是如愿以偿再次体验到了天道酬勤。笔者说这些并不是要大家像笔者一样如此偏执，而是希望大家在知道自己真的想要什么之后，不遗余力地去追梦；其二就是将自己的丰富经历通过文书体现到位，所谓到位笔者所做到的是"针对 23 所不同的学校，笔者提交的是 23 套根据各所学校文化、价值观等偏好来撰写的完全不同的文书"；其三是在留学的申请环节中细心细心再细心，容不下哪怕"百密一疏"。对于 GT 官方送分时间周期的把握、对于官方成绩单合理修改和解释的注意、网申表中各类句式复杂但不容有失的问题回答、推荐信不同 IP 的提交、存款证明和财力证明的冻结周期、对于美国特定地区哪个大学 DHL 经常丢包、哪个地区 UPS 使命必达、在赶不上 Deadline（申请截止日期）时如何智取招生委员会小秘的 Exception（破格接受)、在进入 Wait List(候补名单)前就做好准备定期恰当地套磁铺垫,等等。

希望笔者的以上秘诀或者说经验之谈能够对想要申请海外学校的读者们有所帮助,祝愿你们通过努力,在不远的将来也能迎来属于自己的 Offer 雨!

(二) 签证与离境(Visa & Departure)

拿到学校的通知并交订金确定选择后,便可以向学校索要 I-20 表格,这种 I-20 表格的到手是你可以开始申请签证的标志,做完体检办理完各项证明后,便可以开始寻找网络上学校的组织,比如各个大学基本都设立的中国学生社团 CSSA,通过这样的提前联络,可以让自己对数月后的赴美做好最充分的准备,包括提前寻找好住宿、与未来新同学一起组团买好机票、抵达美国后第一时间找到公共交通安全抵达住所、备齐留学期间可能需要的各类物品等。

(三) 开学典礼(Orientation)

开学典礼可以算作新生抵达美国后的第一个信息交流会(Information Session),在这样的活动中仔细听清校方的各项政策和制度的同时,也要争取努力找到自己感兴趣的"组织",比如志同道合的新同学以及热情助人的学长学姐们,与他们积极交流,寻求在学习、生活和实习工作方面的经验心得会对今后的道路产生许多积极的意义。

(四) 学期制度与教学模式(Semesters & Teching Model)

衡量美国商学院教学质量的几大标准都在以下几幅图中得以体现:

1. 小班教学(Small-sized Class Teaching)

美国顶级院校商学院的课堂师生比一般在 1∶25 左右,教授对学生的单独指导与交流时间更充裕也更到位;半圆形或扇形的教室使得学生听课效果提高,紧紧围绕着课堂的中心;对媒体的配合与部分可"变形"的教室都为教学模式的多样性提供了便利,为教学效果的保障提供了基础。

2. 特邀嘉宾分析环节(Guest Speaker Sharing Session)。

Guest Speaker(特邀嘉宾)的背景通常都是企业的高管或成功人士(图 5-2 是笔者于 2013 年 3 月在金融创业学课程中拍摄的照片,图中这位嘉宾从哈佛商学院 MBA 毕业后两年内先后以小投入成本创办两家小公司并均以 3 000 万美元以上的价格转手,当时课堂上他分享了他的成功经历与未来的计划)。这些业

内专业人士的行业经验分享便于学生将课堂所学理论结合实际,而课后学生与其的互动交流环节也是人脉积累的过程,这些都为留学生的求职就业增添了砝码。甚至有一些同学将此当成直接获得实习和面试的机会,我们这门金融创业学的有两位教授分工授课,其中一位是华尔街对冲基金的合伙人,除了为班里的两位同学介绍暑期纽约某对冲基金的实习外,还在这为期八周的课程后与班里另外三位同学一同创办了"约翰霍普金斯创新工厂"的商业创业平台,值得一提的是这三位同学中的一位本身就是一名风险投资家(Venture Capitalist)——年仅25岁控股七家企业的英伦男生,他在这门课上资助了10万美元来奖励期末考试商业创业项目做得最好的那个小组,帮助他们将优秀的构想付之于行动;另一位教授多年从事世界银行(World Bank)总部的首席投资官CIO,并拥有巴尔的摩一半以上的地产,课后她也将班里一位表现积极的同学推荐进了华盛顿特区的世界银行总部投资部实习。(每年世界银行和美联储都会在约翰霍普金斯大学的SAIS国际关系学院、文理学院进行定点招生,由于同处霍普金斯大家庭中,Carey商学院在一些领域与这些机构保持着紧密联系。)

3. 社交(Social Networking)——商科之魂!

商科与其他类学科有个非常大的区别,那就是商科不是以学术、理论学习为主的社会科学,而是以将掌握理论运用于实际商业运作为核心的。商业运作不可或缺的便是市场资源与合作,对于就读商学院的学生而言,在就读期间非常重要的一门必修课就是社交。优秀的商学院会提供许多机会组织各类酒会、派对、舞会、音乐会等活动,邀请各界名流提供给商学院学生更好的社交平台。在顶级商学院的课程设置中甚至还开设有"社交"方面的课程,另外每周三次左右的社交活动也是基本强制 MBA 学生参与的。图 5-3 是笔者在美国商学院学习过程中拍摄的课件照,图中全班同学在教授的组织下与演讲完毕的 Guest Speaker 进行深度交流,一般我们会和 Speaker 分享自己的看法、提出自己的疑惑、寻求合作或工作实习的机会、交换联系方式等。通过长期与一些 Guest Speaker 保持联系加强沟通后获得实习、面试甚至全职工作的例子在商学院中也不在少数。

4. 分组案例学习(Case Study)、团队配合(Teamwork)与课堂演讲(Presentation)。

案例学习是商学院普遍采用的教学模式,往往需要班里同学分组进行。在许多情况下,教授会根据班内的学生构成情况指定各色背景的同学在一组;也有教授会接受同学自己组合的模式。万变不离其宗,分组形式案例学习的模式可以使得组员间又更多的交流,对于课堂理论或案例分析的相互分享基于各自学术或工作背景的见解;更紧密的 Group Work 过程中培养的感情也为建立毕业后的人脉资源打下了基础。

不同的课程中笔者会有意识地提前选择不同的队友,在一门以数学建模、计算机编程结合证券行业分析为基调的课程中,笔者便与几位分别拥有全职安永税务方面工作经验、国内顶级券商总部研究所行业研究工作经验、拥有准精算师资质和 HSBC 汇丰银行工作经验的队友进行了合作。

在另一门另笔者记忆犹新、受益匪浅的课程——创业金融学(Entrepreneurial Finance)中,笔者有幸与拥有7年多世界银行投资部工作经验的沙特同学、拥有10年多项目运营管理工作经验的美国同学、拥有4年多迪拜石油期货交易工作经验的法国、伊拉克、美国三国籍的同学等四位组成小组参与创业商业项目的研究。而能够找到这些行业经验丰富的同学组队的关键是"课前人肉"与"课中积极毛遂自荐提议组队"。这看似目的性过强,但我们要明白,在成功的道路上,"积极"与"主动"是不可或缺的两大要素。

(五) 社团与协会(Clubs & Associations)

在美国参与社团和协会的工作会对自己的能力起到较大的提升,选择适合自己的组织通过申请适合自己的岗位也是至关重要的,因为活跃的组织需要进行例行的会议、筹划一些大型的活动,其中不可或缺的便是邀请学校的负责人出场、各大相关行业的企业高管来做Guest Speaker,作为活动的协调人和组织者完全有机会在这样的过程中展现自己的能力,建立属于自己的人脉,在今后实习和全职工作的时候为自己多打开几扇大门。

(六) 自驾游(Road Trips)

在美国留学的过程中,笔者体验到了"炼狱般"的学习强度,但也学会了什么叫作努力生活、努力玩耍(Work hard and play hard)。在笔者赴美留学的短暂时间内,笔者走访了超过50所美国大学,去过除了美国北部的伊利诺伊、西北部的华盛顿西以外的大部分美国各州、参观过各名胜风景、国家公园。在高强度磨炼下人的成长会很快，在长期高负荷运转后放松调解，做到张弛有度更是我们应该学会的保持长久进步的秘诀。由于篇幅限制，笔者不能将这些精美的图片分享给大家，不过笔者已经制作了几百张精美的幻灯片，准备在接下来新一期的私塾中以及工作的各类讲座中逐一分享给笔者的学生们，欢迎大学届时报名。

（七）实习与全职工作(Internship & Full-time Jobs)

> 在这里我们姑且把学生假设成想要努力毕业后在美国工作的状态，在下文"回国工作 VS 短期留洋 VS 长期定期"环节中我们再来深入探讨回国工作和留美工作的问题。

不论是实习还是全职工作，都需要我们未雨绸缪大量前期准备认此做铺垫。

对于项目长度是一年的学生来说，需要在入学后便开始准备制作符合商业标准的简历，这相当于在本科时的大四上学期。除此之外，我们对于面试技巧的磨炼、商业礼仪的培训也都需要提前准备，大多数学校的就业中心(Career Service Office)都会为学生提供实习与工作机会推荐、简历修改、模拟面试等帮助。

而对于项目长度大于两年的学生来说，半个学期后可以利用美国的 CPT 身份开始在校内实习以及寻找暑期实习，这同样需要提前做好各类求职面试的准备工作。许多学生在学校成为教授的教学助理(Teaching Assistant)和研究助

理（Research Assistant）的过程中，最终展现了自己的才华，得到了这些和职场有着密切往来的教授的推荐最终找到了实习和全职的工作，因此如果可以的话，这样的机会值得好好把握。另外由于有了相对短学制较长的学习周期，参加各类社交积累人脉，寻求内部实习与工作推荐的机会也会更多，在各个商学院中都有不少通过这样最终找到工作的学长学姐们：他们放弃了高 GPA 和 CFA/CPA 等证书，几乎每周都和老美出去 Social，他们发现当与老美陌生时，其实关于工作的有效信息是很难获取的，但一旦你成为他们的朋友后（每周都一起 Happy，你已经成为他们生活中固定的一部分），老美则认为理所当然地应当帮助朋友。就这样一个个 Recommended Interview（通过内部推荐获得的面试机会）甚至 Offer 就这么"神奇"地出现了。

当我们找到毕业后的工作时，我们的 OPT 申请也需要启动，这是美国劳工部给予国际学生毕业后合法工作的一种工作签证，允许学生在毕业后一段时间内合法地在美国工作（商科学生大多为 12 个月）。OPT 时效结束之后还想在美国工作则需要拿到美国的 H1B 签证，而许多学生完全有机会在 OPT 工作期间充分展现自己的实力并说服公司为自己申请 H1B。

最后，我们要始终牢记，稍纵即逝的好机会永远都是留给那些准备得最好的人。

二、回国工作 VS 短期留洋 VS 长期定居

许多留学生最纠结的一个问题便是留美还是回国,同样作为留学生的笔者也经历过这种反复的徘徊。笔者一直以为,凡事均无绝对的对与错,作为一个成年人,凭借自己成熟的判断能力,和有效信息的收集和分析之后,做出最有利于自己的选择,便是明智的。笔者写这些,是基于现在留美较困难的形势,想给大

家一个辩证的参考。对于有美国梦的同学，就像挤金融金字塔最高端领域的独木桥的精英们那样，要具有不畏任何艰难险阻的精神，要有硬是杀出一条血路的勇气和持之以恒的韧劲。而对于今后绝大多数可能回国的同学而言，希望你们看到事物的两面。以下笔者将分别分析留美和回国的优与劣。

> 我们在论述观点时要避免概念混淆，请读者注意，这里笔者所指的留美指短期留美和长期定居两种，下文会就回国工作、短期留洋与长期定居三方面分别展开分析。

（一）民主 & 公平

美国作为一个只有短短几百年历史的国家，能迅速发展成为世界霸主，一定有其原因。民主制度、政党体系、文化的多元化造就了相对的公平，许多没有背景的同学的确能通过自身的努力在美国比在国内更顺利地积累自己的人脉，圆自己的美国梦；如果你有明确的职业目标，知道自己想要什么，这样的机会在中美两国也同时存在，请你鼓起勇气，尽自己的努力留美工作生活。

（二）环境 & 资源 & 教育 & 医疗

自然环境的得天独厚外加可持续发展的意识使得包括水质、空气、食品安全等方面都较国内相比有较大的优势，因为我们都知道健康是无价的，于是乎这一点格外关键和重要。

（三）幸福指数

关于幸福的问题，大多数人第一个会考虑的便是消费与收入方面的问题，的确美国高收入低消费的模式和国内有着巨大的反差，而消费方面反差最大的地方或许就要数房价了，如果仅从物质角度出发去考虑幸福与否，在美国生活的确有一定的优势；但若从精神层面的角度来看则不必然，由于文化和语言方面的问题，许多亚裔特别是那些非土生土长的亚裔在美国很难融入当地的文化和圈子，有一定比例的人因为相对无趣的生活与娱乐选择放弃美国绿卡毅然回国，不过同样有一些人群宁愿选择相对安逸的美式生活模式而不愿面对国内的各方面压力。总而言之，幸福与否完全取决于个体对幸福的定义，如果能对本书第二章关于人生观、世界观、价值观的问题有深入的思考，相信你会对于关于留洋还是回国的问题会有更理智的判断。

（四）女性比男性更占优势

首先，如果我们假设大多数女性需要更多地照顾家庭、养儿育女，因而在事业上无暇像男性那样全力以赴；事业心和能力也相对大多数男性较弱，因此在事业方面并不需要太过执着，那么笔者个人认为留美对中国女生而言相对有利，而对中国男生相对不利。留美最简单的方式无疑是和绿卡持有者或者美国公民结婚，而亚洲女性先天就比男性拥有更大的优势。就审美角度和文化因素方面而言，亚洲女性普遍被欧美男性认为是知书达理、顾家贤惠的典范，相比欧美女性的相对强势，亚洲女性在一些情况下的确会更容易受欧美男性，特别是白人男性的青睐；反观亚洲男性，不论是生理上还是文化上都更难赢得欧美女性的好感，因此从这个角度来看男性的确更难通过这种途径留美。

其次，在美国这样的国家，亚裔受制于文化的问题一直以来都属于弱势群体，认美国几大白人财团为首的上流社会几乎没有亚裔的身影，至少截至目前亚裔还没有真正融入美国。对于能力突出，想干出一番事业的人来说（男性居多）选择回国发展或许更为合适。

女性与男性哪方更应该留美，或许每个人都有不同的看法，但对于笔者提到的"女性优势"，笔者想说每个人都有自由选择恋爱与婚姻对象的权利（美国有些州甚至允许同性结婚），特别是在美国这个崇尚自由与民权的国度，为了理想的生活追求符合自己要求的那一半完全合情合理，婚姻理所应当是自由而神圣的。

(五)国际先进理念

有近90%的学生在第一次与笔者交流的时候告诉笔者想要在国外毕业后先工作一两年,然后再回国。其实对于商科留学生而言,笔者不太支持"先工作一两年再回国"的想法。

人们衡量一份工作对于未来的价值时有两方面可能是我们最为关注的:工作经验的积累和人脉资源的积累。

首先是工作经验的积累,由于商科学生与理工科学生所学的东西差异很大,理工科学生学习的偏技术的知识几乎在全球有很高的通用性和认可度,而商科学生所学的金融、会计、市场营销知识虽然也能成为技术但这些"商"科技术对商业环境的要求很高,不同的国情、不同的体制与体系下所实践和积累的工作经验是很难进行相互变通的(除非通过海外母公司公派的形式回到特定区域的分公司,否则即使海外工作后回到国内找个纯外企也会遇到很大的水土不服的问题)。

国内大多数企业,包括大多数外企(还有披着外企外衣的国企)在面试时都会问面试者,"你觉得作为海归,自己的优势是什么?"很多人想都不想就会说"我更有国际的眼界,理解国际先进的经营模式和理念,能给公司带来很多,等等。"笔者寻问过许多国企和外企的HR负责人,他们几乎无一例外地告诉笔者包括公司高管在内的所有负责人都很排斥"国际化云云"的这类答案。究其原因有二,其一是,作为新入公司的员工(Entry-level或中层管理),便想要以所谓的"国际化"来影响和改变国内的公司(即使是外资企业,在中国基本都入乡随俗被同化了大半),给人"虚而浮"的印象,很难让人信服。其二,国内不论内外资所设立的一些运作模式和管理体系,任凭人们说它们如何死板僵化和如何低效,长久至今是有许多原因的,最重要的是它们经历了时间的考验,适应着国情和商业环境的历练,因此在国内要搞改革,是异常困难的,更不是一个想要初入公司的员工应该挂在嘴边吹嘘的。

其次,关于"人脉积累"对于大多数商科学生来说,由于在国外的大多数行业里我们工作中所打过交道的人、共事过的朋友、同事中的大多数都与国内没有太多的往来,因此在国外工作积累的人脉与上文提到的工作经验类似也很难转移回国内。或许有的人会说许多人说国内的人际关系更为复杂不宜于积累,而美国的则相对简单许多,这话既对也不对,要说对,从某种角度来看,应该说对于那些在国内拥有一些现成资源的人士来说，毋庸置疑回国发展是更为理想的，无论是看似先天家庭给予的资源还是后天靠自己努力积累的资源，都耗费了当事人无数的心血，能利用起来自然不要放过，当今社会谁更能整合资源谁就离成功更近一步；对于那些或许并没有太多资源的、比较适应美国文化和社会来说，留在美国在事业起步阶段很可能会更有利一些，但再向上发展，大多数亚裔还是会受到种族方面的影响遇到瓶颈，因此对于把自己事业发展放在第一位的人士来说，可以考虑工作几年并在工作中有目的性地寻求与未来回国后工作方向可结合度较高的资源去积累，比如寻求未来能以公派的形式回到国内的分支进行工作的机会，这样的工作不但工资拿的是 Global Pay（即按照国外当地的收入来支付工资），且这么回到当地分支工作也几乎不会遇到太多的水土不服；又比如在海外从事的是与国内有较大交集、密切往来的工作，比如贸易、文化交流、国际项目投资等，通过这样的工作积累的人脉资源回国后同样可以被运用得到，因此即便回国同样有能力做得风生水起。

总之，学生在选择未来职业道路的时候一定要好好分析自身的各方面条件，包括自己的三观、可用资源、能力与潜力、机会成本、财务成本与时间成本等。被喻为普适大多数人的大道理和真理的确会对我们有一定的启示作用和参考意义，但适用于大多数人的建议却并不一定是最适合你的。

（六）机会成本

商科留学生在美国毕业后第一年（以 OPT 身份工作）工作后需要申请 H1B（工作签证），具备资质的美国企业需要愿意 Sponsor 国际学生且向政府申请，但美国的 H1B 签证由于申请人数较多采用的是抽签的形式（Lottery），有 40% 的申请者最终并不是因为能力问题而是因为运气问题只能打道回府，这样一年所付出的机会成本是非常高的，比如很可能会错过应届生招聘，像优质的管理培训生等只对应届生开放的职位也将从此关上大门，并且进而需要和广大社会生源一起竞争；又比如会遇到上文提到的回国后水土不服、资源难以有效转移等问题，导致许多学生国外工作一年后回国仍旧从最基层（Entry-level）做起。

如果申请上了 H1B 工作签证，那么工作三五年后，其中的一部分人会由于上文提到的资源难以带回国、积累的工作经验难以融入国内体系等原因被迫无奈地继续选择留在美国。之所以称之为无奈是因为这些人中的大部分处于高不成低不就的职业发展状态，而对职业发展还算顺畅的人来说或许不会有这样的担忧。机会成本都会有两面性，当我们抉择好便要做好充足的心理准备。

对于毕业就回国的同学来说，笔者建议早做准备，全力以赴加入到应届生校园招聘的竞争中去。国内与欧美等发达地区相比处于发展中的状态，所谓发展中也就意味着更多的机遇与发展空间，作为接受过国外高等教育、拥有外语技能和商科技能的海归来说，回国发展的机会很多，依靠自己的努力完全也可以在国内积累起属于自己的人脉与经验。视野与意识得以开阔的海归，在当今中国社会不断高速进步朝着先进发达国家靠拢的时候，一定更有优势将自己所学发挥出来，机会永远会不断出现并留给那些准备最充分的人们。

最后对于想要留美工作的读者，笔者想补充说：选择本身没有对与错，只有适合与不适合，当你已然拥有这样的美国梦，笔者非常支持你坚持下去，不要给自己留退路，往往只有对自己狠一点，老天才会对你好一点。笔者看到过身边最终留得下来找到理想工作的留学生们，他们大多在踏上美国的第一天开始就从没给自己留过后路，而并不是那种抱有"试着留美，不行就回国"心态的"随机应变"的人。

另外，对于有很多顾虑是否经过努力后仍有可能无法如愿留下，因为抽不中H1B而遗憾回国该怎么办的学生，笔者希望你放松心情，人生就在于一搏，只有

无怨无悔的一搏，才会精彩。塞翁失马，焉知非福。或许回国会对你们的发展更为有利。如果通过阅读本书，你能够找到适合自己的职业领域，若干年后，你一定会比其他人更有机会凭借自己的激情和热爱获得更好的成就与发展，将来美国甚至一些福利更好的国家的大门也一定会再次为你敞开，相信自己的能力，你可以做到！

第六章

"专才"还是"全才"

之前五大章节有许多地方都涉及"专才"与"全才"的内容,这两方面的内容可以被称为是几乎所有人在选择成才道路时都要遇到的难题,简而言之,就是许多人相信全面发展更佳,而一些人则会坚信术业有专攻才是真理。在学生时代的我们一定会有这样的印象,许多同学都忙碌地考着各类证书;大多数父母也反复强调"技不压身""证不压身",事实真的是如此吗?

"专才"与"全才"是一对博弈,一直以来也作为笔者的"陈老师私塾课程"的支线贯穿于整个30多小时的课堂之中。根据笔者的教学实践经验,在展开这一部分的讨论之前非常有必要提一下我们中国人普遍存在的思维逻辑性问题。

一、不得不提的中国式逻辑思维误区

几年前,笔者在聆听一位中国恩师所讲授的有关课程时,第一次感受到校正自己中国式逻辑思维的必要性,三年前笔者又从宋怀常老师《中国人的思维危机》[①]一书中所提到的几类中国人思维逻辑通病中获益良多,在这里希望笔者的文字让更多的人从"中国式思维逻辑的噩梦"中醒来!

逻辑学作为联合国教科文组织列出的7大基础学科中的第二门以及《大英百科全书》中列明的5门基础学科之一,可谓是"人类必修课"。但奇怪的是在中国,从小学至大学都鲜有开设与逻辑相关的课程,由于缺乏系统而科学的思维逻

---

① 宋怀常:《中国人的思维危机》,天津:天津人民出版社,2010年版。

辑锻炼,国人几乎无一例外地凭借人类的本能来分析思考问题。大多数人对问题的分析和理解或依赖某些特点的经验,或通过不完全不合理的归纳、类比等方法,最终导致结论的准确性大打折扣。这些通病包括概念混淆、集合与非集合概念的错误理解、不科学的类比、极端的二元思维和错误的推理,其中笔者要重点强调概念混淆、二元思维和错误推理这三类。

(一) 概念混淆

比如笔者经常遇到甲乙双方在谈论事物 A 后意见不合闹矛盾,事后笔者常会分别询问甲乙情况,往往发现甲所理解的事物 A 与乙脑中的存在不少出入,原因是双方在对方的不完全描述后经常会自然而然地将事物 A 按照自己的想象进行的自动"脑补"! 这样导致矛盾和意见不合实在是啼笑皆非,所以结合"专才"与"全才"的内容,我们首先要避免概念的混淆。对"全才"的定义一定是因人而异的,按照 100 分制来量化的话,有的人或许把对什么都懂一些能谈谈自己观点的,各方面都达到 65 分的人称为全能型人才——全才,那么在这里请注意笔者所谓的"全才"指的是在各个领域或许多方面都能达到 80 分以上水准的复合型人才;而笔者对"专才"的定义是在特定领域内达到 90 分以上的行业精英。在本章笔者想提出的观点是——当今社会只有"专才"和"全才"的结合体才最有可能成为人中龙凤,并且这类人才的发展往往都是先"专"后"全"!

(二) 极端的二元思维与错误推理

郎咸平教授在一次大学的演讲中提到"企业不要追求做大做强"时遭到在座名校高才生的质疑——"难道我们的企业要做小做弱才好吗?"这样的极端二元思维错误让人哭笑不得。其实这样的现象从大家小时便暴露无遗,小朋友之间往往会问起,动画片中的 A 人物是"好人"还是"坏人",这种情况下即便小朋友意识到某个人物很难说清楚是好还是坏,仍会若有所思地回答道"应该是坏人,因为你看他做过哪些事情,杀过哪些好人,种种"。许多人直到长大成人,这种现象仍然屡见不鲜,许多在路边卖煎饼的人就常常把握人们二元思维上的漏洞,往往他们会故意询问买煎饼的人,"要一个蛋还是两个蛋",大多数人条件反射地认为只有两个选项,因此最终至少为摊贩贡献了一个鸡蛋的收益,他们为何就没有想到"我不要加蛋"这个可选项呢? 思维上的漏洞可能被别人利用从而使自己的利益受损,但在一些情况下,由于自己思维错误导致在无外人蓄意加害的情况下自己判断错误局势,做出错误的决定,岂不更为令人惋惜?关于"全才"和"专才"的博弈,笔者虽然主张"专全结合"以及"先专后全"才更可能成才,但从未否认仅靠"专"或仅靠"全"同样能有所成就的可能性!但同样希望读者们能正确理解"大概率事件"与"小概率事件"。

二、"专才"与"全才"的结合体 &
王道的"先专后全"模式

钟道隆先生45岁高龄零基础自学英语口语,1年后成为专业英语翻译,52岁起自学电脑并先后计算机相关书籍37本,发明复读机,以及最终成为逆向英语创始人的事迹背后,是许多人所忽略的钟老先生的背景——中国通信工程专家、中国人民解放军少将的经历赋予他逻辑思维上超越常人的科学严谨度与极强的自律性及意志力;2013年蝉联大陆首富的娃哈哈集团董事长宗庆后先生不惑之年起创业后获得巨大成功的事迹背后也有着其在销售领域二三十年磨一剑的积累;众所周知,马云将互联网与商业完美结合创造B2B模式的成功离不开之前他在销售和英语技能方面的扎实功底。

现实生活中,与笔者同在美国留学的12个中国学生,几乎无一例外都向往着大投行大资管等这些金融行业最顶尖的领域,但最终在这些领域所向披靡Offer拿到手软的只有那么几个同学。同学A在进入我们的金融硕士项目前拥有三年管理咨询工作经验,管理咨询的工作是一个非常贴近实业并包含市场营销、财务、投资、管理等非常综合全面的工作内容的职业领域,相比之下,投行帮助企业发股发债同样是与实业非常相近的工作;另一位同学B则拥有法学本科背景和多年四大会计师事务所审计的工作经验,最终这两位同学被自己心仪的行业名企相中也在意料之中,并且这两个例子告诉我们这些复合型的"全才"的确是深受高端市场欢迎的。另一个生活中的例子便是来自笔者的那位前同事,他通过本科毕业后六七年商业银行对公业务的行业经验积累,结合他在工作中发现的汽车供应链上下游企业的需求和机遇,他深知自己对相关非金融领域的了解还有欠缺,于是他利用工作闲余时间修读供应链管理相关的MBA和其他课程,最终他开发出一套非常成功的供应链金融服务模式,该模式最终被总行采用并运用到全国许多分支行和汽车制造业之外的许多供应链之中,在通过这样的从"专才"到"全才"的转变后，从他身上发挥出的耀眼的光和热也使得他成为该行全国最年轻的行长级高级管理人才。

另外，我们还可以从金融的PE与VC行业的角度来看，如果纯粹按照待遇高低来判断地位，那么大PE与VC一定位列金融乃至整个社会最高的那个阶层之中，金融业内人士普遍认为PE/VC＞IB＞咨询＞"四大"，当然要让同级对比，比如大PE对比大IB，而拿小PE/VC从业者的收入很可能不如大IB和大咨询。那么大PE大VC需要的是什么样的人才？答案是"全才"或"通才"！中国最大的PE鼎晖投资创始人和合伙人，中国十大风投人物之一的王功权先生曾在约翰·霍普金斯大学的演讲中提到，"PE/VC行业，特别是VC，每天接触大量的商业计划(Business Plan)，各种好想法可能涉及各行各业各个领域，如果你不够全面，不具备迅速的判断力，第一，投资机会就悄悄地离你而去了；第二，在和对方合作的时候，你将会处于严重的信息不对称境地，谈判和商业运作的主动权也会丢失"。另外，王功权先生表示往往很难看到一个非通才能在VC行业长久立足，更别谈能不能做得风生水起了。那么像这类的人才都来自哪里？他们之中有的是医学博士，医疗领域内的专家；有的是法律专家、法学博士，曾负责其他公司项目的法务工作、一些项目的法律尽调等工作；有的是财务专家，担任大型会计事务所的对外审计负责人，他们往往通过金融类硕士项目的修读，或金融方向MBA项目的学习，或自学CFA等一跃由"专才"转型成为复合型的"全才"，最终成功转型迈入顶尖金融领域。

读到这里，笔者相信上述的种种成功人士的事例都让我们领略了"专全结合"的魅力与"先专后才"的前车之鉴。

反面的例子，从工商管理硕士MBA的项目特色中我们便可看出端倪。绝大多数工商管理硕士项目都需要或偏好申请者拥有三或四年以上的工作经验，在工商管理硕士成熟后的几十年内，MBA类人才身上展现出的"爆发力"惊人，从而受到整个社会的极大关注。这些在特定行业有过充分经验积累的"专才"在商学院MBA项目中，通过与其他各个行业的"专才"精英的大量交流、学习与沟通以及商学院商业基本技巧的补强，最终在职业方面取得极强的提升！这正是笔者所提倡的先专后全。相反的是，随着MBA的树大招风，越来越多的零行业经验的应届生加入了MBA申请的队伍，并逐渐被一些商学院录取。但他们在MBA的学习过程中收获有限，一是由于缺乏行业经验，少有建设性与实战性的观点分享，也难以理解其他有着行业经验同学的观点，这些学生在MBA进修时,大量需要小组配合的案例学习过程中,在商学院学习生活过程中为积累人脉而参加的各类社交活动中举步维艰,最终导致商业管理技巧没学到,非常重要的有效人脉也未能建立,修读 MBA 远高于其他硕士项目的高额花费也打了水漂。多方渠道的统计数据也印证了这些各方面能力均分在"70 分左右"的"全才"在修读 MBA 后获得的提升非常有限,远低于其他大部分能力仅仅 60 分,但有某个领域 90 分以上的"专才"。另一个例子是上文提到过的大学本科的商科文科与理工科就业率的对比,什么都略懂一二的商科类学生的就业率远低于那些手握可替代性非常小的专门技能技术的理工科学生,甚至文科商科硕士毕业生的就业都难比技术性很强的专科或技校学生。

跨界的爆发力——基于先专后全的模式

当一个人具备了由专才至全才的转变,当一个企业拥有了将专门领域技术与其他行业结合的创新运作模式,将显现出令人叹为观止的突破性和爆发力。数码领域的企业进军影像产品及相关行业在 2001 年逼得几年前还是世界 500 强的柯达破产,要知道 10 年前柯达的技术领先全世界竞争对手近 10 年;当以索尼为首的数码大佬们还在沾沾自喜相机领域处于领先地位的时候,无声无息间以诺基亚为首的手机制造商已经凭借"自带摄像头的手机"成功抢占市场,最终迫使数码大佬们一一倒下;随后以电脑出家的"苹果"杀入手机行业将诺基亚打得几乎毫无还手之力,并最终迫使其于 2013 年 9 月被微软收购。曾经风光一时的金山毒霸被 360 的免费杀毒直接淘汰;管理咨询行业在大数据的市场趋势下开始着市场整合,没有将信息化等相关新兴技术融合的企业大批被淘汰,美国巨头 Booz&Company、Monitor 已纷纷被收购;淘宝电子商务的出现迫使"国美""苏宁"甚至"沃尔玛"等巨头都纷纷转型应对;马云的"余额宝"出现后 18 天内吸入近 60 亿元资金,开始威胁到一直以来"朝南坐"的银行;"三驾马车"(马云、马化腾与马明哲)的网络保险公司的启动,会迫使传统保险行业中的许多公司被淘汰,200 万以上的从业人员失业;腾讯微信 6 亿多客户的资源直接影响到移动、联通、电信等巨头的利益。

如果有一天,做服装生意的你发现邻家开小卖部的张三开网店卖衣服比你赚得多得多,不要觉得惊讶。传统的行业内一条道走到黑的模式已经被"跨界"取代,时代和科技的发展速度太快迫使各个行业的整合加速,互相间的交叉和渗透越来越频繁,也越来越具备必要性。

未来的竞争将不再单单是产品的竞争、渠道的竞争,而是资源整合的竞争,积累资源、跨界有效整合、渗透与合作的商业融通模式才能使自身使企业发挥更大的价值。

三、"专才"如何成为"全才"

笔者这里给出"六多"建议，这六多是：多读书、多实践、多思考、多交流、多温故、多总结。

多读书、多温故、多总结

众所周知，犹太人被誉为世界上最聪明的种族，在世界上各领域最顶尖的人物中，犹太人这个小规模群体的身影却频繁进入人们的视线。据统计，犹太人每年人均读书 64 本，而中国人每年每人才读不到 5 本书，其中一大半还是学校里的教科书和各类证书类考试的教材。建议渴望成功的读者一定要多读书！读书的好处就不需要笔者解释了。此外，读书并不是读完一遍就算完事儿，结合以下"三多"回顾温故之前所读，届时那些相同的内容再次出现在你眼前的时候，带给你的将是茅塞顿开、醍醐灌顶般的顿悟。

多实践、多交流、多思考

实践出真知，熟能生巧，是老生常谈的两句话。对于有条件的学生而言，实习或正式的工作是最好的炼金场，但如果条件不允许，如下方法也同样是实践的一部分：平时多将所学运用于生活中，以书中的知识去思考去体验生活，将生活中的实践来检验书中知识的具体含义；将书本所学与别人交流，特别是与有过相关从业经验的人交流。

活生生的例子

在笔者留美期间，笔者开车带着两学姐去马里兰州的罗克韦尔市吃饭，这两个学姐都属于她们同届项目里品学兼优的学生，在车上学姐 A 问了我们一个问题，今早刚出台的"国五条"你们看到了吗，这么大的头条肯定马上会被炒得沸沸扬扬，你们怎么看？（2013 年年初为抑制房价，中国相关部门出台了"国五条"，其中最显著的一条就是针对二手房交易的高额交易税的征收。）

笔者边开着车边想，意识到这其中的逻辑关系正巧是和经济性相关的，

> 很快学姐B不假思索略带不屑地答道，"这种国家的经济政策有啥好分析的，我们又不是专家，哪能分析得出什么呀？再说分析出来也没什么用"。而学姐A则气定神闲地说道，"嘿，大家可以想想呀，我们不正好在学微观经济学吗？我们完全可以用经济学相关理论来思考下啊！"学姐B说道，"经济学？这种学校教科书上学的东西哪会有用呀？那你说说要怎么分析？"

聪明的读者一定猜出来了亮点，就在学姐A的最后回答之中，但在她回答前，为便于没有商科背景的读者理解，请允许笔者来替大家简单讲讲以下经济学理论。

所谓价格弹性，即是需求量对价格的弹性，指某一产品价格变动时，该种产品需求量相应变动的灵敏度。价格弹性表明供求对价格变动的依存关系，反映价格变动所引起的供求的相应的变动率，即供给量和需求量对价格信息的敏感程度，又称供需价格弹性。

当需求价格弹性绝对值大于1时，每1％商品单价的变化会引起超过1％的需求量变化，因此该商品被称为有弹性(Elastic)；当需求价格弹性绝对值小于1时，每1％商品单价的变化会引起少于1％的需求量变化，因此该商品被称为无弹性(Inelastic)；当需求价格弹性绝对值等于1时，每1％商品单价的变化会导致1％的需求量变化，此时该商品被称为有单位弹性(Unit-Elastic)；当需求价格弹性绝对值为0时，商品单价上任何的变化都无法影响到需求量，这样的商品属于完全弹性的商品(Perfectly Elastic)。

> 学姐A回答道，"说实话我不太赞同这个政策，真不知道为什么他们要这么做，明显违背经济学的原理啊，居然希望增加税收、增加买房者的交易成本来抑制需求量和交易量，从而抑制房地产泡沫和房价？各地二手房交易量本来就比一手房大，价格也低，于是近20％的税收多少都会转嫁到总房价中去，买房者承担的比重甚至会更大，这样房价就会抬高，而很明显的是大城市的房产泡沫最大，价格最虚高，而大城市的房子目前几年刚性需求明显，需求弹性几乎为零(Perfectly Elastic)，所以需求肯定没什么变化，这样需求曲线中需求量Q的变化量很小，而价格P的增加却会很大，于是房产交易量没什么变化，房价却还会上涨，更加泡沫。"

从学姐 A 的判断后至今不到一年的时间内,各方统计数据与新闻均已证实"国五条"对楼市房价的控制确实效果非常有限,有新闻便指出中国房价面临全面失控的事实,令人记忆犹新的是当时文章还给出了 2014 年房价上涨的 18 个铁证,国家相关研究机构同样也指出房地产市场已经再次出现全面反弹,住房供求已经失衡,房价面临全面失控!

学姐 A 回答中体现的逻辑性让笔者印象深刻,生活中我们面临着许许多多的抉择,运用逻辑去判断而非直觉和经验会提高我们决策的准确性,不论最终判断准确与否,能够调整自己的判断逻辑和思路,已是非常可贵。另外谈到实践与读书,从这个例子中我们看到那些许多人认为的"学校里学的东西,学校课本中学的东西是纯理论的、没太大实际价值的东西"其实并不竟然,我们如果能主动地将所学的知识套用到现实生活中的真实案例来使用来分析,实质上就是一个多温故、多思考、多总结的过程,对于我们真正领悟知识和将知识转化为自己的技能都是非常有效的!为什么这么做会很有效?因为这样的真实案例思考给予我们一个多维立体的环境来磨炼技能、增补知识,非常符合人脑记忆的原理,生活中大家应该都听到过种种英语记忆的方法,比如上机房看着电脑的图片学习英语单词、看美剧看英语原版电影、去英语角学习。因为中国学生的阅读和写作远比听力和口语好,而看电脑图片学英语是加强我们视觉的记忆;看原版电影和剧除了视觉外还有听觉的接收;去英语角则是视听说三者的结合。看图、看电影、英语角等组成了多元化立体的记忆,会逐渐形成条件反射,这样的记忆要远远强过单一的平面的记忆。同样的,我们学习其他的一些课本理论与体系,想要形成这样的立体记忆以便今后的活学活用,就要做到多回顾,多结合实际,多思考和多分析,多探讨与多交流,最后多总结,今后遇到类似经历了,再回顾、再反思、再探讨、再总结,通过一个个反复的循环,便能将所学逐渐融入我们的血液中去。

第七章
做好这五点,找到理想工作才有希望!

学生做职业规划的最终目的是为了毕业后的职业发展能够顺利,因此,首先就要解决如何在毕业后能找到比较理想的第一份工作。要实现这个目标,有5点是至关重要且缺一不可的,它们分别是职业定位与规划;垂直、扎实且相互间富有逻辑性的实习经历;社交与资源整合;求职战略与技巧;时间管理。这其中最不容易被忽略的是求职战略与技巧,大部分学生都在最后一年找工作时才开始临时抱佛脚,希望通过短暂的求职与面试、笔试的技战术来力挽狂澜。然而,其余4点却是大部分学生都忽视的,换句话说,如果你掌握了绝大部分学生所缺失的这几点,你就能够比绝大部分人拥有更多的机会找到理想的工作!

一、职业定位与规划

这是本书大部分笔墨所涉及部分,行业分析的匮乏和可行性分析的传统职业规划无法帮助我们实现准确的职业定位和规划,笔者总是强调:在重点任务启动前,确定方向比立刻开始要重要得多,或许只有本书中讲述的职业定位与规划才能引领你发挥足够的主观能动性,坚定地、逐步地将余下4点逐一落实!

如果能够按照本书中笔者制定的方法论完成初步的职业定位,笔者相信有一小部分同学可以定位出非常明确的细分领域的职业方向,大部分同学应该可以找到大致的职业发展方向,比如金融大类、市场营销大类等。在此基础上,我们都应当尽快通过实践来检验自己是否掌握了职业发展方向上的"真理"。且光有实践还不够,还需注意垂直、扎实和多份实践相互间富有逻辑性,那么让我们马不停蹄地来看看下一点。

二、垂直、扎实且相互间富有逻辑关联的实习经历

很多大学生都存在一个认知误区,即认为应该有丰富多彩的实习经历。请注意,此误区是针对以"找到最理想工作"为目的的学生们来讲的。笔者的观点是:大学期间的课外经历可以丰富些,而实习经历绝非如此,如果说丰富代表的是广度,那么为初入职场作准备的我们更需要的是深度(垂直)。有聚焦、有深度才会扎实,多份实习经历之间必须存在充分的内在逻辑关联性和职业发展大方向上的一致性。

下面笔者要通过一组例子和一幅金融细分定位导图(也是用于笔者给学生构思留学申请文书中的职业目标"Career Goal"部分的工具)来帮助大家理解笔者的观点:

> **例:** 求职者甲和乙同时参加一个投行的行业研究部的面试,面试官问:"你们俩各自擅长什么?为什么认为加入后能够胜任我们的工作?"
>
> **求职者甲:**"我各方面能力比较平均,对很多的行业都很感兴趣也都有不错的研究。另外你看我GPA4.0,诸如计量金融、投资分析、财务分析等课程都是拿的A,课外实习经历也非常丰富,我参加过PWC税务的实习、世界500强AIA友邦保险的实习、民生银行总行公司信贷部的实习和全球最高的人力资源咨询公司之一——美世的实习。因此我的能力非常全面,我有信心迅速胜任这项工作。"
>
> **求职者乙:**"我擅长研究金融、通信和TMT行业,其中最专注也最擅长的是TMT当中Media这块。原因以下几个方面:第一,我从6年前就开始专注股票二级市场的研究,我的职业目标也是通过课外学习和实习在4年前就规划好了,其中短期、中期目标非常明确;第二,自学方面,留学期间我保持每天3篇研报的学习和宏观形势的关注,我看的最多的就是包括你们的研究员"张三"在内的3个研究员的报告。因此我对TMT行业接触很多,也形成了自己的一套分析逻辑;其三,上手方面,我之前一共2份实习都

> 是在二级市场,其中在投行 A 的研究所前后加起来有 1 年半的实习时间。综上,我相信我入职后可以迅速胜任这项工作。"

以上两位求职者,你会选谁呢?

我们再一次看到:职业发展起步阶段市场不会对"全而不精"的"伪全才"感兴趣,而是更倾向于"定位精准在特定领域深耕细作"的"专才"。

如果要想做到求职者乙那样,只是提前准备还不行(误打误撞,一路摸石头幸运过河的只是少数),还得先有明确的方向,这就是上面内容中所说的职业定位和规划。在职业大方向明确的基础上我们才能聚焦,才有机会打造出垂直且扎实的实习履历。

另外,我们在求职者乙的回答中还可以看到他的多份实习经历间存在的"逻辑关联性"和职业目标大方向上的一致性。实际上求职者乙的职业发展定位是由这么几个维度限定出来的:金融—投资—证券—股票—二级市场—证券公司总部的行业研究部—TMT 行业/金融/通讯。

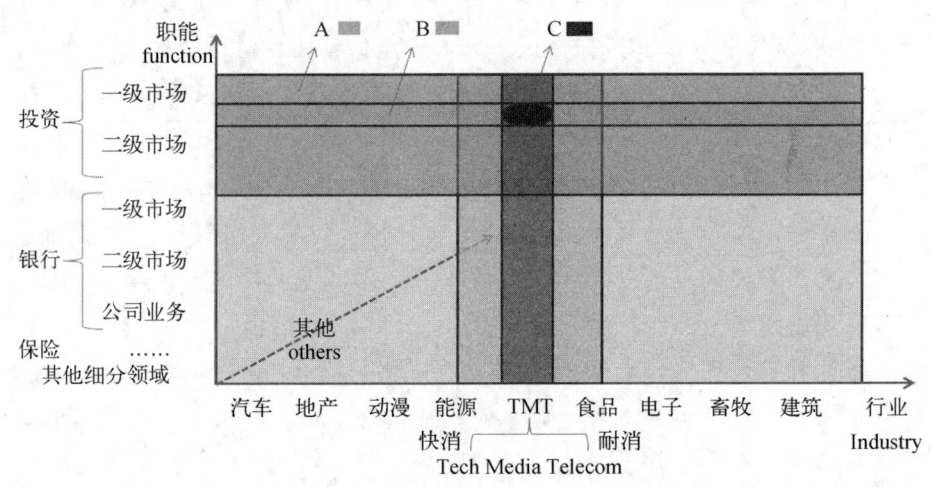

图 7-1　金融细分定位导图

我们可以通过图 7-1(也是笔者帮助学生构思留学申请文书中职业目标 Career Goal 部分的工具)来帮助自己做定位,图 7-1 中的 3 条轴线分别代表的是 3 个维度,在不同的维度当中还可以再细化,比如 TMT 当中是 Media 还是

Telecom。而除了这些涉及工作内容维度之外,还可能有其他的维度来做进一步的限定(聚焦),比如说一份工作的 location(也就是倾向在哪个城市或区域上班),再比如说一个公司的企业文化(是内资、外资还是合资?是美资还是英资?),又比如说一个公司的商业模式和运营特色(体现求职者对公司前景的认同、对公司运营方面的熟悉程度、对自己的特点是否匹配公司特色的评估),这些都可能是用来限定你的职业定位和方向的因素,也都可能是在你的求职过程中用来脱颖而出获得雇主认可的关键点。

大家需要注意的是,以上这样的定位模型并不是要求我们每个人都从如此多的维度中来聚焦出自己的职业目标。到底以多少个维度来做限定,是因人而异、因情况而异的。

三、社交与资源整合

对商科学生来说,不论在哪个国家,大多数从事顶级工作的 Offer 都是借力社交获得的,但笔者也见过许多名校商学院毕业的学神学霸们最后折戟职场,未能如愿拿到理想工作的 Offer,有的甚至继续再读了几个硕士和 PHD 后仍然没有找到理想的工作(这里指的是那些不想走学术性路线的学生),他们中的大部分都有着这样的生活状态——常年图书馆、大多数时间都花在攻读功课上、很少社交甚至没有社交的习惯。那么问题来了——为什么他们不社交?**且看以下例子:**

> "同学,你说你找不到实习,那你平时有社交吗?"这是一个当我被国内大学生提问为何找不到高质量实习/工作时,我首先要反问对方的一个问题。曾经的一位名校尖子学生的回答颇具代表性:"我当然社交过啊,我前一年一直在社交,就比如说吧,我几乎一场不落地参加我们学校办的优秀学长、学姐分享会,每次我都在结束的时候第一个跑上去找他们交流,但我发现他们基本都不怎么愿意理我和帮我,所以后来我就……"我再问道:"那你是怎么跟他们交流的呢?"她回答说:"我就说你好,我是你学妹啊,学长你这么厉害给我做一下内部推荐吧,这是我的简历,谢谢啊。"

好了,如果希望通过上述此类的社交活动来助力求职,那注定将是徒劳无功的。而事实上问题正是出在这里——有不少学生知道社交有价值且都曾尝试过,可惜的是由于社交是一门学问匪浅的技术活,初出茅庐、预期过高又缺乏经验的学生们很容易在社交过程中遭受到持续的、强烈的挫败感,这才导致了他们中的大多数在半路中就铩羽而归。

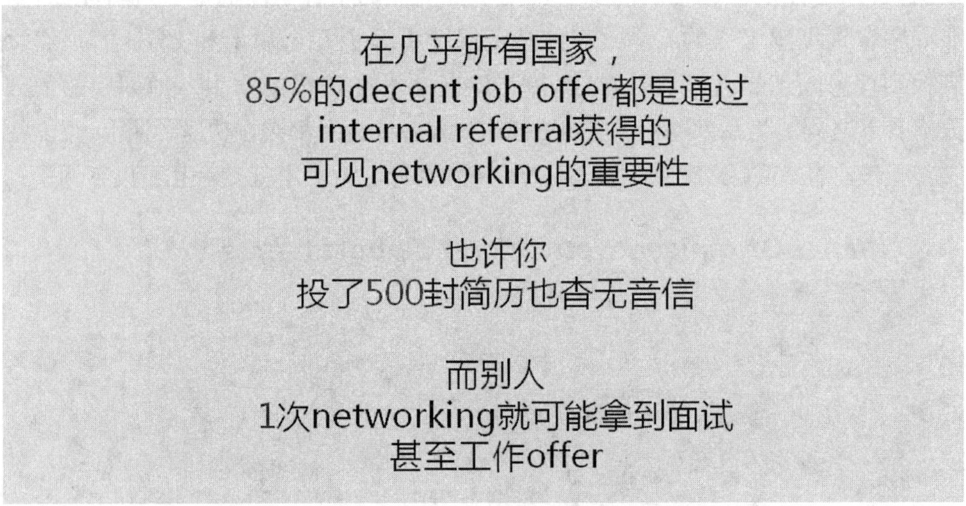

在几乎所有国家,
85%的decent job offer都是通过
internal referral获得的
可见networking的重要性

也许你
投了500封简历也杳无音信

而别人
1次networking就可能拿到面试
甚至工作offer

图 7-2 论 networking 的重要性

结论:社交学问何其多,作为一个求职兼生活中普遍适用的"神技"(千万不要觉得社交技能只是求职时才需要,社会是由人和人组成的,人类是群居的种族,这些特性决定了社交永远是我们每个人的生活必备技能)。在社交过程中的任何一个环节的失误都可能使求职者前功尽弃，比如，社交流程上从聚焦社交对象、提前做准备功课、现场筛选目标、初步建立联系、定期维护关系，最后再到找准时机实现转化；细节上从商务礼仪到多版本、多场景的自我介绍，再到练习自信表达和随机应变。要谨记：这当中的任何一个环节都不容有失！

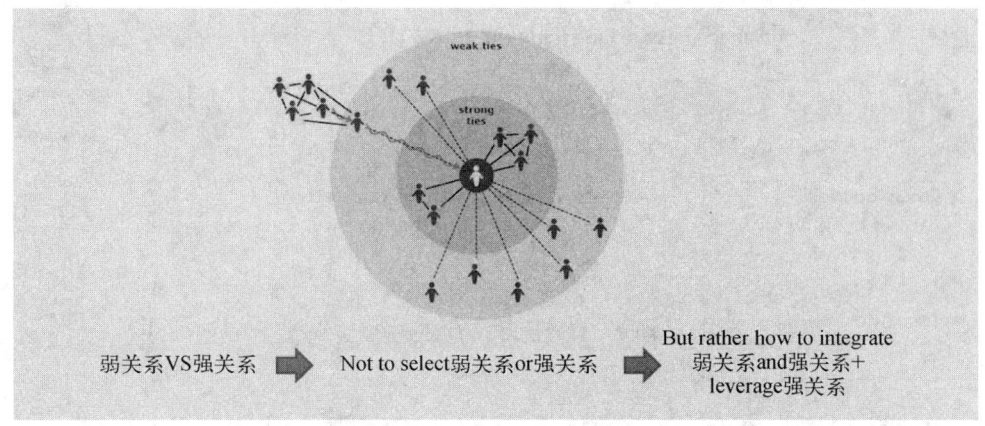

图7-3 弱关系与强关系示意图

平时笔者就和学生们一再强调，不论毕业于哪所顶尖大学，毕业生源里都会存在"二八法则"的定律，**大部分人（约90%～95%）都无法找到理想的工作，只有小部分人（约5%～10%）可以**。而这其中排除掉一些特殊情况后，有30%左右未找到理想工作的学生其实在校综合表现上并不比那5%～10%找到理想工作的学生差。我总说如果要判断一个商科学生大四时候的求职是否理想，大部分情况下从其大四以前的社会实习经历就可以看出来了。因此很多学生就开始问起——为什么我找不到好的实习呢？

笔者想通过图7-2、图7-3告诉大家——社交和资源整合对于职业发展，不论是起步阶段还是职业发展中后期，都是至关重要的。在西方发达国家，以美国为例，社会中的人际关系网络中弱关系比较常见（弱关系指人与人之间更容易建立信任，在这样的弱关系下，更容易促成陌生人之间更快速地建立联系，而强关系则相反），笔者在本书中也写到过自己在留学期间以一个普通学生的身份便通过一家社交平台成功邀约了一些在华尔街从业5年至30年的企业高层管理者。相比之下，中国社会的人际关系网络强关系占主导地位，但这并不是说社交只适应美国的文化土壤，而是中国和美国的社交模式不同，我们需要做的不是"一刀切"地选择每个国家社交文化中的弱关系或强关系，而是应当在不同的大环境下调整我们的社交战略和技战术,通过有效的社交将不论弱关系还是强关系转化为自己适应的关系(人脉),并逐步将这些关系发展成强关系。

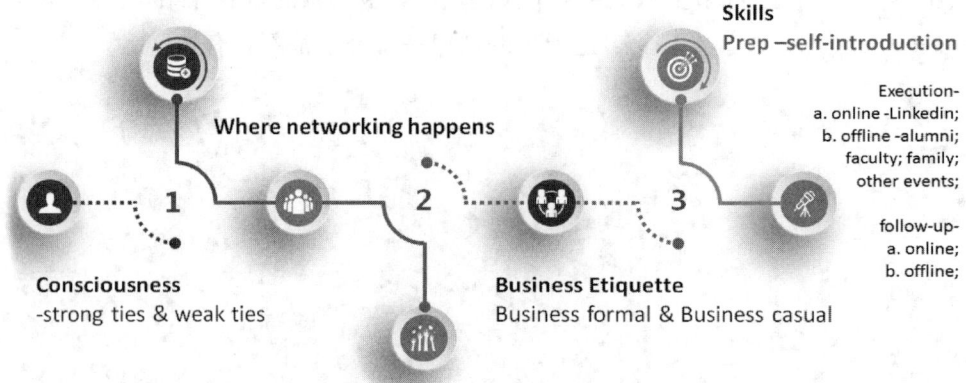

图7-4 社交能力提升三模块

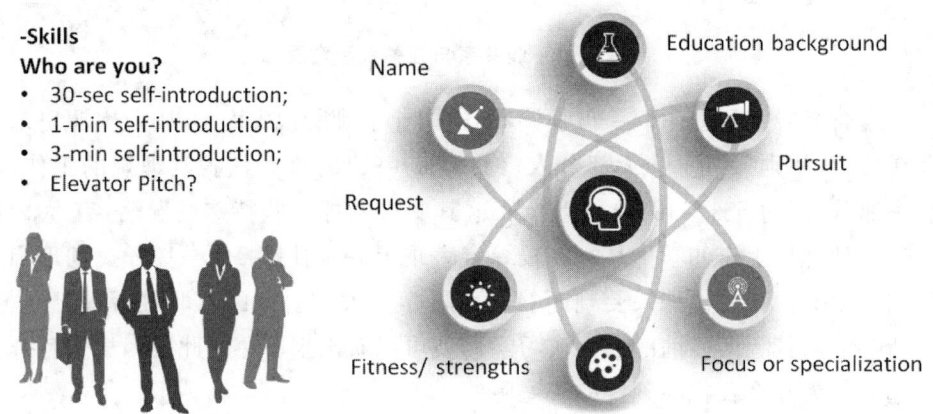

图7-5 社交能力之自我介绍

当我们通过社交积累资源(包括人脉在内)后,再进行有效的资源整合(多人间协作产生协同)便可以实现"杠杆化"(leverage),即某些我们想要实现的目标,实现事半功倍的效果。

当我们充分意识到社交和资源整合的重要性后,下一个要解决的问题便是如何才能把社交做好,上文笔者已经提过,这是一个系统工程,图7-4、图7-5中涉及的每一步都是不可或缺的:从筛选社交场景,到商务礼仪,到个人简介的多版本(30秒版本、1分钟版本、2分钟版本、电梯版本等)准备,到线上、线下不同类别社交活动的邀约技巧，到社交活动前的背景调查和准备工作，再到活动过程中的各式技巧等。由于本书的主题及篇幅缘故，不在这里具体展开。

2016 年笔者在创业之余投入上百小时开发了为商科学生量身打造的名为"起飞计划"的精品课程，核心内容涉及"系统的社交技巧""求职战略战术""时间管理""执行力"等，出发点就是上文中提到的求职过程中的"二八法则"现象——"毕业于全球同一所名校的同届留学毕业生中总是只有那么 20% 的人可以在毕业后找到理想工作，而其余的曾坐在同一个教室上课的 80% 的同学们却不能。"而笔者希望可以找寻到这 20% 的学生成功背后的必然性并通过我们的努力可以让更多学生成为那个"20%"。

关于此课程的更多介绍和笔者的最新原创文章均可在笔者的知乎专栏——https://zhuanlan.zhihu.com/chensiwei 内找到。欢迎大家关注。

四、时间管理

良好的时间管理是我们在既定战略下战术落地的保障。优化时间管理可以提高我们的投入产出比（产出/投入），即提高对同一个目标投入的单位资源（时间/精力/金钱等）所转化的产出。

（一）边际效益最大化、机会成本与沉没成本

一个好的时间管理应当大部分情况下围绕这 3 点去展开。大家每一天的时间都一样是 24 小时，同样，非常残酷的一点也是当你浪费掉任何 1 小时后，你并不比别人多 1 小时，因此你必须加倍努力在时间管理上才有机会迎头赶上，这就需要你比别人多一些时间投入在同一个目标上，或者在效率上比别人高一些。

当我们考虑一件事情是否值得做的时候，实际上是在考虑机会成本的问题，也就是在比较"做这件事将产生的价值"和"因为做这件事而失去的做另一件事情所产生的价值"哪个更"值"的问题。

当我们权衡这类机会成本问题的时候，假设我们都是以尽可能地实现或接近目标为导向的话，我一般都会以"边际效益最大化"为核心逻辑来做判断，即去通过判断"做哪件事在接下来特定的单位时间内（根据具体事件的具体情况决定）的投入产出比更优"来做决定。而所谓边际收益最大化由两个部分组成，即

边际成本和边际收益，明白这个概念对于我们更准确判断哪件事更该做有重要的意义。

沉没成本（Sunk Cost）在经济学中代指已经付出且不可收回的成本。在实际时间管理中，我们往往面对的是已经沉没且将持续产生的对目标而言价值不大的成本。举个例子，一个已经报考 CFA 一级并已复习半年的金融硕士在读学生，在得知 CFA 和自己未来要在大陆投行发展的定位匹配度很低时（第八章第五节我会专门讲解 CFA 的现实意义，本节便于我们理解沉没成本的概念，我们先假设这个观点成立）却执意将剩下的复习和考试完成，考虑到的是"教材费、报名费、培训费已经花了上万元，复习也投入了半年多的时间，证多不压身，不能半途而废，考出来再说吧。"这便是笔者想强调的沉没成本概念背后的实际问题。

（二）目标确立与分解、舒适区、自我奖励机制

简单来说，就是先树立大目标，再分解为一个个小目标。为了确保目标的达成率，我们尽可能地要通过时间、量、质等维度对目标进行明确化。

而为了实现大目标和小目标，我们还往往都需要走出舒适区的勇气。也有很多人最终半途而废不是因为没走出舒适区，而是因为步子迈得太大后遇到远超预期、难以承受的挫败感的打击。因此，对目标的明确制定与分解就显得非常关键，在开始行动前强烈建议大家在这方面做足功课，而在执行过程中还需不断复盘去审视所定目标的合理度并随时准备着去做调整。在分解任务时，我们还应给自己设定一些完成任务后的小奖励，让自己更为肯定自己的努力和成果，也能使得自己有更足够的动力朝下阶段的目标努力。

（三）事务计划与优先级管理（分享——笔者的每日计划）

事务计划包括学习和工作的计划，不论是学生还是在职者都需要对每个阶段的所需处理事项做计划，并完成进度跟踪和复盘。

表 7-1 中，从上至下，笔者在工作计划中将各类事务进行了多个模块的划分，在当时的这张表中笔者将这些事项划分为销售与销售支持、需长期持续进行的工作、按当日工作时间顺序要进行的事项、特别紧急事项、重要且紧急事项、重要但不紧急事项、长期计划中即将发生是事项备忘。其中前 5 项是每日执行每日必更新的。

表7-1 笔者的工作计划样表

20__	周2计划内容		完成情况		
		目标	资源介绍给同事	同事转化情况	自己签约
客户跟进事宜	每月促签 单-每月给同事推荐__个潜在客户-每月2个人 万(__、__、Linkedin、微信、微博、校友、自开发渠道、股东、亲戚、其他等)		一个-凌1个全程许云婷1个夏校1个单文书李__、吴__2个全程(赵__、何__杜__)	一个-凌签约单文书2+1(予__我老客户)+夏校1(黄__-我老客户),吴老师签黄__1.6+0.4(找协助电话咨询过1.5小时)	VIP客户__合同2/18上门落实签约
持续推进	KAPLAN项目			ing	
	持续培训考核		已经完成三次,1.企业文化、行业分析、公司目标;2.商科专业知识培训;3.销售技巧培训;待完成:美国商科留学培训/商科文书培训		
教研内容每天下午18:00后进行,白天不进行	明年4/1起飞前起飞计划开始备课		已进行174小时/预计需要200小时以上时间 1.春节期间完成65%课件,2.春节期间梳理、大纲、宣传文案、宣传用的内容都翻中英文100%完成初稿,市场会议3.春节后开始通过软文、群发、网站、社交媒体多渠道推 4.每周推进12小时		
	理工科职业规划研发		已进行3小时/预计需要80小时以上时间		
	研发文科学科的职业规划体系		已进行11小时/预计需要120小时以上时间-传媒70%教育50%		
	知乎-方向的力量专栏写作文章		每周2-3篇,持续整理发布+持续原创更新+与公司各社交平台互导形成闭环		
	微信公众号-世为 更新维护		每月至少2篇,与其他社交媒体内容营销互通		
	录制的16节视频课 复旦备课		预计60小时/春节期间完成100%详细大概和课程介绍,耗时2.5小时,等待录制第一讲 备课进度35%,三月内完成		
时间顺序	9:15YY,问报名了GMAT吗?__的事情				
	9:20-9:55__学院业务模式研究继续				
	10:00 晨会 全员例会		接下来的公司几个重要的项目+进度+分工		
	10:45 管理例会		1.1 财年财务目标公示 2.1.财年利润成本测算公示 3.测算评估基础上商务部机构类合作注意事项讨论,测算表基础上得出的关于2C和2B业务方面的11点结论性建议 5.财年表彰评选机制探讨 6.旅游预算 7.各部分通知下去尽快算1月的提成,今天下班前全部报给我。8.晨会流程优化		
	14:00后拜访__讨论新培训班模式和合作形式+签合作协议				
	15:30问Vi__要我的三次微信讲课的语音合成版本的音频文件				
	19:45 ZXX面试辅导				
	20:30 在行WX 职业规划				
	21:45 明天渠道合作方案				
	22:30 客户签约合同拟定				
特别紧急	1月房租和物业,下午前必须支付				
	SW增申报工作+__年员工均工资申报				
重要+紧急	投资人-__学院业务模式研究(基本业务框架的研究2月中旬完成后开会,然后讨论方案后对接投资人)		上周末研究了两家券商提供的调研报告,关于__教育和__学院、重点关注中__学院。我完成了"__学院业务情况研究1__213"这个文档将各个调研报告的重点内容归纳和整理了。已发公司管理群上大家看,这两天找时间讨论。		
	7/11董事会会议题提纲、FY__总结、FY1__Q4(4-6月)总结				
	201__新版商业计划书制作				
	201__年1-12月&6-12月收入成本核算,汇总,财务制作报表,下周会议准备				
重要	起飞计划 继续完善课程内容		今天抽1小时		
重要	物业工程验收		杨工已来,隔断已经四部分切割完成,文案房门已卸下。万工已来,打孔引导喷淋头出来。周工已来复查,又提出有新的接线问题,还有竣工图纸问题,继续搞!底线不破!!		
	实习资源对接,麦肯锡、贝恩、美世		已联系陈、华、潘、朱 等回复		
	财年表彰评选机制文字版4部分句		再找时间,__老师负责NPS部分的文字版的机制说明稿		
	市场部海报设计、六张图设计想一想内容				
	市场部透效发表一下		17.1.1-17.5.31的版本先做,已告知市场部,昨晚收到,今天有时间看一下		
	2月底完成起飞计划六张图宣传+报名流程				
	3月11日周六手艺人联盟聚会		2月底汇总各家机构情况给公司管理团队,3月第一周讨论参与联盟峰会时我方议题,合作方面的思路?我们贡献什么价值,如何多方共赢?		
	3月25日周六,__移民讲座		2/20-25胡老师给提纲,之后ppt 3月初左右杜老师给美本咨询手册框架和素材,3月第一周定稿,3月第二周__尽快排版,第三周印刷要少量!3.25前到手!3月初定稿后,问合作要宣传素材,公司也做一下宣传		
	3月底__间问胡总争取拜访				
	4月8日起飞计划 课程				
即将要做	XSW跟进 3月初				
	老客户奖励制度新财年标准				
	市场部确认以后每次微信推送后的两周在会公布整体效果的统计数据				
	市场部研究微信推送较码软励机制,大家也关注每个人文章的质量,让大家愿意分享公司微推文				
	4月初要求做新财年各部门memo,含指标,总监各目标+和拆分到个人的新memo				
	3月初排培训课表,4月部安排录像设备升级				
	新一财年测算重新做一下,按照24人算				
	5月定新财年销售目标-初步考虑		界定清楚是美国部、英联邦部业务涉及的营业收入为超额奖励的参考指标。其它资源产生的特定业务成立新的事业部独立考核		
	COO分工-人事、行政、公司扩张		徐汇选址和开立相关事项?		
	4月四人开会财年的5/31评奖机制和具体奖励				

由左往右，分别记录着各个事项的现状、过往进展摘要，以及当日下班后对今日开展情况状态更新，有时还包括简单的复盘总结。对笔者来说，这是对流程进度和结果把控的必要环节。

随着我们每个人的学习由基础阶段转向高级阶段，每个人的工作由入门阶段转向资深状态，我们必然面对越来越繁杂、越来越具有挑战性的各项事务。"最重要的事只有一件""如果你同时追赶两只兔子，那么你将一只也抓不到。"过来人的经验一遍遍告诉我们必须做好事件管理。

大家可以根据自己的学习或工作需要，开始动手每天一早第一件事就是写早报，工作过程中在完成日报所写的每一项工作后逐一备注上"完成"（Done），每日工作结束前对完成情况做复盘，思考哪些工作需要怎么调整。笔者的个人习惯是每晚睡前对明天要做的工作进行盘点，提前写好明天的工作日报。在职场上有的公司会要求员工写日报或周报，如果你身边没有这样的环境，包括在校的学生们，我们不妨找一下志同道合的、愿意提高时间管理效率的朋友，大家相互间发送每日的日报，或多人建微信群，在群里每日早晚打卡，相互监督。

除了工作计划表以外，我们还有必要借助一些手机上的 APP 来帮助自己克服遗忘。图 7-6 中，IOS 系统里自带的 Reminder（提醒事项）和 Calendar（日历）就非常好用，不但可以设置提醒时间、提醒频率，还可以实现基于 GPS 定位的提醒，比如你可以设定当你的位置到达公司楼下后便提醒你记得打卡。

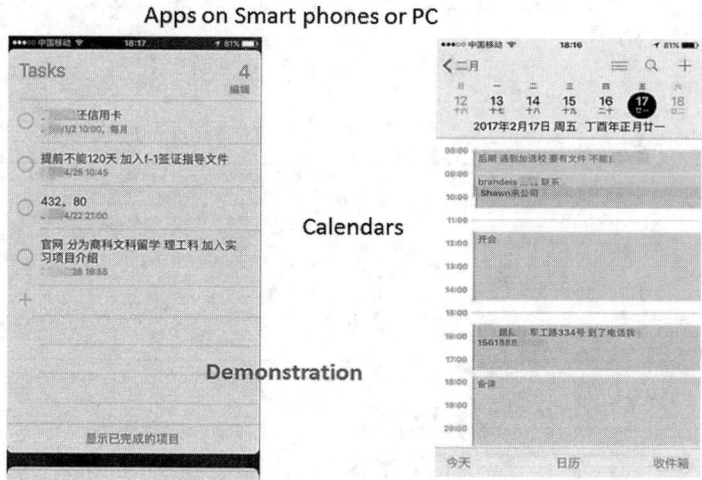

图 7-6　手机（自带）APP 时间管理展示

1. 时间管理与工作效率

(1) 学会拒绝

我们要学会拒绝没有价值或根据上文提到的标准判断后觉得价值有限的事情。必要时我们应当做到直接拒绝，而非模棱两可。比如说，如果有人问你能不能帮忙，如果你觉得没有必要做这件事，你不必说"可能我帮不到这个，因为……，但是我可以帮你看看，不过不保证一定可以，要不晚上我过去一次"，你应当委婉但直接表达拒绝的意思，不要浪费彼此的时间。如果遇到实在不愿做但迫于特殊原因不得不做的情况，可以考虑和对方拟定好做这件事需要花费的时间，以做到对耗时的可控。

(2) 简单原则

前美国总统奥巴马的衣柜里有着几十套相同款式和颜色的正装，很多人每天在着装搭配上纠结着花费大量的时间，而这些对于奥巴马来说全都不是问题。有的人会说，每两天要换一下着装，以免让人感觉你从不换衣服。如果你受这样的观点影响，那么这样的着装上的简单原则就不适用于你。我们并不是要在每个方面的事情上都要这样去简单化处理，因人而异地在自己可以接受的一些事情上做取舍以节省时间即可，而且我们要在一些事情上考虑清楚，是不是舍掉了一些时间对于自己的执行力是有害的？如果是，那就要慎重了。比如说为了节省时间，不注重个人卫生，形象上的问题会阻碍许多工作的开展；又比如说，为了节省时间，每天正餐基本都吃垃圾食品，这对健康的影响将阻碍自己今后的职业成长稳定性。

以笔者个人为例，自2014年开始创业起，每天笔者要处理的工作内容的确越来越多，也越来越需要时刻进行调整，但有些事情笔者一直在坚持简单化，而一些事情笔者曾经因为过度追求简单化却适得其反。同样的事情，笔者有做得好的，也有做得还不够的，比如每天的午餐和晚餐，几年来笔者只吃一种名为"鸡腿饭"的外卖，只要没有特别的聚会活动或约谈事宜，不夸张地说，笔者可以一年365天吃同款。但是物极必反，作为公司CEO，随着公司逐渐发展起来，由于经常自己吃饭，曾经一度让同事们感觉到过大的距离感，对团队造成了负面影响，后来听取多位伙伴的建议，笔者才调整了过来。

再举一个例子，由于创业对体力、抗压能力、意志力都有很高的要求，笔者从2016年开始坚持每周做有氧运动，至今已连续跑步100周以上。持续的运动能够提高笔者的体能和血液中的含氧量（每天中饭过后，无须咖啡、浓茶也不会有困意），同时起到排毒、减压的效果，在繁重工作的重压之下还可以借助跑步的时间放空自己，或在近乎匀速运动的慢跑过程中沉下心来思考一些问题。但是过于追求功效最大化的自己开始逐渐意识到，因为独自跑步而和之前许多的朋友、同事们的关系疏远了。

笔者很认同在《极简主义》[①]一书提到的关于寻找生活幸福的五大必备点，即健康、热情、人际关系、成长和奉献。笔者意识到自己的一些"人际关系"正在被自己过分简单化的生活模式破坏，于是之后笔者做出了调整，笔者会适时参加一些朋友组织的篮球、足球、羽毛球、唱歌、户外、集体自驾游等活动。通过比较，笔者觉得自己找到了更好的、更平衡的生活模式，希望大家也可以找到适合自己的模式。

（3）集中处理邮件与信息

我们要科学处理不同类型的信息回复，首先我们对于一些间歇性的、非连贯性的信息在一定程度上要做到在特定时间集中查看，比如一天内查看 Email 的时间可以控制在 3~4 次。当然这要根据各位工作的性质和实际需要来决定，实际经验告诉我们，一半以上的职场人士如果对 Email、微信、短消息等信息隔开半天乃至一天再回，可能会对工作产生一些负面影响。

其次，应对一些重要或棘手的内容，我们要尝试延迟回复。以笔者的经验和体会来谈，当你思绪很乱的时候，马上回复很可能是不明智的，往往吃一顿午餐、跑完步、游完泳或者一觉醒来的第二天，你都更有可能寻求到更佳的解决方案。如果遇到对方确实着急的，那也不是必须马上就要给出答案，可以先告知对方大概的回复时间。

（4）赴约前提前确认

随着我们的工作内容越来越繁杂，相应的条件也越来越不允许我们像以前那样随性地面对"爽约"。笔者曾经经历过专程从外地赶回公司为了面试 4 天前约好的候选人，在约定时间过了一刻钟后，候选人才联系我们说因为特殊情况暂时无法前来参加面试，并说之前因此事给笔者发过邮件，但不知什么原因笔者并未收到。这件事情让笔者在时间成本上造成了很多的浪费。如果在赴约前我们能养成习惯提前 1~2 天主动和对方确认时间，一来可以减少这样的浪费发生，二来也是对对方的尊重。因为这体现了我们在为人处事中的主动意识和诚信原则。

---

① ［美］乔舒亚·菲尔茨·米尔本，瑞安·尼科迪默斯：《极简主义》，长沙：湖南文艺出版社，2017年版。

2. 深度工作与系统学习

(1) 碎片化学习与系统学习

随着智能手机和各类应用的普及以及中国社会的发展[①]，碎片化学习已经变得越来越常见，除微信公众号、微博之外，各类知识付费的平台也火爆异常。我们似乎可以通过生活中各类碎片化的时间来进行学习和工作，这难道不能体现出我们学习和工作的效率吗？点点滴滴，滴水穿石？非也！很多碎片化的信息和知识都存在这些"大坑"！

首先，许多应用和平台里的碎片化文章哪怕再精华，哪怕阅读量再高，点赞数再爆表，也可能存在很大的问题。由于篇幅问题，由于隔行如隔山，由于主观色彩，也由于全面性无从评估，我们无法从这些文章中辨识其价值。相信很多人已经发现越来越多的"辟谣"文章开始出现在我们的视野中，而可怕的是绝大多数的错误信息根本没机会得到纠正。因此，学习这类信息的价值可想而知。

其次，在所有碎片化学习的平台中，我们可以摄取到大量的专家们分享的"干货"，专家基本是真正的专家，干货其实也不可谓不干，但我们需要认识到这些信息实质上都是经过专家们主观思想加工过的。大家知道加工食品由于含有的人工添加剂等成分而不利于健康，知识付费平台里的干货也存在类似的问题，即使你可以听懂这些加工后的知识，但在大饱耳福的同时绝大部分人都无法真正消化其中的要义。真正有价值的学习需要沉淀，需要投入更多的时间，需要通过系统的规划来理顺逻辑链以便于消化和记忆，需要在这些基础上进行自我创造性和批判性的思考。而这些，都是碎片化的学习做不到的。

其三，系统性的学习意义重大，上一段后半部分已经提及了一些。以笔者为例，在阅读非娱乐休闲类书籍的时候，笔者会先浏览目录琢磨整本书的逻辑框架，再开始阅读，阅读过程中笔者会注重各部分内容的核心要义及相互之间的逻辑关联，在观点部分（论点）和细节部分（论据）之间笔者会随时切换精读或泛读的阅读模式，读完一本书后笔者基本都可以做到花 15～30 分钟将书中的大概讲述出来，且每个核心论点一个不落。回过头来，笔者还会对一些自己觉得特别有价值的书籍做复读，并完成思维导图，帮助自己再次梳理书中知识点，也便于今后的温习。系统学习更有利于我们对知识和信息的吸收消化，还有利于培养并提升我们的系统

[①] 2017 年 10 月 18 日，习近平同志在十九大报告中强调，中国特色社会主义进入新时代，我国社会主要矛盾已经转化为人民日益增长的美好生活需要和不平衡不充分的发展之间的矛盾。

思维和结构化思维能力。多读书、多实践是积累我们逻辑思维能力所需的基础,而系统思维和结构化思维能力的提升则是更高阶的批判性思维与创造性思维的基石。

总结:笔者并不是要一刀切地否定碎片化学习工作的价值,而是希望大家不要让碎片化学习工作成为生活中的主导,我们应当在特定的时间处理碎片化的信息,也应当在特定的、整块的时间里进行系统学习和深度工作。

(2)深度工作

深度工作是在合理的时间管理下的另一种学习或工作状态,不论身处哪行、哪业要想创造突出的价值就必须不断沉淀,要做到这样不能没有深度工作。反过来,深度工作理论也给予了我们做时间管理以更多维度的决策依据。我不打算在这里展开关于深度工作的内容,图7-7是笔者阅读《深度工作》[1]一书后做的思维导图,供大家参考。强烈建议大家制作属于自己的思维导图,任何人对书本的"加工"讲解以及任何大咖绘制的思维导图都无法取代我们自己沉下心来系统的学习。

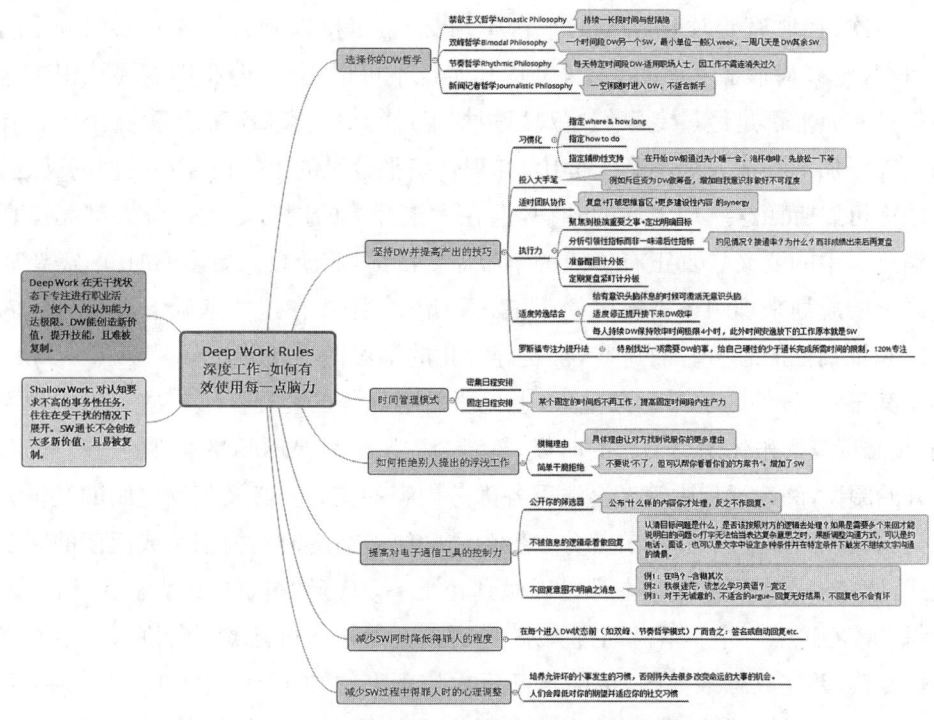

图7-7 笔者阅读完某书后完成的思维导图展示

---

① [美]卡尔·纽波特:《深度工作:如何有效使用每一点脑力》,宋伟译,南昌:江西人民出版社,2017年版。

五、求职战略与技巧

当我们将**职业定位和规划**做好,通过高效**时间管理**来确保规划每一步的落地,结合有效**社交和资源整合**,然后一步步通过实习积累经验,并逐步在垂直的细分行业中打造出若干扎实的、相互间具有逻辑关联性和大方向一致性的**实习背景**,紧接着,我们就要参加"期末大考"——应届毕业生招聘了。

这边我们重点就"期末大考"给大家划划重点——以求职战略为主,求职技巧为辅。顺着以上几点的逻辑,在求职战略上的逻辑也是一致的,**即聚焦于与自己职业定位和规划方向一致的行业**。

经常可以见到许多学生在求职季早出晚归奔波于银行、资管、保险公司间的多轮面试,甚至很多学生只要是世界五百强的企业不论是做什么岗位都不舍得放弃投递的机会,遇到面试、笔试的邀请也都来者不拒。笔者敢说这样的学生虽未必拿不到这些当中还不错的 Offer,但几乎拿不到最顶尖、最理想的那一类 Offer。道理太简单了,这样的学生一定至今还没明白笔者讲的前三大点。在大家能力和时间相当的条件假设下,这样的学生又如何和那些早有定位、有规划、有聚焦力的学生去 PK 呢? 在求职的过程中,这类学生可能需要今天准备券商投行部的面试,明天再换一套咨询公司的面试思路,后天可能要在网上扒公务员考试的试题和笔记来应对某政策性银行的笔试,这势必造成准备时间的分散不均,面试准备深度不足,多领域疲于奔命也会导致精力不足影响发挥。相比之下,早已满足上述四点的求职者则是劲往一处使的! 谁更有希望找到理想的工作? 答案是显而易见的。

求职战略也要聚焦? 具体啥意思? 请见图 7-8。

图 7-8 的主要逻辑就是:聚焦+通过搭建自己的 Portfolio(参考证券投资组合的概念,把求职投简历类比为投资)来规避求职风险。其中两个核心要义需要大家谨记的则是:

(一) 不忘初心,坚信梦想

如果比较顺利的话,大学期间通过本章节前四点的逐年积累,要小心不要在正式进入毕业求职阶段受一些莫名诱惑的影响而被带偏,最终前功尽弃。比如

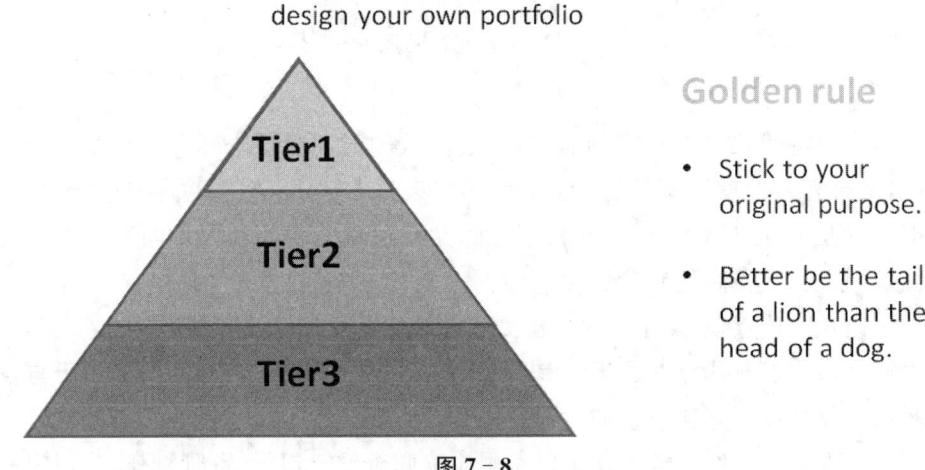

图 7-8

一些世界五百强企业的岗位,特别是一些管理培训会特别会迷惑住学生。

(二) 宁做凤尾不做鸡头

对于职业发展而言,起步非常重要,虽然第一章提到的"It's never too late to start."这句话总是在不断鼓励着我们,我们不能一口咬死"一步错步步错"的论调,但对于大学应届毕业生而言,最理想的还是在第一步就踩对步调。原因有以下两点:

首先,所谓"隔行如隔山",对于很多顶尖工作机会来说,如果你一开始进入的细分行业就不对的话,就很难再"曲线救国"地绕回来了。比如说,如果一个学生的职业目标是未来进投行做一级市场(IBD作为首选),结果最后放弃了国内排名50多位的一家合资券商的IBD而选择了大名鼎鼎的大投行摩根大通的销售交易部,那么这位学生哪怕在这个部门工作得再资深也几乎没有机会转入证券一级市场了,不论跳槽(失去应届生身份,不可投入门级的岗位了,并且作为社会生源雇主只看相关行业工作经验)还是内部换部门转岗都是几乎没有任何希望的。

其次,人往高处走,起步时定位高一些,多吃些苦,未来向下兼容的机会很多。对于大学生而言,如果在职业规划和社会实习过程中发现有不止一个方向都可以接受,其中一个的行业门槛高,竞争激烈,其他一些相对不那么激烈,那么强烈建议你不要放弃挑战门槛高的那个，在求职过程中合理地进行组合申请。如果最终都拿到 Offer 的话，尽量考虑选择门槛高、挑战高的那份工作。举个例子，会计财务类方向的学生如果毕业时有一份四大的审计或税务咨询的 Offer，也有一家五百强企业子账会计（AP/AR）的 Offer，如果选了前者，则前几年工作的强度将数倍于后者，但职业成长性也完成正比，四大的咨询师往往在工作 3 年左右起便会隔三差五被猎头"骚扰"，如果打拼了几年希望缓一缓，那么各类世界五百强企业（之前是四大所服务的客户）的财务岗有大把的机会，比如内控、内审、财务规划与分析岗，如果跳槽，那么不单收入将上涨可观的比例，工作强度也会大幅下降。如果是从世界五百强企业的财务部基础岗做起，则可能需要花费 6~8 年才有可能得到晋升至这些岗位的机会。若是想跳槽至四大，那么直接参考上一段内容。通过这种对比，相信大家可以理解我的观点。

第八章
商科职业发展高频问题集

在本书序言部分,笔者提到在过去 4 年多的工作中曾为数百位学生完成了 1 对 1 的职业规划咨询服务,还通过微信(文字和语音消息)、在行(1 对 1 咨询平台)、知乎(笔者的原创职业发展内容第一发布平台、可回听的在线讲座)等平台分享原创内容并为学生们进行答疑。以下是笔者特意筛选的 20 组问答,在这里分享给大家。

一、二本本科毕业生想进投行或基金或证券,即使考到名校的硕士生是否也没戏,会受歧视?

首先,证券公司不难进,难进的是证券公司总部的核心业务部门,比如,你这边说到的投行(部);同样,基金公司也不难进,难进的是基金公司中的核心业务部门(如果还有混淆的建议重读一遍本书第三章第一节,先对金融行业做个科普)。

至于你提到的本科一般,即考上了名校的硕士生,是否还是完全没戏,答案是否定的(想象一下如果你是在哈佛大学读的 MBA 的硕士呢?别说不可能,下面的框架文字里笔者补充做了说明)。除小部分券商外,大部分券商核心部门和基金核心部门都会综合参考求职者的本科和硕士教育背景,**应该这么讲**:小部分的券商会要求你的本科背景必须满足一定的条件,但是如果拥有名校的硕士背景在绝大多数情况下,基本可以确保你拿到第一轮的笔试、面试的机会,而一旦到了笔试、面试环节,你所担心的歧视问题也会淡化,因为一个求职者的水平如何主要还是看其在笔试和面试中的表现。

一般比较顶级的券商总部的核心部门,除了销售交易部会对硕士学历要求比较弹性之外,其余大部分部门都是对硕士学历有强制要求的,其主要会优先考虑录取国内985院校、211院校中的重要财经类的硕士毕业生、海外排名前50名内的大学毕业生、海外小部分老牌商科院校的毕业生。

另外,影响你能否有机会拿下投行Offer的除了毕业院校背景之外,还有以下5项非常重要的参考项:

1. 接受高等教育期间的主专业和辅修是什么。

2. 本科期间的GPA和研究生期间的GPA是否超过3.5(都超过当然最好,如果一个很低、一个很高可能拿不到初试的机会)。

3. 相关行业从业经验,含实习经验(申请者最好先前在各类券商的投行部有过实习经验,之前在VC/PE/FA等股权投资细分有较丰富的实习经历)。

4. 相关行业的推荐人(第3点往往是第4点的基础,有家庭背景优势的除外)。

5. CPA过了多少门(注意,是CICPA,不是什么USCPA,也不是什么ACCA,更不是CFA1或2级,也不是FRM,不是CMT或CFP,我之所以要强调这点,是因为如今的CFA已经不是十多年前的CFA了,一般刚准备去投行的申请者,CFA考过三级的极少,因此,特别是近年来CFA已经成为了我对于那些想在国内找一级市场工作的申请者常说的一门"伪敲门砖"了)!

> 笔者的知乎(知乎上搜索"陈思炜")专门做过一期叫做"超低分录世界名校,让文书告诉你why"的Live直播课程里分享过笔者帮助国内二本院校毕业生申请上哈佛大学商学院MBA的案例,感兴趣的可以听一听,也欢迎添加微信(chsw37)直接咨询。

二、智能时代,学商科的职场竞争力将远不如学工科的?

越来越多的大学生和在职人士开始担忧和恐慌人工智能(AI)可能会对自己的职业生涯发展产生较大的冲击。笔者认为大家有这样的危机意识很不错,但也大可不必如此恐慌,我们在面临任何危机时都要相信——办法总比问题多!我们首先需要理智地去分析人工智能主要辐射的是哪些领域或哪些职业,然后再来思考对策。据笔者了解,目前人工智能将会在以下几个方面有较为贴合实际的运用:

1. 计算机视觉:图像识别+分类(车牌识别、安防、人脸)、图像理解,如自动驾驶的一部分功能。

2. 语音技术:语音合成、识别、语义理解。

3. 自然语言处理:机器翻译、语义分析、智能人机对话。

4. 大数据应用:精准营销、金融风控、监管部门执法等,解决因为信息不充分导致的问题。

5. 决策系统:从西洋棋到国际象棋再到围棋,机器可以战胜人类世界冠军,基于此部分机器智能的原理,那些可以通过获取超大量的数据的领域如各类自动化和金融领域对冲基金里量化投资等。再比如无人机、自动驾驶的一部分功能也需要决策系统。

第1~4方面的发展速度要被认为比第5方面快,也就是说第5方面的决策系统要能够取得快速突破的难度大于第1~4方面,而且是远大于。更关键的是,它存在两个很难突破的难点:一是它的自适应能力,就比如阿尔法狗赢了围棋世界冠军,但是没法让它直接迁移到哪怕比围棋要简易很多的中国象棋上;另一个则是面对稀少的模拟数据情况下的模拟数据能力,而这需要算法上的提升。

对于以上两个难点,笔者认为未来10年内人类是比较难以突破的。

其实以上5个方面中,大部分人最担心的应该就是第5方面。因为担心计算机真的可以像人的大脑那样分析和思考问题,不断学习,并能把事情都做掉,这样的话的确一大批岗位要被颠覆了。然而基于以上分析,笔者认为第5方面目前是最难实现的,而前4个方面又更多的是"友好地"服务人类和社会的,对社会生产的效率推动作用肯定会有,自然也会淘汰一部分工作岗位,但远不及第5方面可能带来的。

因此,大家暂时不必恐慌,看看这些方向以及第5方面,能否给你的职业生涯发展规划的调整提供更好的启发呢?

最后,还想再提一下,对社交能力、沟通能力、情商要求极高(几乎无法模仿、变化过多、影响因子过多)、对创造力想象力要求很高的、对审美有高要求的、需要同情心等非理性因素为导向的职业,如创意从业者、高段咨询师、培训师、高水平科研人员等职业均是抗人工智能(AI)冲击能力非常强的。

三、按工作强度看,"四大"薪资并不高,值得考虑吗?

在我们的职业发展起步阶段,笔者总是更建议年轻人在确保生活的前提下更多地向成长性高的工作去靠,在物质收入这个维度上不要设定太高的优先级。当然,适合自己的才是最好的,你应当先做好职业定位,再来做职业规划,明确了你的职业目标后再看是高成长的更适合你还是稳定发展的才更好。

这个问题也是一样的道理,如果基于工作时间和收入的比例来看,"四大"的高强度工作确实薪资不高、"性价比"不高,但是为什么还有那么多优秀的求职者趋之若鹜呢?让我们从会计类职业发展方向着手来探究一下其中的原因。

财务会计类的职业发展主要分为做、管、查和研究会计,这个是比较主流且至今也没有太大争议的分类,其中在整个社会上占到最重要比重的是做会计的,其次是查会计的。这里我们对比一下"四大"的传统鉴证类岗位与在企业做会计的职业发展。

(一)"四大",或其他会计师事务所(属于查会计的)

会计师事务所中有两大传统鉴证类业务——审计和税务,其中审计的职业发展方向相对可选择性多一些,有经过2~3年高强度(炼狱式)磨炼后转入Corporate端(企业端)做内审、内控、合规或者一部分基础性财务分析的工作,收入上大多比在"四大"要高不少,同时工作强度还会下降很多。"四大"里女性居多,她们中的大部分从业3年开始跳槽去企业端会优先考虑外企,不论是工作强度、外资福利,还是对后续家庭考虑的结婚生子上都是一个平缓的转折。也有工作到4~6年,便有机会高升做Manager。不过也有最后升不上去或谋求转行去读MBA(MBA毕业后可获应届生身份作为校招范畴而非社会生源,可以有机会转型进别的行业从entry-level的基层岗做起)。也有一路往上去做到小Par(Partner)大Par的,再往后还有今后转型去一级市场投行/VC/PE等做股权投资。

（二）直接进企业做会计/财务类工作(属于做会计的 + 一部分查内部的会计)

会计类：门槛较低，成长性也较低，工作强度也远低于"四大"，职业目标较高的学生不推荐。会计类的工作要有好的发展从出纳到子账到总账到内控到合规等，也需要经历较长的周期，而内部内控和合规的部分，从做"查"会计的工作再跳过来，会比在内部从做会计的做起要快很多年。

财务类：财务类的工作是在会计的工作基础之上开展的，一般指财务分析和投融资，前者一般通过一定年数（远高于从"四大"工作几年跳过来所需要的时间）的积累是可以做到的，而后者当中的"融"比较难通过纯粹的财务会计知识满足条件（间接融资类有望，直接融资类无望），"投"这块更是难以在财会范围内的知识以及经验就胜任（只有知识也远不够，主要是缺乏行业经验）。

> 通过以上"四大"从事鉴证类业务的职业发展和财务类的比较，我们可以看出在成长性上"四大"仍旧远高于传统企业端财务类。针对题主所问的问题，笔者提供这些客观信息。至于值不值得考虑，还得基于题主的职业定位和规划来判断。

四、今后想成为CEO，如何提升领导力，该读什么专业？

有想成为CEO这样的志向是值得肯定的，CEO代表着很多意义是年轻人们所没想到的，光鲜的title和所谓的社会地位绝对是CEO所拥有的，CEO代表着对团队和对客户的责任和担当，更代表着对社会的责任心，通过更好的企业经营更好地解决人们的切实需求。要怎么规划才能做到，实际上作为一个职业规划类的问题，这个问题本身就是存在问题的。

首先，CEO的岗位存在于各行各业之中，领导力也是如此。根据笔者对职业规划的理解，我们在职业发展初期应当先考虑的是聚焦，参考本书里写到了先

"专"后"全"的观点,我们应当尽可能地在这个阶段定位好自己要投身的行业、细分领域、具体岗位,也就是说需要去明确自己到底想要做什么。然后在足够垂直的领域精耕细作,用心去积累去沉淀,先在一个特定的领域成为业务/技术骨干,然后才有资格和实力去影响更多人,创造更大的价值,在任何一个 CEO 的成长路上这些过程都是省不掉的。

说到领导力,几乎所有大学生以及大部分在职者对它的理解都是有失偏颇的,大家一般都认为领导力就是要领导一群人管着他们一起干些什么,那么是不是不做领导就没有领导力了呢?笔者的母校约翰·霍普金斯大学对领导力是这么定义的——体现出以下 3 点的人具备领导力和未来成为领袖的潜质:

1. Create opportunities & Build products and systems(创造机会和建立产品与系统)

敏锐的嗅觉、主观能动性、批判性思维和创造力、发掘新机遇;

发现问题(需求)并解决问题(提供产品或服务),发掘新机遇创造社会价值。

2. Inspire others to action(鼓舞他人行动)

严于律己,不断让自己变得越来越优秀,过程中感染周围人一起朝着团队目标拼尽全力,影响团队可以从任一基层岗位开始。

3. Shoulder accountabilty(肩负责任并精益求精)

留学期间,笔者曾问过恩师 Yener 教授英文单词 responsibilty 和 accountability 的区别是什么,他告诉笔者前者代表尽职尽守,对职责范围内的任务做到尽可能的 100% 达成,是合格的职场人士需要具备的,而后者代表精益求精,有勇气和担当,主动承担职责范围外的工作,遇到挫折和挑战,愿意并习惯去直面并解决它!在这些背后往往是使命感在驱动!在做到 100% 的基础上还会主动去寻找可以做得更好的方法,力求不断超额超质地完成任务!

我们看看以上 3 点,是不是不论在学习期间、实习过程中或是初入职场阶段都是存在机会给我们去靠拢的呢?还有另外一些对领导力(Leadership)的定义,概括来讲就是硬实力(技术、专业知识、特长)和软实力(沟通能力、创造力、想象力、抗压力等)的合体,但事实上以上 3 点也涵盖到了这些。

笔者说这些,就是希望诸位年轻人戒骄戒躁,做好职业定位和规划,沉下心来精进自己的技术,积极向上用于担当,领导力将在这个过程中逐渐形成,成为领袖级精英的梦想便会是自然而然水到渠成的。

五、还把 CFA 当敲门砖？那你要小心了！

关于 CFA 和咱们职业目标和规划之间的匹配度的问题，笔者想通过以下出自知乎上笔者和读者间的问答来帮助大家理解。

Q1：在国内这个大环境里，学习金融并想有所作为的人该有怎样的规划，自己该朝怎样的方向努力？

CFA 只是学习金融和深造的可选项之一，你应该定位自己到底以后要从事什么领域的工作，以金融为例，你也要了解清楚自己想在金融的哪个细分领域的哪类岗位发展，CFA 是一块敲门砖，而不同的岗位可能需要不同的敲门砖，比如 CMT、CPA、FRM 等。

如果你需要定位职业规划，如果是商科对应的一些行业，比如金融、财会等，推荐你读一些职业规划类的书籍，比如本书，应该会让你有更全局的理解。

Q2：如果参考各类网络及官方介绍，CFA 身上总是环绕着各种光辉，但 CFA 证书在当今真实社会中的含金量到底被体现得如何呢？

我们通过以下 3 点来理解这个问题。

（一）供需失衡

众所周知"物以稀为贵"，CFA 考试虽然历史悠久，但八九年前，CFA 报考和持有者在中国大陆还属于非常稀有，根据 2016 年年底的 ICFA 官方数据统计，中国大陆地区 CFA 持证者为 4 434 多人，主要集中在北上广，累计达 3 921 位，另外与此同时，中国香港 CFA 持证人达 7 379 位，中国台湾为 491 位，中国澳门为 37 位。此外，中国大陆还有近万人通过全部 CFA 三级但并未持证，近几年来，中国大陆地区每年 CFA 三级考试的通过人数都在 1 000 人左右。基本两三年的 CFA 三级通过人数就能和之前历史总人数持平，由此可见 CFA 的含金量逐年下降是个不争的事实。

与 CPA 全国人数过 20 万人，其中持证者近 10 万人相比，高端投资金融领域的人才需求远不如会计财务领域那样高，所以从某个角度来看除去纯粹的总人数增加导致证书贬值的因素，在全国乃至全球金融不景气的这两年该领域供需不平衡也是使得证书含金量降低的因素之一。

（二）不够接地气

称之为不够接地气因为：第一，CFA 所学知识体系均与大陆实际应用有差距，比方说其中的资产估值方式与中国大陆资本市场采用的逻辑差别很大，再比如说财报分析，连会计准则和财报里的科目都存在不同，回到中国大陆的金融市场实际应用上也自然会水土不服。第二，CFA 只学"招式"，不够全面不够宏观，反观 CPA 要学财务、会计、税法、经济法、战略等，即包含的不仅仅是微观技术，还涵盖"游戏规则"与"根源逻辑"的学习，这些都是金融高端领域人才，特别是一级市场人才特别需要的。

（三）机会成本过高

在中国大陆由于高端投资领域的僧多粥少，导致 HR 在某个部门的某一个 position 上往往会收到数万份简历，而在如此火热的人才供应量下，HR 们往往增设更多的条条框框来帮助筛选，于是 CFA 也成为其中之一，换句话说，在中国大陆地区，想要脱颖而出，CFA 还是有效的法宝之一，但需要注意的是，同样由于 CFA 三级通过者增长速度越来越快，在求职过程中往往没有通过 CFA 第三级的求职者很难获得雇主的印象加分。一般应届生很难满足由通过转为入会持证的条件，如果是考出全部三级，所要花费的时间、精力与金钱成本也是巨大的，这些成本加起来便是巨大的机会成本（花同等时间精力金钱等成本在别的事情上），对于高端金融市场而言，特别是一级市场的一些顶级金融工作而言，能通过 CPA 中的任何一科（最好是会计）都可能远胜过 CFA 三级通过。根据笔者的观察，那些有能力在 3 年内通过 CFA 三级的学生如果花同样的时间精力用于 CPA 上，通过个 3~5 科，甚至全部通过都是大有人在，这就是所谓的机会成本。因此对于在中国从事金融高端工作而言，笔者认为机会成本过大。

Q3：那么 CFA 三级通过者（一般应届生很难满足由通过转为入会持证的条件）在职场到底在哪些方面拥有优势呢？

如果就在欧美国家而言，在投资领域，投行之上的各类 PE/VC/Hedge Fund 不会因为求职者通过 CFA 就发出录取，也同样不会因为你没有而将你直接拒之门外，简而言之，CFA 不是决定胜负的关键。对于大多数应届生可以一搏的投行领域，在上文提到的诸多部门中，除了 Equity Research（股票行业研究部）会对 CFA 有所青睐之外，其他部门基本不会将求职者是否通过 CFA 任何一个级别作为简历审核流程或面试流程中的筛选条件。2013 年 2 月,笔者向在华尔街从事近三十年投资银行业务的美国高管 Mr. Jeff Hooke 提到 CFA 相关问题时,他语重心长但毫不犹豫地回答笔者:"关于这个问题,很多人向我提过,但今后你需要告诉你的学生和 Hopkins 校友,不论之前 CFA,至少现在在 IB 领域,任何部门都不会在意你有没有考过 CFA,唯一会对此有所关注的只剩下 ER 部门了。"

总而言之,CFA 的含金量下降有目共睹,考出全部三级的时间、精力与金钱成本都是需要考虑的,但对于行有余力或者着实需要通过 CFA 提高自身金融知识(CFA 1 级几乎涵盖了 95%的金融必需的知识和基本技能)的人群还是可以选择报考 CFA,无论最终你考出的是一级还是二级,至少你能向雇主证明,从动机上来看你是积极向上的。

> 除了 CFA 之外,笔者想你一定已经发现了仅仅是在金融行业,各类认证考试便已经是五花八门,但均需报考者投入大量的时间成本与机会成本,这种情况下正确理解"技不压身"这四个字就显得尤为必要。尽早定位自身未来发展方向与职业规划才能让自己少走弯路,"技不压身"不该是我们追求的理想状态,既然花了时间和精力,把它们用到正道上,学所需之"技",让"技"成为你进步的跳板。

六、商科留学 VS 国内读研,你怎么选?

说明:在本书第四章已有详细的对比,这里从一些不同的角度做一些补充,建议两部分可以综合在一起参考。

对于许多商科学生或者对商科感兴趣想通过硕士阶段深造商科方向的学生来说,到底是出国读商科呢?还是留在国内读研?相信是许多学生常常思考的一组对比。其实,我们只需要想明白"商科留学"的必要性就可以分析清楚自己到底该选择留学还是国内读研。要分析清楚"商科留学"首先有两个前提需要分析,一个就是"商科",即为什么我们要读商科?另一个就是"留学",即留学读商科的什么价值?与国内读研有何差异?

Why Overseas Business School?
选择商科留学要考虑的两大必要前提

1. 你需要读"商科"吗？
人人都需要读"商科"！？
- 以下学科的真实意义？金融、会计、市场营销、组织行为、商业史、商业法、经济学、创业、道德、运营管理、企业战略等
- What if 只会技术？
- How about 兼备商业思维？

2. 你需要"留学"吗？
- 硕士学历必要性
- 国内读研 VS.留学
  1. 申请机会 & 公平性
  2. 教学方向与师资差异
  3. 语言与跨文化沟通力
  4. 视野与意识
  5. 关于人脉
- 就业风险对冲

图 8-1　选择商科留学要考虑的两大必要前提

第一，关于读商科，我觉得每个人或多或少或早或晚都需要读商科。

我们看一下最经典的商科项目 MBA，其涉及内容包含金融、会计、市场营销、组织行为、商业史、经济学、创业、道德、运营、战略等，我们看看其中的任何一项都会发现不论对于一个人的职业发展还是日常生活都是至关重要的，比如会计，职业角度你管理企业管理团队看不明白财报怎么知道公司和部门等运作状况怎么管理？比如金融，你不知道预算如何结合企业运营和报表制定，还怎么走下一步？你不懂得融资和投资，在你生活中资金链断的时候，在你辛辛苦苦攒了工资之后，你能守住你的一亩三分地能抗得住通胀吗？

这几年全国大量出现的银行理财产品、信托产品、P2P 血本无归归根结底还是投资者金融知识季度匮乏连投资标的和相关投资人都看不明白导致；你不懂得市场营销，你如何知道企业的切实处境和盈利源头对你所负责其他的部门管理的启示，生活中你也识不破那些有猫腻的传销和营销骗术，不能让自己的每一分财富用在刀刃上也是很遗憾的；你不懂 HR，你不创业不管理团队也罢，你老板告诉你要给你发期权要你降低底薪到底要不要接受，给你股份要你不拿工资单承诺年终分红还要签订对赌协议你做还是不做？要给你股票是优先股还是普通股好？（中国大陆职场上还很少见，这里只是举例用）强制给你改了薪资结构你知道自己是亏了还是赚了？……太多太多的事实笔者就不无限发散下去了，有兴趣的可以私信笔者。

那么再举个最后个例子，学商科不仅仅是学笔者刚才讲的这些技能和管理知识，更重要的是还是学商科思维，有这样的思维和没有这样的思维最显著的差

别就是看到在硅谷,清华、交大的学生为什么大多数十几年都还是做着基层码农?而印度人和白人大多做着管理者?那些管理者自己都不用编代码但却知道这些代码和技术可以实现什么样的功能,就算码农们偷懒也是骗不过他们的,并且有商业思维知道怎样结合技术实现满足社会需求的"产品",他们才是最终引导团队产出和获胜的大脑。

第二,关于留学和出国的对比

1. 机会成本和时间成本

国内研究生三年制为常见,读短的也有个别项目但毕竟是小众,国外应届生有一年也有两年,时间成本机会成本都低,如果去了名校读研,一年的项目含金量完全不输国内三年,剩下多出的两年你完全有机会丰富两年全职的工作经验,包括做其他更具实践性的事情。

2. 申请机会和公平性

其实这点也和机会成本有关,申请国内的应届生,走统考这个路子,基本等于"一考定终身",申请国外研究生,你可以申请无数个学校理论上,当年笔者自己申请了 23 个美国的院校,拿到了 20 个录取 offer,申请数量上这是其一;再者,如果你有短板,别担心某个学校拒绝你,只要你有自己的亮点,总有另外某个或某几个学校会相中你,相中和他们价值观和偏好相吻合的你,这就是国外对一个学生全方位考量的公平性体现,是金子总会发光,你准备了那么久,你的努力一定会天道酬勤。

3. 语言和跨文化沟通能力的提升

在外语环境锻炼后会带给你未来求职时更宽阔的选择面,外企的面试全英文对你再也不是挑战,而是你的加分项;跨文化沟通不单单指的是你的外语能力,更指的是你如何高效地在了解各国人各种族人的习惯和偏好后结合人文和感性地把各种洽谈和合作谈好,把价格谈到最合理,把双方心情也提升到更愉悦,这种跨文化能力便取决于一个人有多少与各国文化接触的经验积累。

4. 意识与视野

这不是大而虚的空话,而是相对中期和远期的可能性的保持,意识和视野是什么?它们是建立在你对国外发达国家的有心观察和研究后摸索出的一些启示,比如在某个领域为何某国可以发展地比我国好?那么是否意味着机遇?那么某国是在哪些要素成熟的条件下才爆发出该领域热潮的?我国还欠缺哪些气候性的内容?好吧,我们来看看去年前年刚开始的热点 P2P,去年虽有 60 多家跑路或倒闭,但前年开始第一波发家的都已经盆满钵满了,他们是谁?多数都是海外归来的人士,瞄准了市场的各种利好成型,必要情况下努力和监管部门做公关促成最后的一环,在最恰当的时机有这样的"嗅觉"和"胆识"把握住了商机,拿下不菲的第一桶金,靠的就是这样的眼界和视野。

5. 人脉复合性优势

国内读研,不论去哪你的人脉都在国内,有北大复旦的学生自豪地问笔者:"她/他可以保研本校,本校校友资源也很好,人脉不是一样积累吗?"笔者回答说:"如果你拥有美国的人脉加上美国顶尖大学、比你们学校更顶尖的世界级大学的人脉,再加上你现在本科母校的人脉,与这三重人脉相比,各位觉得如何?"

6. 人生的再次重新认识和定位

学会做人,学会如何做事,做最适合自己的事、做好事、做大事、做真正有意义的事,找到自己的事业而不是打工的归宿,在美国留学能学到的东西,需要用心去探寻,笔者回国后每年都给母校捐赠自己力所能及的一部分收入。(延伸阅读,请参阅本章第十五节"你从美国的商科教育中收获最大的是什么?")

7. 风险对冲

对许多普通学生而言,毕业后保研不是那么容易的,求职或许是绝大部分人的最佳选择,而找到一份工作简单,找到一个理想的工作却不是那么容易,并且你要知道,起点低了后边要曲线救国怎么着都是曲线,要是你宁缺毋滥毕业赋闲在家,你可是损失了不可逆的宝贵机会成本。你申请国外研究生,由于各方面的差异,天道酬勤、种瓜得瓜的"自然法则"是大概率适用的,用这样的留学申请来做你求职的保险(保障),最终两边哪一边万一不理想,你都可以有退路倒向另一边,这样的对冲概念,相信大家可以明白吧。

七、经济学是商科吗?开设在商学院下吗?

一般意义上来说经济学不属于商科,也极少开设在商学院下。相信很多同学都不清楚其中的缘由,也不明白经济学和商科直接的区别。

这边笔者想从五个角度谈谈自己的理解:

首先,看学科划分。有把经济学归为文科或理科的,在国内,大部分经济学都是偏定性分析的文科，毕业的时候礼服和帽子上的带子是粉色的。当然了，也有一部分是把经济学算作理科，黄丝带。在国外，更注重定量分析为主，因此大多归为理科。

其次，看应用方面。在一定程度上有些许类似理科和工科的关系，理科是工科的基础，经济学也是商科的基础，没有经济学基础几乎没法学商科。

第三，从教学导向来看。经济学还是以学术的、理论的研究为主，在非学术研究领域的工作也是存在的，但是毕竟少，比如在金融机构的宏观研究部，比如在一些大型集团公司的战略研究部，再比如在一些大型公司会聘请首席经济学家，但终归是占很小比例的。相反，商科注重的是职场上实践和应用，这当中还应当包括（国内缺失严重）一些软实力培养，比如 networking skill（社交技巧）在内的都方面 soft skillsets。商科的学生不应该过多去琢磨一个经济模型、估值模型本身怎么改进，而是着重于当家社会实际运营中如何合理运用适当的模型来做更准确的分析（商业决策），至于模型本身的改良，更多是作为经济学范畴的学术课题。

第四，从研究对象来看。经济学更多研究宏观层面，当然微观经济学也是有的，但大家也知道这个方向在整个经济学研究方向的占比是很低的。而商科，基于宏观经济，更多研究的是相对微观的对象，比如一个 IPO 项目内实际的企业，一个计划要资产重组的标的公司，一个集合资产理财计划内的对应的标的公司。

第五，从所属院系来看。由于经济学属于"非商科"，因此一般不会在商学院开设。商学院（Business School）一般是国外的叫法，当然也有叫作管理学院（School of Management）的，国外的经济学一般也不开设在商学院或管理学院下，而是开设在文理学院下的居多。在国内，偏"文科"的经济学有时会被放在人文社科学院下，也见过被放在公共管理学院下的，但偏"理科"的经济学更多的是被划分至经济学院下。在国内，有的学校将经济学院和管理学院分开，比如复旦大学，前者更偏向学术和定量分析，后者更类似海外的商学院概念，是以培养应用型商界精英为导向的。也有的学校将这两者放在一个学院下，叫作经管学院，此时经济学可能会被开设在这个院系下。

第六，从职业发展来看。从事经济学对口的工作普遍对于调研、数据分析和宏观面分析比商科对口职业要涉及更多。简单来讲，经济学的职业发展方向主要有：① 政府及国家监管类单位，比如央行、银监会、发改委、国家智库；② 政策性金融机构，比如国开行、四大国有资管公司；③ 学术研究：社科院、研究所、高等教育;④ 大型企业、金融机构,比如证券公司的宏观研究部,大型企业聘请的经济智囊(耳熟能详的,大家听到的有首席经济学家);⑤ 咨询公司、NGO：比如有像 Booz Allen Hamilton 这样的服务于政府的战略咨询公司,还有一些民间智库。而反观商科,更多的职业是在营利性组织内比较多,对研究能力的要求不如经济学方向那么多。

八、双非院校、GPA＜3.0、英语差，还有望进全球前 50 名校吗？

以美国的商学院为例(全球其他国家的学校也可以参考以下,但在硬件条件的考量上不如美国的学校那么弹性),录取上基本上都看这几部分：

1. 硬件：GPA，GMAT/GRE，TOEFL/IELTS,本科院校,海外交换/带学分的夏校经历。

2. 软件：实习、科研、竞赛、社团、公益等。

3. 文书：主要是如何把你的硬软实力的整合(通过有逻辑性的、符合行业与职业发展现实的、匹配自身经历和成长的、满足解释未来就读所申请学校与自己职业目标间的关系)来展现自己的内在实力。

4. 面试：越顶级的项目邀请申请者参加面试的概率越大,由真人来面试的概率越大,面对面现场面试的情况也越多,面试的回合数(轮数)也越多,故难度也越大。

以上这些当中第 1 点代表门槛,最核心的作用就是帮助学校刷掉最低门槛以下的(这个门槛我们不能只看学校官网说的 minimum score blablabla,因为每年都有不少破例/破格被录取的申请者,并且大部分学校只会告诉你他们往届录取的学生成绩 20%～80% 分数段是什么,这样就更不能随意猜测招生的实际分数底线在哪里了,只能做个大致的估算,别一棒子打死自认为自己的 GPA 不行或 GMAT/GRE 不行就一定申请不上了)每个不同的学校和项目对各项的门槛线设定不同,但同类别专业基本上同档次学校开设的差的不多,会计为例,GPA3.5 以下很那被综排前 35(特别是那些专排商排也高的)录取,因为会计硕士很多都要求本科阶段有充分的会计基础,未来职业发展也相对其他商科专业更聚焦吗,所以你本科学会计如果就 GPA 不高,就没什么好解释的。反观别的专业，比如金融、市场营销等，都对申请者本科学的是什么没有太高的要求，金融（非量化方向 or 公司金融方向）基本只要求学生学过 6~7 门基础的数学和商科基础课程即可。

当第 1 点中的各项分数达到门槛后，往后每提高一个单位的分数，对录取的影响是非常低且骤减的。因此，接下来看第 2 点，软件实力，这点当中权重最大的实习，可以占到 90% 以上，这当中要求学生在实习上满足：① 相关性（真正实习的时候所在的部门和你接触到的事情和所申请专业方向高度相关，不能是什么在高盛的行政部实习，却说要申请金融硕士）；② 时间（尽量每份实习不短于 1 个月）；③ 份数（一般情况下 3 份—4 份足够，绝对数量的多少远不如实习内容本身来得重要）；④ 逻辑性（多份实习之间的先后顺序，以及其中的逻辑性在你的成长过程中如何合理有机串联）。

第③点也至关重要，因为第①点和第②点不能体现（或者最多能体现一小部分）你的成长逻辑性，无法展现你的未来职业目标与规划。如果第③点没做好，那么无异于打烂了一手好牌，即便第①点和第②点再优秀，也不会被顶级学校录取。至于第④点，对于特别顶级的学校来说是筛人的重要一关，但对别的学校来说（TOP10 以后的绝大部分）则是小概率邀请申请者参加的，或者说很少安排真人面试（现在越来越多安排 Virtual Interview，即虚拟的面试，类似托福口语那样，给你随机的题目让你录下来再上传，然后对方安排专人集中审核）。

> 双非院校的案例笔者有很多，估计是全国最多的（按比例算），商科申请我们一直是全国最强的，比如浙江工商大学应该算是校史上仅有的两个进哥伦比亚大学的都是笔者的学生，双非院校申请进美国前十，GPA 和 GMAT、GRE 都低，什么实习也没有的。案例有 20 多个，遍布全国的比如厦门集美大学、浙江大学宁波理工学院、上海海洋大学、上海商学院、南京晓庄学院、浙江工商大学（下沙校区）等。以下分享两个案例：
>
> 例一：汪 L 同学，美国西东大学（Seton Hall University，美国综合排名 155）本科毕业，GPA3.0，免考托福成绩、GMAT570 分（GMAT 满分 800，折合成百分制是 71.25%），有一份平安银行的实习，一份在美国小型食品公司的打工经历。学生 2014 年 12 月找我们的时候已经毕业半年在家，2015 年 1 月 14 日我们帮助学生加急服务完成全部 12 个学校的申请。备注：该学

生是范XY同学的前男友,当时是范XY同学的推荐下认识的。

录取结果:约翰·霍普金斯大学(美国综合排名10,世界大学综合排名12)市场营销学硕士、纽约大学、马里兰大学、东北大学等8个大学的录取。

补充说明:该学生以GMAT分数570分被美国TOP10的大学录取创造了记录,同时该分数也打破该校该项目历史录取最低分,官方的录取平均分GMAT在680分左右。

例二:范XY同学,上海海洋大学,GPA3.2,雅思7分(写作5.5),GMAT 530分(GMAT满分800,折合成百分制是67.5%),学生本科期间没有实习,找笔者做申请的时候是2015年4月,当时学生赋闲在家5个月了,没有工作。备注:学生是笔者5年前教雅思时候的认识的。

录取结果:纽约大学、佛罗里达大学、英国伯明翰大学、利兹大学等6所高校录取。

补充说明:该学生以GMAT分数530分被录取打破该校该项目历史录取最低分,官方的录取平均分GMAT在670分左右。

九、什么情况适合读MBA?MBA的申请和其他硕士申请考量标准有何不同?

一直以来笔者都不推荐没有充分全职工作经验的学生去读MBA,准确理解笔者的意思的话,就会明白笔者这边讲的不是针对学生或在职这样为划分的群体的,而是以"没有符合要求的经验"为标准的。

一个大众眼里普遍的观点是,读MBA一半是为了提升各方面商业知识和技能,另一半是为了积累人脉。首先,如果没有实战积累下的理论知识学习大多都是纸上谈兵,学习的收益性将大打折扣,其次,人脉的积累绝不是只大家坐在一个教室一起听听课就能做到的,而是在相互认可的情况下的"志同道合"和"惺惺相惜",这些对于一个没有充分实战经验的学生来说,在课堂教学或小组讨论过程中,对于那些有经验的学生提出的观点和分析他很难理解,而他提出的观点和见解的时候又大多停留在理论层面，无法得到同学们的共鸣，这样的 2 年学习下来，人脉积累是很有限制的。

MBA 的时间成本是 2 年，财务投入也是一般 master 项目的 1.5 倍或更多，因此面对这样的机会成本下，一定要慎重考虑。BTW，美国本土的 MBA 是不许读重复的第二个的，比如你的第一个 MBA 毕业就念了，后来工作后 6 年还想再去读 MBA，美国是不允许的。但其实学位本身（项目本身）对找工作的影响并不是我们想象中的那样：

MBA 项目是任何商学院的王牌项目，商学院的排名当中 MBA 项目的各方面是最大的权重，商学院都是把宝压在 MBA 项目上的。因此不论是求职机会，还是资源，还是 career office 的服务倾斜，甚至为 MBA 专设的 career fair 都是不一样的。

MBA 在全美范围内也是区分于任何 master 的商科项目的，MBA 的专门招聘会 career fair 每年有非常多，还有形形色色主题的，比如女性 MBA 招聘专场招聘会、亚裔群体 MBA 学生全国招聘会等。

MBA 的校友往往更功成名就，直接选人就走的情况，或者得到 MBA 学长学姐认可的机会也是比 master 项目的学生更多的。虽然商学院资源共享，但毕竟毕业自同一个 program 的感情和纽带还是不一样的，距离感不同。

> 笔者带过的一个申请 MBA 学生的例子这边分享给大家，希望带大家看看她 2 年的申请结果天差地别的背后顶级名校 MBA 的录取上偏好的是什么样的人才：
>
> Z 同学的两次申请回顾：
>
> 第一次 DIY 申请：10 所 MBA 申请 10 封拒信（当时 MBA 以为有几所 Accounting 申请，只录取了一个 U Maryland）；
>
> 第二次申请（笔者亲自全程指导）：10 所 MBA 申请（均为全美 Top30 MBA）获 9 个面试 7 个录取，其中包括 3 个 Top20 的学校录取，Fuqua（Duke 杜克大学），Darden（Virginia 弗吉尼亚大学，外带等值约 30 万人民币奖学金），McCombs（UTA 德州奥斯丁）。
>
> Z 同学的各方面硬件背景是：本科 211（非财经类），GMAT720，GPA3.4，GPA3.3~3.5 之间，某会计事务所审计岗工作 3 年，3 年中没有突

> 出的职业发展晋升。她在第一次 DIY 申请那年的录取结果很不理想，但也属正常，要知道申 MBA 前 30 的名校之难度根本和申请美国前 30 本科的难度只高不低（MBA 申请的竞争者来自全球各国家＋各行各业＋各个年龄段＋各种综合实力的竞争者的竞争，整体来看录取中国学生的名额与美国本科申请前 30 相当，即，少得可怜），但是大不相同的是，MBA 申请过程中我们可以帮到学生的远比本科申请过程中的要多（主要在背景提升的资源整合上，在文书中体现的专业性、行业认知度、社会阅历、对商业和产业的理解与视野等很多方面）。

其实要帮助学生实现这样的逆袭的确是个很大的挑战，台上一分钟，台下十年功，我们确保学生不走弯路的情况下让每一步都踏在学校倾向的点子上。

很多人只看表面，比如对文书去做分析试图寻求学生被录取的逻辑，但其实优质文书的深层次逻辑都在其背后，为此对于本身内功修炼不足的申请者，我们需要指导他们在内功上投入极大的努力去提升，比如多行业认知深度、职业生涯发展的短中长期的差异化路线、美国的政治、文化、历史，特别是经济史、产业史、商业史，还有特定行业的商业案例。服务伊始，在预判（根据学生背景和预计可以提升的背景）后期文书思路的基础上，笔者便为其定制了整套"充电计划"，其中记忆犹新的是笔者将自己喜爱的 Gary M. Walton 的第十版《美国经济史》等书籍赠送予她，后续笔者还陆续结合美国资本市场发展史及经典案例、中国近 30 年产业史中相关案例重点对书中所写 19 世纪末 20 世纪初北美摩根时代的现象给学生进行讲解指导，便于我们在文书写作的头脑风暴中拥有更高的信息对称性，以利于打造有深度有内涵的文书内在逻辑。

另外，深知 MBA 面试之关键，在面试技巧、商务礼仪等方面我们也给到了学生相关的提升（包括指导学生参加各类 workshop，events，pre-interview 等，甚至女生的职业淡妆都是我们花两小时帮助并悉心指导学生化的），最终结合我们所擅长的"以为面试官制造陷阱来主导面试节奏"为导向的面试稿准备和面试技巧指导，保证了学生在各所学校的面试环节中的稳定发挥。

通过以上这个案例的细节，相信大家可以看到 MBA 对申请者的特别录取偏好。

十、出国留学申请的文书(PS)怎么写？

专业性、逻辑性、独特性是文书的生命。而职业规划(career goal)或学术方向(academic interest)则是留学文书的核心，也是最体现专业性（专业度）的地方，以商科金融为例，一个职业定位模糊宽泛的人，希望未来从事投行的工作（投行的工作有多少种分类……）即便有再多的工作经历课外背景，你都很难看出来其中的内在逻辑，发力都不在一个点上，今天在 PWC 会计师事务所、明天在汇丰银行做大堂实习、后天去德邦物流公司人事部实习，大后天在 IBM 的 IT 部门实习；相反，一个人定位清晰明确，希望未来在中国大陆市场从事二级市场股票研究，目标定位在国内诸如海通、国君等 TOP3 security firm 的 equity research 部门，专注研究 TMT 行业，preferably 其中 Media 这个 sector 的学生，大学期间的实习均是在二级市场相关的 mutual fund/hedge fund/ equity research division，或是和二级市场所做事情有高度相关性的公司实习，比如 strategic consulting firm，specific firm especially in TMT industry，这样的两位申请者，根本没得比。

不要认为自己才刚上大学，目标那么明确几乎不可能。先看看美国的教育体制，美国大部分高中生学习的化学、物理科目能达到我们国内研究生阶段的难度，正是因为基础教育上就有兴趣爱好的强调，因此，对于海外名校而言，他们更希望看到一个目标明确、定位清晰，并且多年来一直在一个方向上聚集，在朝着一个方向持续努力的申请者。

既然专业性是文书的生命，那为什么很多其他机构从来都是回避这个呢？说只要写一两句话就好，说什么别人只看你做了什么，不管你未来想做什么？那主要还是因为绝大部分的顾问并没有对具体领域有亲身的实践和积累，如果一个帮学生申请国外顶级金融硕士项目的老师压根不懂金融，她昨天可能还在帮学生申请生化、前天帮学生申请历史呢，她自然在金融专业度上有欠缺，甚至还不如在校申请者懂，那自然"避短扬长"才是明智的选择，那么最终文书就成了"被动地翻译和适当的文笔润色和行文修改"，所以学生的行业积累和视野早就决定了其最终文书的质量了，而国外商学院看的几乎都是内容和逻辑，即表达精准、逻辑清晰、观点明确、论据充分，这样"被动写作"的文书，说到底只是学生自己的功底体现。

所谓文书的逻辑性，就是指在文章抛出一个以职业规划定位为核心的论点后，通过全方位的事实、举例、列数字、讲道理等来支持你的观点，让对方觉得你这样的精准定位是有据可依的，并不是空中楼阁和看似美好的泡沫。有的学生以为自己的经历丰富就可以安枕无忧，但实际上论据的罗列并非简单的平铺直叙，而是要注意在同一的一个经历上我们也需要根据你自己文章中的职业定位来找寻何时的角度和切入点，比如说你要做 equity research 等研究类的工作，这样的一种职业最需要的素质是 ABC 这三个，而你在甲经历中体现的 ACDEF 这些点就要有针对性地做一下筛选，你在乙经历中体现的 DEFGHIJK 这些看似全面的点可能导致你应该彻底隐藏这段经历（因为很多顶级学校的文书字数非常有限，即便字数空间足够，你也应该把最相关的东西列出来，而不是一窝蜂）。

最后就是文书的独特性，独特性指的是学生自己独特的个性、性格、兴趣、成长史、家族史等独特的属性。我们将专业性、逻辑性和独特性融合在一起，就能达到较高水平了。

P.S. 如果拿烹饪来做类比

一套好的文书要耗费大量的时间做头脑风暴，没有专业性为基础的头脑风暴对于专业性欠缺、对职场发展陌生的申请者来说是意义有限的，好比你都不知道有宫保鸡丁这道菜，你又怎么能做出这道菜来呢？如果你的背景中虽然看似没有"鸡丁"，但在你知道了怎么做"宫保鸡丁"的前提下是有可能通过挖掘过去的经历或剩余时间里弥补来实现。更进一步，有了"鸡丁""花生米""莴笋"等配料后还得知道以什么样的配比、顺序、辅料去烹制。（聪明的你或许已然发现《方向的力量——商科职业规划》（修订版）就是一本可以用作你留学申请文书创作的"食谱"）

然而，更科学的方式并不是到了临毕业时再去找专业的朋友帮忙研究"菜谱"，而是应该在入学后不久能做好职业定位的初步准备，在大学三年级开始前有机会针对性地聚焦职业发展方向，并开始针对性地在某个领域里面比较垂直地积累实习经验、研究经验。早些做分析，提前出门去菜市场挑选自己最喜欢的食材，回家后井井有条为做菜做准备，选择最适合自己的菜谱做菜（做好职业规划，找到适合自己的方向），才是最优的方式，不论眼下的你是在关注留学申请还是未来的职业发展。

十一、出国读研，去哪个国家比较好、性价比最高？

好或不好，适合自己的才是最好的，说到底这个问题还是以你的职业定位和规划为前提的。至于去不同的国家留学有哪些差异由于这里的篇幅限制不适宜展开，这里笔者更想就性价比高不高的这个问题（误区）来谈谈自己的看法。

（一）到底什么是性价比？性价比高就是最好的吗？

先明确一下"性价比"这个词的定义，这很关键，性价比其实指的就是在你明确可选项有哪些的时候，选出这些里面最适合自己的，就是性价比。然而，你们想过吗，性价比高代表最适合吗？当然不一定，这跟咱们的目标是高度挂钩的。

比如你的目标是3年后尽可能地获得高收入，那么你现在花100万留学有机会三年后获得年薪100万的水准，和你现在花30万有机会三年后获得40万的年收入水准，是不是"性/价"比例上，投资回报率是后者更高？但根据你的目标，其实应该是前者更匹配呢？所以，在分析性价比之前我们是不是应该把这些问题先想明白呢？

再严谨一些的话，我们还可以再来补充一个前提（也是一些学生平时常问的）——如果适合自己但留学预算上支持不起100万元怎么办？紧挨着又是一个好问题，我们该怎么定义"支持得起"？

很多人的思维定式是——我手里有多少钱，就代表我支付得起多高的预算，而预算的概念真是这样吗？笔者指导过很多学生，在规划阶段就遇到这样的问题，有不小比例的学生其实是明确他们的目标后通过杠杆（比如举债借款），抵押了家里的房子，质押了保单和存单，向亲戚朋友（甚至笔者也曾经把钱借给过几个真的很优秀的学生）借钱留学的，留学花了差不多近百万，留学归来第一年的起薪就接近200万元人民币。

（二）你质疑留学的回报吗？

有质疑是对的，客观讲即便你去了哈佛大学，一样有80%的人毕业后没法获得那么高的投资回报率（我们把在教育上的花费当作投资的话），至于原因？"二八法则"只是表面，深层次的问题涉及的点还有很多，笔者在近年来所做的职业规划方面的研究、笔者在自创的"自由学"方面的研究（关于职业定位和规划后如何确保执行力的研究，包含品德、方向、技巧、努力、坚持、健康、格局这 7 个笔者认为与执行力强相关影响因子的模块）、笔者研发的全球独家的起飞计划系列课程都在尝试剖析出尽可能地多的影响成功（留学回报率也一样适用）的因素。笔者能让自己的学生中的大部分成为那"20%"，更希望让越来越多的中国学生成为全世界"二八法则"中的那"20%"（本书的序言也有提及这部分）。

十二、大学生创业？可行性有多高？

其实关于这个问题，笔者在复旦、上财、上大等各所高校为学生们讲授职业规划为主题的选修课和必修课时就多次提到过，笔者一直坚持：

如果没有特别突出的背景（家族直接可以支持的资源，或自身在大学毕业前有别人传统毕业生那样积累的经验和资源），大学刚毕业的学生不要选择创业。

创业是异常艰辛的一条路，有人说创业是一种修行，也有人说创业者就是全天下最没有安全感的人，却要让全部员工成为最有安全感的人。有太多太多描述创业维艰的精辟评论，值得你琢磨一下创业道路之艰险。

注：以上两张图片是笔者在美国留学期间参加一个"创业羡慕路演"的现场照片，本文所述也结合了亲身经历。笔者自大学本科至今，加上现在有 4 段创业经历，目前这段进行到第 5 年。

创业者要具备各类素质，包括以下几点：团队、产品、资金与资源、心态与格局。

（一）团队

创业最早期，最看重的就是人，确切地说就是创始人及其创始团队。注意是创始人"及"其团队，个人英雄主义再强，可以使得你的前两年创业应该可以做到小康有余。但这样的个人英雄主义很难长久，在笔者看到数倍于笔者当年个人主义的"大牛"的时候，笔者更是明白了这个道理：如果你真的有情怀，靠一个人是绝对实现不了的。

这当中还包括创始人的视野、格局和与之对应的战略能力：战略方向上是否有最基本的感觉，具备战略意识和制定战略的宏观能力是企业实现长期发展的前提。缺乏这一点的企业在创业漫漫路途中是越发陷入迷茫的，是可能随时死在下一个突然出现的十字路口的，是不可能拥有长期发展所必须的企业核心价值观的。留学类公司也一样，要想明白自己的愿景、使命、价值观是什么，以此为驱动思考战略的方向和战术的执行才可能实现长期发展。

拿笔者自己现在的创业举个例子，比如笔者创办的世为教育，做的主营业务是留学中介业务（这么称自己公司的主营业务也是迫于无奈，我们一直是高端咨询公司定位而非中介定位，我们的理念和中介有本质的区别），作为传统行业，绝大多数情况下都不被资本（比如风投）认可（当然笔者也知道有许多机构没有意识到资本对留学公司的价值是什么，该如何与他们共处），但我们几年来积累的行业口碑，以及我们团队的价值观打动了投资人——我们坚信"出生在世，当有所作为"，我们还坚信"世在人为"，不论投资人投不投我们也一定会成功。我们相信自然法则，因此我们坚信只会成功不会失败。因此作为留学机构，也是全国独一无二的留学机构，我们是基于学生的职业发展来提供定制化留学服务，提供最用心的职业规划、留学申请服务、实习就业资源和求职技能培训，我们的学生绝不只为一纸文凭而留学，我们希望未来全天下的每个学生不论目标高低有别都能找到最适合自己的职业、都能有自己的事业成就，找到人生的意义所在。

（二）产品

需要将你的核心产品进一步定位清楚，并且打磨到越发精华的程度。你需要定位好多个可做的产品中，哪些是具备行业最高的核心竞争力的产品并重点去做；你需要足够了解市场竞争对手，并找寻到自己的产品属性中任何可以差异化于市场的部分，并将其融进你的产品里；产品理念以外，你还需要明确如何借助市场手段、团队搭建等来促进产品的销售落地。

参照世为教育的留学服务，每当客户问起，你们世为和别的留学公司有什么区别的时候，笔者都会很自信地告诉对方"我们站在学生长期职业发展的角度、在保障留学申请最优录取结果的基础上来为学生提供服务，并且在最用心的职业规划、留学申请规划基础上提供全套从前到后的资源给学生，这是全行业任何公司都做不到的（承诺并落实在纸面上），可以说我们有好几十处都比其他留学公司做得更好！在这样的服务支持下，我们的学生不单会留学申请成功，留学过程和留学后职业发展也会成功！"

（三）资金和资源

对于资金，随着我国第三产业的比重越来越高，轻资产模式的创业机会越来越多，这给予了年轻人更多的机会。的确，拿到一小笔启动资金就可以动手干起来，但是涉世未深、没有任何全职工作经验更没有资金管理经验的年轻人们对于如何合理分配资金？开源节流中开源和节流如何做到平衡？什么时候可以先赔本？什么时候又必须先营利？这些是很难拿捏好的。

资源，对应着产品，资源和产品是企业生死存亡的两大命脉，好的资源意味着从每一单位投入中要产出的难度会比较低，换个角度说，也就是好资源带来低成本和高利润，这是企业能做好的关键之一。好的，有人又要说了"没资源可以买，花点钱，资源慢慢攒慢慢滚，寻求口碑"。没错，这个时代可以这么做。但是中小企业平均寿命2.5年（大学生创业的一般还算不上中小企业），大学生毕业即创业的团队中2年后失败的占到99%，这两个残酷的现实告诉大学生们，很可能你们等不到口碑慢慢积累起来的那一天公司就不在了。

　　另外，可以把"小资金缺资源便可启动"看成是一个优势，但是"小资金"本身也是一个短板。"大鱼吃小鱼"的弱肉强食法则普遍存在于任何行业，很多人开始强调"工匠精神"，这个没有错，精益求精也好，专心致志也好，都是值得发扬的，也有很多人说现在时代不同了，更多人喜欢定制化、私人化的小而精，也没错。但是为什么仍旧是"大鱼吃小鱼"呢？从发达国家的经济史和产业史中可以找到普适于任何行业的规律，"多元化经营＋全产业链布局"所产生的规模效应、协同效应等很容易就让一些单一化"小而精"的团队难以招架。任何行业的发展规律都是由"蓝海"至"红海"、由"卖方市场＋粗放发展＋跑马圈地"到"规模经济＋低成本战略"再到"买方市场＋差异化路线 & 多元化战略 & 精益管理"，由"朝阳产业＋单一产业业务方向"到"夕阳产业＋细分市场定位调整＋跨界转型"，由"传统商业组织发展模式"到"现代化组织演变进化"（如阿米巴模式、股权期权激励模式、裂变式创新），由"传统发展增长模式"到"借助资本及其他资源杠杆"等。最终，行业必定会走向"大洗牌＋寡头垄断"的阶段。在这个过程中，如果你没有资本（资金和资源）跟上某个行业发展的进程的话，很快就会面临优胜劣汰的行业洗牌。

（四）心态 & 格局

　　另外笔者想强调一下，创业者必须是一个乐于奉献和分享的人，而不是以自我为中心的人，这些特质很大程度上是20岁以前就奠定的，后天要调整会比较难。如果是一个自我为中心，甚至自私的人，那么坚决不要自寻烦恼，创业的本质就是贡献更多价值给社会，让某个领域里的更多人受益，但凡要做成成绩和成就就要做有价值的事情，而这些事情必须是先让别人受益，再有自己的收益，创业更是如此。你是不是这样的人，别自己下定论，多问问你身边的各种人，只要对方不认为你是无私的、爱奉献的，那你应该明白了。

在创业后一步步迈向一个个阶段性里程碑的路上,将有一天又一天需要你燃烧自己光和热以比别人勤奋数倍、比别人高效数倍的努力去面对众人的不理解、不屑、甚至羞辱。

在创业走向较大成功的路途中,创业者会面对太多太多次想放弃,事实上绝大部分人都半途放弃了,2015年的数据,中国中小企业平均寿命是2.5年左右,大学生毕业就创业的企业在2年内关门的占99%。

> 从历史和统计数据来看创业成功是小概率事件。
>
> 企业的成功需要在很多事件链条上,很长时间里做出很多正确的决策;企业的失败可能只要在一件事情上决策失误就可造成。

总之,刚毕业就创业的大学生,如果团队平均年龄也是20出头,那么强烈建议先不着急创业。不要觉得创业一下失败了再说,失败了也是宝贵的经验,如果你没有足够好的背景,毕业创业失败后,由于你错过应届生的招聘机会,成为社会生源后(社招——从社会上招,不从校园,因此一般要求的都是有相关行业全职工作经验的求职者),你很难再进入顶级的大公司从基础岗起步去攒经验。笔者个人建议应届生毕业后应该优先选择去大公司锻炼和积累建议,除非一些小公司有大量的拥有大公司建议的人,而且体系已经非常健全,有导师制的培养体系。

十三、想做股票的二级市场,毕业后先进买方怎么样?那一级呢?

先说观点:笔者个人不鼓励大家职业生涯起步就从直接从买方做起,不论是一级市场还是二级市场,其中尤其是一级市场。

对应届生来说一级市场和二级市场类的工作在"大投行"(在大陆主要是指券商总部里的核心业务部门)的卖方类部门是有机会,比如一级的IBD、二级的

ER每年都是录用应届生的。但投行里的买方部门（比如一级的 Direct Investment 直接投资部,二级的自营部）几乎从来不招应届生,也很少从内部的卖方直接内部转。

从传统的职业发展阶段来看,买方是在卖方的后期,一般二级市场从业 4～5 年(而且是其中最出类拔萃的前 10%)左右会跳去买方,一级市场这么跳的平均从业年限上会更长。但是,问题恰恰就出在了这个"后期"+"出类拔萃的 10%"上！因此,以下几个"大坑"咱们大学生们如果有机会可以直接从买方起步,就千万要小心了！

1. 你的同事们大多贴有"职业生涯中后期"+"精英中的精英"的标签,距离初入职场已有多年,自己能做到今天这样,但基本不知道怎么才能教会你也像他们这样成长。

2. 大部分买方里人手比卖方更紧缺,根本没有什么的时间去教你带你。

3. 由于行业资历差距过大,同事们给你的一些"点拨"常常极具"跳跃性",很容易超越你的上限导致你消化不了。

4. 也由于上述 3 点,不少同事会倾向于只告诉你该做 what,而不去解释 why。

5. 由于团队规模和以上几点的原因,买方无法提供系统的内部培训,而作为"黄埔军校"的投行,每年都会调配足够的资源给应届毕业生新人做系统的各类内部培训,卖方出来的大多基本功扎实！专业知识和人脉积累充分！投行被誉为"黄埔军校"是有其原因的。

6. 买方之所以近年来反倒不比卖方难进的主要是因为在国内经济发展和政策导向共同作用下金融市场的迅速发展,各类买方雨后春笋般冒出来,同时也对"廉价劳动苦力"型的部分优秀的大学应届生抛出了橄榄枝。但笔者认为实在是缺乏诚意。

7. 买方的工作强度本身就普遍比卖方高,如果直接起步在买方,对自己的挑战过高的情况下,更容易击垮你的心理防线。

8. 一旦在买方混不下去后,失去应届生身份的你将成为社会生源参加社会招聘,而社会招聘需要的是相关行业工作经验,作为已是进入过卖方们职业发展后期的"买方"的你,"从上往下的逻辑+或许思路已被'大牛们'带偏"的求职逻辑也很难让卖方再给你重新做人的机会。

十四、逻辑思维能力弱该如何提高？

逻辑思维能力不单是日常生活中非常核心的表达沟通能力，也是我们每个人职业生涯发展中要取得成功所需必备的核心能力。

往往当人们提到自己逻辑思维能力不行的时候，都容易存在一个误区，就是觉得**自己逻辑分析不到是因为逻辑思维能力不行**。然而，绝大部分情况下，这是由于另一个原因——**知识储备和经验积累的不足**。这边笔者逐一来讲讲：

（一）关于知识储备和经验积累不足

我们在谈逻辑思维能力前，首先先来明确逻辑思维的定义是什么，狭义讲，逻辑就是我们常说的"**形式逻辑**"，其实就是归纳和演绎两类，大家应该都学过。所以逻辑的起点就是形式逻辑，然而很多人觉得如果一个人逻辑不清逻辑混乱是因为在逻辑思维不够，是归纳和演绎过程中没有分析到位，但是我们都忽略了一个事实，就是其实形式逻辑之前还有一个前提，或者说更起点的，就是"知识"，所以真实情况是，大部分逻辑问题其实是因为缺乏知识，而不是逻辑学没学好，归纳演绎没用好。

> 小王是金融专业的学生，在得知央行宣布降低基准存贷款利率后，她决定将大量资金投入股市，因为根据金融学、货币银行学原理以及形式逻辑，降息后市场资金流动性会增强，因此判断股市会涨，但她的分析和决策极可能是有问题的，因为：
>
> a. 资金流动性释放后，除了股市外，还有楼市、汇市同样是资金的流动去向，国内楼市持续火热外加人民币对外贬值预期下，反倒可能导致股市的净资金流入减少从而下跌。
> ——缺乏房地产、外汇以及高阶投资的知识
>
> b. 虽有利率下降是利好，但国内其他状况诸如失业率不断升高、经济增速放缓、上市公司监管加强税负提高等使得实体经济整体带给市场下行预期，股市极可能下跌。
> ——缺乏宏观经济和财政知识，以及对政策信息的把握

> c.央行的降准降息的信号已经发出多次,实质上市场已经充分和提前消化了预期,大部分资金已经提前进入,正式消息释放后股市反倒可能下跌。
> ——缺乏投资实战经验
>
> 由此可见,小王此次投资分析和决策中出现的问题并非因为她的形式逻辑有什么问题,而正是因为他缺乏相应的各类知识和经验。
>
> P.S. 特别说明:以上例子仅为称述在缺乏知识和经验的前提下,逻辑思维和逻辑分析的严谨性和合理性也会降低,以小王的知识储备及相应的逻辑能力,股市获利是小概率事件,并不是想说通过a、b、c三点的知识掌握来投资就一定可以让小王故事获利。想说明的是,如果小王掌握更多知识和经验,并相应地完善自己的逻辑分析与投资决策方案,可以使得投资获利可能性提升。

1. 关于如何提升知识储备

除了大家能想到的多读书之外,还要注意:

(1) 养成读书习惯!定期读书!

(2) 每个周期内都定计划,明确读什么类型的书,什么比例!

(3) 基本的阅读技巧,扫读、略读等技巧。

(4) 不同的书按照不同的方式阅读(涉及阅读技巧)。比方说适合泛读的书和适合精读的书要分清,但适合精读的书也并不是每一个部分、每一个段落都必须精读,拎逻辑抓主干精读泛读切换使用。

(5) 不同意义的书放在不同的时间读(有深度的需要集中精力在整块的时间里阅读)。

2. 读书过程中结合以下3点,还能同时有助于提升结构化思维能力、批判性思维能力

(1) 带着尚不成熟的"结构化思维"来读非娱乐类别的书籍,对于需要深度学习的书籍,习惯先从目录看起,学习作者的结构化思维系统性思维。

(2) 读有深度的书籍后习惯性绘制思维导图辅助系统性思维的练习,并积极完成读书笔记和读后感,以锻炼自己的批判性思维。

(3) 读读别人对同样一本书的心得体会,思考相互之间理解和思考的差异。

图8-2是笔者做的一张简易的逻辑思维进阶导图,所谓逻辑思维能力,首

先是知识/经验的积累,再有形式逻辑的形成,最终通过系统性思维和结构化思维的练习,产生更高阶的批判性思维,再衍生出创造性思维。最终达到批判性思维阶段后,很多问题在分析过程中还会得出更优化的方案。

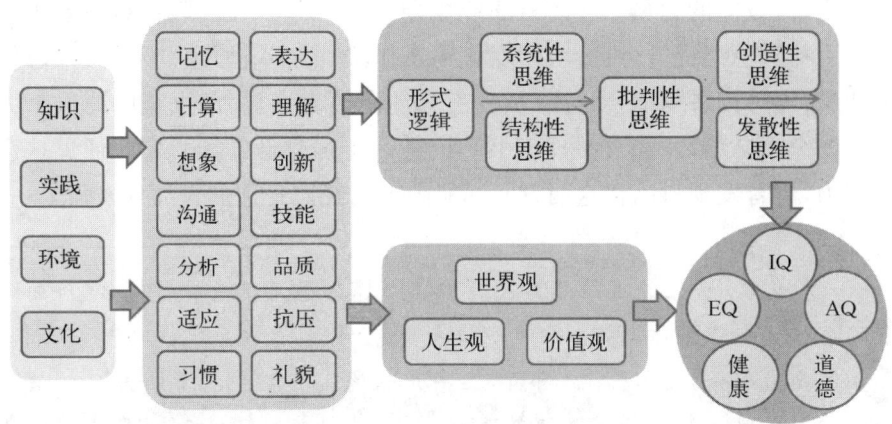

图 8-2 逻辑思维能力进阶导图

比如上面的例子,**拥有批判性思维的读者**便会质疑:
——降息是否能增加足够的资金流动性?
——降息后资金是否会流向他处?
——实体经济下行趋势下,降息的利好对股市低迷的走势影响足够大吗?
——哪些行业的宏观经济面是相对好的? 比如失业率是不降反升的? 行业整体市值是逆势攀升的? 因此要选择什么行业的股票来投资呢?
——选择哪些具体的公司股票来投资呢?

小结:很多所谓的逻辑混乱,本质是知识储备的不足导致的。

当代思维大师爱德华·德博诺曾说:如果知识是充足的,那么思维就是不必要了,如果常规思维充足,那么创造性思维也就不必要了。

(二)关于形式逻辑能力、系统性思维和结构化思维能力的不足

形式逻辑能力、结构化思维能力、系统性思维能力是两个升级版的衍生能力,通过足够的逻辑思维能力训练,熟能生巧,加之适当的方法,是可以逐步提升的,只要能够坚持,相信以半年为计,你会看到自己的变化。

笔者在美国留学的时候发现自己的这两个能力比较差,在同班同学的比较之行自惭形秽,但笔者不断努力在面对并试图提升自己这方面的能力,笔者写近

十万字的文章,梳理其中的逻辑;笔者在美国每周六早上六点半开始给在中国的学生讲职业规划一直讲到下午两点,一年多下来笔者的PPT精益求精优化了数十次;笔者留学回国后刚开始工作前三个月中每天深夜笔者都在撰写笔者要出的第一本书《方向的力量——商科职业规划》(第一版),在出版社编辑老师的指导下努力梳理脉络提升可读性;读麦肯锡工作法《金字塔原理》吸收严谨思维方法的要义;通过读各类适合精读(至少不算纯泛读类书籍)的书籍的时候努力寻找清晰的全书脉络,并经常整理读书笔记进一步强化理解和思考。通过这样几年的努力,笔者发现自己在这两方面的能力上已经比身边的大部分人强了一些。

> 结构化、系统性的思维能力在我们的工作中也是至关重要的,曾经给一个同事布置一项工作,要他就"留学申请过程中邀请推荐人技巧"的话题准备一下拍摄十分钟视频所需的内容,一开始他提交初稿给笔者看的时候笔者吃惊得发现居然里面连提纲都没有,甚至连一些基本的帮助笔者了解内容大概逻辑的记号都极少!自然在笔者读到一半的时候,笔者意识到了许多严重的问题。第一部分写的是推荐人要求的时候第一步要做什么工作,然后遇到被拒绝的时候怎么做出调整,第二部分写推荐人分为几类,在职场中该找什么样的推荐人比较好,却从来没有想过面对这样一个话题(事实上很多话题),第一步我们应该先认清问题本身,我们应该确认,对不起,题目里所谓的推荐人指的是什么?题目涉及的只是邀请推荐人的初期过程,还是在后期推荐人帮忙提交推荐信之时,以及推荐人在后期被部分学校联系前后等环节都要涉及?第二步,我们应当明确解答的这个问题的前提是什么?要讨论邀请推荐人的技巧,是不是应当向学生们阐述和定义清楚推荐人是什么?推荐信的意义是什么?然后才是去讨论推荐信的要求是什么,其中的数量要求是什么?质量要求是什么?了解清楚这些之后是不是才轮到我们考虑根据这些要求和目的什么样的推荐人是最合适的?推荐人当中分为学术推荐人和职场推荐人分别的选择标准是什么?……

在写文章、做PPT、做演讲,甚至在生活中做一些重大事项决定和规划的时候,我们都最好有比较好的这方面的能力,希望大家可以通过笔者上边提到的笔者切身的经历来提升自己。

十五、你从美国的商科教育中收获最大的是什么？

被邀请回答这个问题，让笔者思绪万千，一时不知从何说起，非常感谢这个问题，让笔者回顾起很多事。笔者觉得当笔者谈论收获很大的时候，这些收获应当足以改变一个人。是的，笔者的留学经历彻底改变了自己、对笔者的一生影响非凡，至少从笔者毕业至今的每一天状态来看是这样，从现阶段笔者的职业发展来看是这样，从笔者一直以来对未来的坚定使命感和自信心来看亦是如此。

之前读过一本约翰·霍普金斯大学校友吴军学长写的关于美国大学的书，让笔者印象深刻的是书中讲到了中美教育的差异、关于中国的学生在美国就读的种种，其中有一个重要的观点说的就是美国的最优等教育（只有很小部分美国学校的教育都达到这样的水准，可以达到这样水准的学校几乎都是私立院校）带给学生的最大收获其实是"带给学生自由"。对于这样的观点，笔者个人深以为然。

换位思考，笔者想这样的观点应该在很多人眼里是比较虚，但笔者对此却感触颇深，笔者将自己的经历结合起来跟大家分享可能更容易让人理解。这本书中讲的这些让笔者又一次想起母校校训"感谢真理让人自由"（Veritas vos liberabit）。对于自由，笔者感慨颇深，笔者不下百次在各种场合和读者们学生们家长们讲到过笔者留美最大的收获，它不是别的，而是学校的教授、同学、校友及整个氛围引导笔者走向自由，自由地思考、自由地定位自己的职业和人生、并能够自由地一直以来都坚持做着周围大部分人不太理解的事情。确切地说，在美国留学的时光让笔者彻底看明白了自己能做什么，明白了自己最擅长的是什么，明白了笔者做什么才能最大化地为社会做贡献，更明白了笔者最该做什么和应当怎么做。

举个例子，在笔者刚到美国的前半年，笔者发现一个很有意思的现象，每天笔者起床的时候宿舍的同学们早都不见了，而晚上睡觉的时候几乎也见不到他们回来，这样一个实际住着七八个人的屋子常常像是鬼屋一般的寂静，当时笔者以为大家只是很勤奋而已，可能勤工俭学吧？这在国内一些大学也不少见。但后来当笔者数次在图书馆撞见同班同学的时候，笔者好奇地问同学，你们这是在做什么？怎么在图书馆能常见你，在社交场合也基本有你，在课堂里你积极，在课外也那么积极，到底在忙啥呢？同学说："都在忙一件事啊，我以后想回国在大陆做金融里面投资这块涉及一级市场当中的收购并购，我在图书馆查阅一些美国摩根时代并购史的资料，用 Bloomberg Terminal 也查一下时事并购案的情况，关注一下国内的 M&A 发展情况，我社交也是 focus 在几个美国的 Investment Banker，其中几个我看做过跨国的并购，我对这块也比较感兴趣，我有一个已经约好了的朋友最近一起喝咖啡。另外我在图书馆还看 CPA，因为这块当中许多东西是国内资本市场必需的，我下定决心往 M&A 这块走有一年多了，但目前还有很多东西想学，感觉时间不够用，时间管理还要提高……"笔者终于意识到这些人并不只是单纯勤奋，而是有方向，有目标，所谓的执行力都是这些之后的产物，这为笔者迈出重要的一步去寻求"真理"，即笔者的职业发展方向和规划，起到了至关重要的作用。

再举个例子，在美国的课程中教授并非偏向知识的教授和应试的考核，而是尊重人性，从学生的人格和性格上入手帮助学生找到自己人性的弱点、优势和内在驱动力。比如有一门商科创业课上我们的教授会让大家掏出自己身边全部的财物，然后自行组队外出"乞讨"来满足今天全校的晚餐，通过我们的勇敢开口、谈判技巧、团队精神，一个个商学院西装革履的学生放下尊严挨家挨户祈求商户给食物，第二讲老师又安排我们自行从 Google 找各大公司的客服代表，从客服那边一层层对接到高管那边邀请对方前来我们学校参加我们课程的 Final Presentation，这样的课程让我们客服人性最大的弱点之一——恐惧，绝大多数大学生都是非常优秀的，但最终决定一个人能否走得长远走得好的关键因素之一就是克服恐惧（包含惰性）并展现持之以恒的执行力。

另一个关键则是定位，自我的定位，认清自己，找到人生方向和最精准的职业发展方向，为此在国外的校园内你的 academic advisor 和 career advisor，你的教授、你的系主任都会热忱找你谈心沟通，帮助你看到自己最适合、最不适合的是什么，最该做的最能发挥自己价值的是什么，然后鼓励你积极去实践、探索和试错，在实践中进一步确定自己的精确目标（大家知道笔者创办的公司在商科职业规划领域深耕了一些年，我们积累了近万案例，但是笔者的职业规划是笔者的母校给笔者做的）。

与此同时校友、同学和校园氛围也至关重要，在美国笔者最大的感触之一是：同学间勾心斗角、相互冷嘲热讽、见不得人好的情况相对国内传统体制内（因为排名制、应试教育导向等很多因素导致）的少很多，大家更多的是相互间都希望对方能更好，因为你好，大家都好，我们才会更好！在这样的氛围下，真诚相待、互通有无，智慧在不断尽情碰撞中得到升华，可以说笔者自己的人生方向和职业方向是学校 faculty 和 classmates 和 alumni 以及笔者自己自由地思考一起作用的结果。

大学时光转眼即逝，而笔者却从中获得了职业发展和人生发展的大转变，经历这样的大拐点，从迷茫和虚弱到坚定和坚强！留学的过程中笔者已经明白了之前的自己，连方向都没有，真的没法跟别人比勤奋和拼天赋。而从学校走出来的那刻起笔者已经变得非常积极和自信，笔者坚信这个世界没有任何事情和人可以打倒自己，连自己都不能！

去美国深造，对于当时在投行工作，也在国家主权基金工作过的笔者来说其实并没有什么动力，是笔者之前的一位毕业于耶鲁大学的 boss 对我的影响，让

笔者感慨美国教育体系下培养出来的华裔精英居然可以如此闪耀;在去美国深造前,在笔者踏上美国领土前我都从未能够理解那些捐款给母校的行为,笔者甚至不屑地以为那要不就是炒作、要不就是虚假新闻、要不就是学校 PR 做 lobby 太难缠了校友打发点钱了事,没想到从笔者自己一毕业起至今的四年里笔者每年都会为美国的母校贡献一些绵薄之力,虽然和香港的陈氏兄弟捐哈佛大学 3.5 亿美元、潘石屹张欣夫妇捐哈佛大学千万美元、迈克尔·布隆伯格捐给我们约翰·霍普金斯大学 10 亿美元相比,笔者只是表表心意罢了,但由衷的是笔者自发的在自己的年收入中抽出的部分。除了捐钱之外,笔者也每年抽出时间帮助母校的招生官在中国大陆做过数十次活动,作为校友嘉宾笔者也为 prospective students 和学弟学妹们做过不少分享。笔者还成立了 Carey 商学院全国范围内最大的社交网络,让各位毕业的校友可以团结起来,一起继续成长!

笔者不断回馈母校不是因为别的,而是母校确确实实给到笔者难以为报的恩惠,所以笔者心怀感恩!除了学校教会笔者引导人生之外,在毕业后全球的优质校友资源也带给笔者温暖和实实在在的在事业上职业发展上的许多帮助,如果有机会看看笔者发表过的各平台文章,你一定可

以理解笔者的母校情结。笔者的母校给了笔者新生,给了笔者新的灵魂,给了笔者之前从未敢想象的价值观重塑和精神上的升华。

十六、新兴专业商业分析 BA 到底学什么？就业前景如何？

看到不少人把各个大学的 BA 专业课程及要求之类的贴上了,笔者觉得很多学生该看不明白的还是很难看明白,所以笔者这边就不侧重讲学习的课程了,我们很多学生在考虑 BA 的时候,首先要搞明白这个 BA 当作的 A 和 B 分别是什么,**这是我们思考一个问题时必须养成的习惯——先思考问题中关键词的定义是什么？问题的前提是什么？这些前提是否成立？**

OK,那么这个 A 是什么？A 有几种？A 的职业发展好不好？这边笔者来讲讲前提性定义性上我们需要先了解的问题：BA 当中 B 和 A 分别是什么？

BA 其实是一个比较大的概念,B stands for Business, A stands for Analysis or Analytics。(用中文来翻有点难,B 代表商业/商科,至于两个 A 分别代表什么,暂且用基础分析和深度分析来区分吧)

所以问题可以分解为：

1. Business 是什么,它在国内的发展趋势怎么样？

2. Business Analysis 是什么？怎么样？

3. Business Analytics 是什么？怎么样？

Business 是一个很宽泛的概念，中文叫商业，商业伴随国家经济的发展，经济发展好则商业大趋势好，加上数据爆炸和互联网时代的缘故，对数据的分析和挖掘需求日益提升，因此宏观来看，BA 在国内发展整体是会不错的。

那么下一个问题可能就要分析，在 Business 里面你选择哪个 industry 甚至哪个 sector（什么领域什么细分市场）来做接下来的 A，行业和细分之间有朝阳夕阳之分，你的特质和兴趣和价值观也有匹配度上的差异，因此这个定位也是需要你尽早明确的。（这类职业规划文章笔者会定期在知乎专栏创作发布，可于在知乎搜索陈思炜，找到专栏"方向的力量：商科职业规划"）

Business Analysis 涉及到的大多是行业分析，其中包括主流的基本面分析（fundmental analysis），工作过程中不会需要太多 quant 的部分，对 coding 和 programing 的要求不高，分析也不涉及很大量很高频次的数据，相对就是偏 qualitative 的商业分析。这类岗位一般比较偏中后台支持岗，处理的内容属于一个完整商业决策过程中的一个碎片部分，如果无法跳出来全局跟踪整个项目或决策的前后，发展会有限制。

Business Analytics 则涉及更多的量化分析，属于 quantitative 的分析类别，要运用各类统计软件和编程的思维来处理大量的数据，从数据采集到分析，再到挖掘，研究数据背后给运营的启示。一个有意思的现象，国外在这块设立的硕士项目近年来也不断增多，Data Science、Business Analytics、Business Analysis 对学生的要求也是不同的，如果感兴趣，多去比较一下这些硕士项目的描述和要求，相信也能对你理解这个问题有帮助。总的来说，这块的发展会比传统的 Business Analysis 更有前景，毕竟，有数据挖掘的部分，对于分析问题和学习成长的角度来说，完整性和自主思辨的空间要大一些。

> P.S. 强调一点，千万千万不要因为周围一堆人说 BA 怎么怎么牛，怎么怎么发展好，就一股脑冲进去，如果是 Business Analysis，那这个就是一直以来都存在的东西，如果是 Business Analytics，真想做得很好，你必须非常有 quant 的潜力、基础、天赋、热情，不然别碰，CS、DS、MFE、Stats 这类专业的学生是你读个 BA 的专业的比不过的。

> 提示：这个问题可以结合下一节"商科的技术性不如工科,学纯金融不如学金工或 BA 或 CS?"一起综合参考一下。

十七、商科的技术性不如工科,学纯金融不如学金工或 BA 或 CS?

从技术角度来说,工科类普遍比商科类高,这个没什么问题,毕竟如果商科是以培养职场方向人才为导向的,因此不是 focus 太垂直的技术面特别是理论和学术这块。

但"一个专业技术性高或低"和"我们因此应该选择技术性高的"之间的逻辑性存在问题,和职业定位于规划思路一致,只有适合自己的才是最好的。

我们绝大部分的人在左右脑的优势上是存在差异的。更何况,所谓技术性强的专业,就比如你提到的金融工程、CS 这类对计算机编程能力要求很高的专业方向,并不代表你能学、可以毕业就可以得到一个"CS 毕业学生职业发展比商科学生要好"的结论,要知道很多学的并不出类拔萃的 CS 专业毕业生只是在做初级码农的工作,随着人工智能时代的到来,越来越多的初级 CS 专业科班出身的人才将会被淘汰,而商科类人才在职场上的抗风险或远高于大部分 CS 类人才(参考本章第二节——智能时代,学商科的职场竞争力将远不如学工科的?)。

金融工程 MFE 也是一样，美国加州大学伯克利分校的 MFE 金融工程硕士项目是全美最好的三个金工金数类项目之一，光面试环节就有 3~5 论，面试难度也是全美之最，每年的录取率全美最低，但万里挑一下选拔出的顶级金工种子选手们在毕业之时也只有 1/3 的人可以找到金工金数方向的量化金融工作，因此 MFE 的这个例子也告诉我们——技术性强弱并不和你职业发展的好坏完全成那么强的正相关性，就业市场的供需对此有很大的影响。所以**我们也不要认为某个专业招生量很大，而某个专业看起来名字更高端且招生量很小，就把前者成为"水"，而把后者按"物以稀为贵"来捧，该看看是不是这个专业方向对应的职业发展方向也更窄呢？**

笔者认为理工科等技术性强的专业是特别看重一个人的天赋的，这当中的逻辑能力是至关重要的，笔者一直坚持认为如果你在理工科上发现自己是没有热情或天赋的（没天赋的人很难有持续的热情，有热情的一般都是在某个领域做得很不错的），那尽早止损转型。比如 CS 方面，当你发现很多情况下同样的一个编程类任务/作业你身边的朋友和同学几个小时就搞定，你却花了几倍的时间才搞定，又比如如果同样身边的人跟你一起开始学 python，结果你发现你的学习速度并不比大多数人有绝对的优势，那么这类情况下你就可以判断在这方面你并不具备天赋。

对于特别需要逻辑思维能力的理工科来说，不像是文商科的那样 pile up 一块块积累，凭借刻苦就能不断提升的。在文商科里面，我们通过大量的阅读和联系有更多的知识积累，结合一定的逻辑能力就能越做越好（相比理工科方向同级别的水准上越做越好），文科方向所需的很多东西通过这些是可以提升的。而理工科所需的一些特质是很难后天突破的：一个文科知识别人 1 分钟吸收并记住了，你 2 分钟也没理解，那你可以再多花 1 分钟，3 分钟都没记住，你可以多花些时间，总能记住的，而且记忆力、逻辑思维能力的基础环节—认知/知识储备是可以随着练习越来越强且不断变强，久而久之持之以恒就可以 stand out 了。但同样一道数学题，思路对的学生 1 分钟解决，能力不行的学生 2 个小时也一样是答不出，这个就是差别。

其实上面说了那么多，回归到根本还是笔者一直强调的我们每个人都应该基于职业发展去思考眼前的每个抉择（机会成本）每一条路和每一步。在我的职业规划理论中的第二个模块涉及可行性分析 feasibility analysis，其中一个就是能力长短板定位分析，笔者个人认为你应当排除掉 CS 这个方向。

如果你说目前坚持CS是为了解决温饱和实际就业，那么你有没有想过你未来的目标停留在这样就足够了吗？笔者相信大多数人是不满足的，但是你选了这个自己能力不擅长的领域，今后再往上就难了，你做的每一分努力都是事倍功半，是做不出成绩的。当你做的事情是自己不擅长的，做不出成绩，你的职业将永远停留在一份工作的层面上，永远不是你的事业，永远是你为生存而工作，而找到自己最适合领域的人每天的工作是在为生活而做，那叫事业。如果你的职业目标和事业心较高，但你每天做的只是一份没有太多发展前景的工作，那么你的幸福度基本高不了，如果这样的话留美还对你有那么大的吸引力吗？

或许还有人要讲，好不容易去了美国留学不留不下的话多可惜啊，以后哪还有机会去啊。笔者想告诉大家的是，如果你找到了人生方向，就算你不留在美国，今后事业有成，美利坚合众国一定会比现在更多倍地欢迎你，你可以在拥有更多尊严和幸福感的状态下再回美国。反之，如果你只是为了留美而留美，笔者告诉你几乎所有华裔因为种族文化和社会资源问题最后都不单在职业发展上很快遇到难以突破的瓶颈，而且实际上他们连再回来发展的机会都没有了，经济学中我们总说"针对沉没成本很多情况下是该考虑'断舍离'的"，但这类留美多年的群体这个沉没成本（sunk cost）往往已经大到几乎没勇气"断舍离"了。

所以，我们不要盲目迷恋技术性高的专业方向，和我们有关系的才是最好的，更适合我们自己的就是最好的。

十八、国际事务与国际关系的专业内容与就业方向？

国际关系和国际事务的就业发展上主要有7大类方向：
1. 外交外事系统。
2. 经济金融监管部门。
3. 各类教学机构如高等院校的各学科各研究部门，各类研究机构的相关部门，如社科院、相关文化领域的事业单位、民间组织、NGO/NPO（比如民间智库）。

4. 企业等营利性机构，比如美国非常著名的 Booz Allen Hamilton 服务于美国的政府类客户，主要做的就是针对性研究国际关系，在此基础上得出针对政府、大型跨国企业开展下一步决策的系统性规划和建议。

5. 国际组织，比如联合国、国际货币基金组织、世界银行等。

6. 媒体、品牌、策略方向，比如成为具有国际化背景的各种新闻出版单位负责国际版的编辑、记者、评论员。

7. 金融类机构。

以上的前 6 类相对比较"专业对口"，而第 7 点则体现了文科、商科专业的特点，即文商科类学生的职业发展并不完全由所读专业本身限定，有非常好的延伸性，但这并不代表可以高枕无忧，更不能带着"先就业，再择业"的态度，而是应该利用好发挥好这种延伸性的优势，明确自己该往什么方向去定位，专攻什么领域。

十九、勤奋的人与不勤奋的人真有那么大差别？

本节内容源于笔者和一个学生间的问答，以下内容笔者已发布在笔者的知乎专栏里，题为《比我少工作 245 年，还跟我比天赋比勤奋？》：

每个人都希望自己能成功，不断取得成功，逐渐取得越来越大的成功，同时被更多人需要，得到更多人的认可。在这个前提下，便可以逐渐从马斯洛精神需求金字塔底层开始爬向高层，最终实现真正的人生自由。

笔者从 7 年前开始从事职业规划的事业，当时触发笔者从事这份事业的有两点：

（一）不靠谱的"成功学"，不但无价值，更是祸害了太多人

成功学，即由成功人士向大众分享成功经验。成功人士分享这些经验的初衷大多都是好的，希望大众能够借鉴学习到他们取得成功的一些经验，但往往由于许多人缺乏正确的理解和解读能力，使得最后他们会发现，参照成功人士的心得并不能取得类似的成功，甚至是彻底的失败。主要原因是，成功的决定因素有很多，但有一点非常关键的因素却被大家所忽略，那就是"timing"，也就是时机，或者说机遇，在这个假设前提不匹配的情况下，许多方法和经验是不完全适用的；再者，成功学分享的往往是自上而下的思路，不太能够让自下而上的大众充分吸收。

（二）传统职业规划只是讲道理，很少列举实例和数字，对行业分析浅薄至极

很多朋友们都知道从大约十多年前开始，国内就开始涌现出不少所谓的职业规划大师和机构，但几乎无一例外地都销声匿迹了。究其原因，笔者认为有三：第一是传统的职业规划的内容较"虚"，由于传统的职业规划覆盖面极大，几乎是全学科的职业规划，因而导致那些规划往往从人生价值和人生境界的高度，以接二连三的寓言故事和哲理去阐述职业规划，而缺乏实际实在的有针对性的职业规划，我们知道要阐述清楚一个问题让大家更好理解一个道理，可以有多种方法，比如讲道理，比如举例子、列数字和作对比等，而传统职业规划更多的只是讲道理，所以往往大家读完后的一刹那会有喝了心灵鸡汤般的美好感觉，却从第二天起床后开始继续迷茫，之前是怎样接下来还是怎样。

有些同学还会问"数据大爆炸时代，什么东西我网上搜不到？"笔者要说，有些东西的确是网上搜不到的，其一行业精英很少闲来无事去网上分享行业第一手信息，即使有也不会囊括太多的细分领域；其二，网上的数据来源很难查证，因此对于信息的准确性缺乏考证的可能性；其三，网上的许多信息难免存在主观和片面性，发表言论的人可能说的是真话，但仅仅讲述了某个行业某个细分领域的一小部分而已，简单地去交流讨论无妨，但对于要想全面客观了解行业信息从而定位自己做好职业规划的人群来说是很危险的。所以，希望各位在网上查阅资料的时候要谨慎一些、辩证一些。

然而近年来，笔者越来越多地发现，当笔者帮助数以千计的学生完成了笔者自认为全球范围内都"极难做透＋极具指导意义"的职业规划后，不论学生及其家人当场多么的认可和斗志昂扬，最终悲剧（职业规划没有执行下去）的案例还是占到很大的比例。

自 2015 年起，通过笔者做的一些有针对性的观察和分析，笔者思考出了以下几点：

1. 想要成功，要实现一个职业/事业目标，是一个概率不大的事件。

2. 方向和规划都不容易定，且即便做好了，绝大部分人执行力上有严重问题。

3. 执行过程中，有数以百计甚至千计的影响因素决定执行的效率和效果。

4. 因身边人的耳闻目染、机缘巧合事件的影响，以及悟性的高低，极小比例

的那部分人解决了各个执行力影响因素方面的阻力问题,才能取得成功。

5.如果我们能至少将这些影响因素逐一解剖出来,让人们意识到自己因执行力不足导致的不成功的"死因"究竟是什么,那么会有更多人最终可以逐渐变得成功。

对于以上这5点,笔者希望能将笔者的职业生涯发展理论体系逐步延伸,形成"自职业定位—职业规划—保障规划的执行落地—求职战略—求职技巧"的闭环,在每个职场人士生涯发展的不同阶段再形成新的生涯再发展的循环,**最终形成一套"自由学"的系统方法论**。笔者希望每个人都能够找到属于自己的自由,能够实现自己想要的成功。研究这样的"自由学"或许将是需要我毕生为之奋斗和追求的,但我义无反顾、充满激情地期待我做的这些可以帮到更多人,帮到他们更多。(关于以上第3点提到的,笔者已针对方向、道德、努力、技巧、坚持、健康、格局初步筛定的因子开始了研究,在笔者的知乎 Live 上有一节笔者讲过的关于这个主题的课程回放,感兴趣可以听一听)

本篇,让咱们来**重点讲讲"勤奋"**,笔者认为勤奋是一个权重很大、影响每个人执行力和成功的关键因素。量变和质变关系相信大家都明白,努力多了,就更容易成功,对吧?但是咱们从来没有分析过,为何身边会存在这样的人同样做一个事情,只做了1年却比做5~6甚至数十年的人更好?

笔者专门做了如下这张图(图8-3)将人与人之间勤奋之差异量化:

通过图8-3,我们把普通的、常见的一个职场人士称作为A,假设平均每天工作8小时(还有一部分公司的每天工作时间低于8小时,更是有不少人每日的真实工作时间其实远低于8小时),一年工作240个工作日,每天睡眠8小时。

然后,分别和各项情况都有所不同的 B/C/D/E/F/G/H 去对比,观察到差距最大的情况下,H 比 A(按职业生涯40年计算)多工作81.67年!(按照每天8小时、每年240天工作日计算)

再然后,工作时间之外,做事情的效率值则是另一个决定性因子,当 H 的效率值是 A 的2倍的情况下,40年的职业生涯下,H 比 A 多工作163.33年,当 H 的效率值是 A 的3倍的情况下,H 比 A 多工作245年!

这样的数字列举,让我们震惊,如果不通过这样的数字化的展示,一定还有很多人总觉得"他是比我努力一些,但不可能比我做得好太多。"因为我们往往都没有想到这么几点:

1. 日积月累,积少成多,以年为计,以职业生涯为计。

第八章 商科职业发展高频问题集 | 289

职业生涯前10年、40年对比

正常人1年240个工作日 240*8=1 920小时

	职涯年	每年一天	每天工时	正常上下班	实际上下班	睡觉起床	睡眠	1年总	10年总	与A档差异	差异等于多少个工作日（8小时）	差异等于多做多少年工作
A	10	240	8	9:00—18:00	9:00—18:00	23:00—7:00	8	1 920	19 200	/	/	/
B	10	240	12	9:00—18:00	8:00—21:30	23:00—7:00	8	2 880	28 800	9 600	1 200	5.00
C	10	240	14	9:00—18:00	7:30—22:30	23:30—6:30	7	3 360	33 600	14 400	1 800	7.50
D	10	240	16	9:00—18:00	7:30—00:00	01:00—6:30	5.5	3 840	38 400	19 200	2 400	10.00
E	10	365	8	9:00—18:00	9:00—18:00	23:00—7:00	8	2 920	29 200	10 000	1 250	5.21
F	10	365	12	9:00—18:00	8:00—21:30	23:00—7:00	8	4 380	43 800	24 600	3 075	12.81
G	10	365	14	9:00—18:00	7:30—22:30	23:30—6:30	7	5 110	51 100	31 900	3 987.5	16.61
H	10	365	16	9:00—18:00	7:30—00:00	01:00—6:30	5.5	5 840	58 400	39 200	4 900	20.42
A	40	240	8	9:00—18:00	9:00—18:00	23:00—7:00	8	1 920	76 800	/	/	/
B	40	240	12	9:00—18:00	8:00—21:30	23:00—7:00	8	2 880	115 200	38 400	4 800	20.00
C	40	240	14	9:00—18:00	7:30—22:30	23:30—6:30	7	3 360	134 400	57 600	7 200	30.00
D	40	240	16	9:00—18:00	7:30—00:00	01:00—6:30	5.5	3 840	153 600	76 800	9 600	40.00
E	40	365	8	9:00—18:00	9:00—18:00	23:00—7:00	8	2 920	116 800	40 000	5 000	20.83
F	40	365	12	9:00—18:00	8:00—21:30	23:00—7:00	8	4 380	175 200	98 400	12 300	51.25
G	40	365	14	9:00—18:00	7:30—22:30	23:30—6:30	7	5 110	204 400	127 600	15 950	66.46
H	40	365	16	9:00—18:00	7:30—00:00	01:00—6:30	5.5	5 840	233 600	156 800	19 600	81.67

40年算，如果工作效率值也不同？各自比A多工作多少年？

	效率值倍数—右	1.5	2.0	3.0
1	B比A多	30.0	40.0	60.0
2	C比A多	45.0	60.0	90.0
3	D比A多	60.0	80.0	120.0
4	E比A多	31.3	41.7	62.5
5	F比A多	76.9	102.5	153.8
6	G比A多	99.7	132.9	199.4
7	H比A多	122.5	163.3	245.0

注：如果职业生涯会变大到数百年（按工作日算），90年（C档），120年（D档）算上效率值之间的差异，90年（B档），约60年（B档），可多达200~300年。

图8-3 努力程度差异与实际效果比较图

2. 我们观察到的别人的努力只是冰山一角,更大的差距在下班后/放学后。

3. 同样坐在一个屋檐下做事,目的和目标的清晰与否、积累的聚焦与否可能是不同的。

4. 面对同样的工作,做事效率可能是不同的。

因此,很多人最终把因为疏忽了以上这些点而瞧不明白、看不懂的现象不公正地定义为别人"天赋高"、别人"拼爹"、别人"运气好"、别人"这次可以不代表下次也行"等。如果你也这么想,或者曾经这么想,或许你可以好好重新思考一下了。

二十、笔者送给大家的一份礼物

图8-4中的带有四行公式的KT白板是笔者在2016年一次公司晨会中送给公司全员的一份关于"勤奋"的"礼物",在这里作为本书的结尾也想送给广大读者。

图8-4

以下是当时笔者的演讲实录,希望对大家有所启发:

今天我给诸位带来了一份礼物,一份我特别喜欢、但犹豫许久才带来给大家的礼物,占用各位一些时间,我给大家讲讲这份礼物的含义,希望大家喜欢。

不知道大家看了此图各自有怎样的理解,在我看来,这当中有7个部分的含义,这里一共有3个括弧,体现的是3种表层含义和3个引申含义,此外还有1

个背后的前提含义。

第一层含义

我们先看图8-5中括起来的括弧,我们可以看到不积跬步无以至千里,冰冻三尺非一日之寒。

看过冯仑先生写的所有的书,有的时候我们不单是坚持,应当说在最难的时候更确切地说应该是"熬",在《野蛮生长》里冯仑说道过决定伟大的有两个最根本的力量,时间就是其中之一,时间的长短决定着事情或人的价值,决定着能否成为伟大。

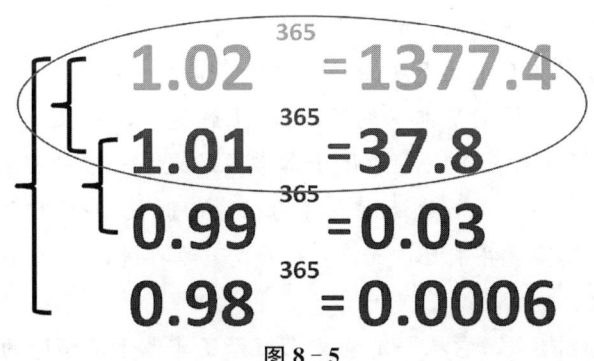

图8-5

他说,例如端个杯子喝水是正常行为,连喝50个小时叫行为艺术,如果这动作保持5 000小时,就成了雕塑,拉根绳子以后子孙后代都可以卖票赚钱了。从这个角度来说,伟大就是靠时间磨出来的。阿拉法特做了45年首领,国家还没有建立,但45年的坚持已经成为一个成就,一个传奇。这么长时间怎么过?不可能一直顺风顺水,所以冯仑说肯定要熬。

这边我们姑且不说伟大不伟大的,就说说比如当你想要做出点成绩或有所提升的时候,首先你就要考虑好你准备花多少时间、坚持多久?如果是一两周,一两个月,那绝对不可能,如果至少一年半载的,就可能有戏。

我当年准备托福考试,一战65分,通过64天的自学,我二战考了105分,又过了差不多2个月,我开始在一家知名的培训机构教托福雅思,再过了两个多月,我从一名助教成为可以独立开班授课招生的金牌讲师,我自己开发的阅读课、词汇课、写作课成为当时的热销课!

第二层含义

我们再看图8-6,它代表着,当你觉得自己已经足够努力的时候,那些或许天赋不如你，但努力几倍于你的人已经通过日复一日的坚持甩你几百条大街了！

$$\begin{cases} 1.01^{365} = 37.8 \\ 0.99^{365} = 0.03 \end{cases}$$

图 8-6

我在美国的留学生活是我人生至今 29 年历程中最重要的拐点，其中有那么一部分震撼我内心促使我改变的就是在美国留学的前几个月中，我首先清晰地意识到自己的智商和天赋处于周围同学中中等偏差的档次，其次，我发现每天我起床的时候宿舍的同学们早都不见了，而晚上睡觉的时候几乎也见不到他们回来，这样一个实际住着七八个人的屋子常常像是鬼屋一般的寂静，就这样，当我意识到比我聪明很多的人居然还比我努力很多的时候，我迈出了至关重要的第一步。所以大家不要觉得自己挺好了，且听我下边再讲第三点。

第三层含义

我们再来看图 8-7，它从一定意义上解释了普适于多领域的"二八法则"。

$$\begin{cases} 1.02^{365} = 1377.4 \\ 1.01^{365} = 37.8 \\ 0.99^{365} = 0.03 \\ 0.98^{365} = 0.0006 \end{cases}$$

图 8-7

如何避免自己不掉到最下边这层并且努力使得自己往上走，我的建议是：做好自我定位的同时，找到你的 model，你的参照物和标杆，并且多找一些，以他们为目标去审视自己，去不断努力。你们觉得我工作是不是还算努力呢？应该还凑合吧，我每天 6 点半起床，7 点后开始做事，晚上 11 点前结束工作，最近一个月开始我 10 点半结束工作，开始 1 个小时的阅读。去年我算上春节一共休息了5天时间。

其实我这么做的背后有很多原因,其中一个原因是,我持续在望着刚才我说到的那些"鬼屋"里面的、那批比我聪明很多、比我努力且永不言弃的同班同学们、校友们、我周围优秀的同事们、朋友们乃至从未谋面的各行业的我的 idol 们 model 们,望着他们的脚步,所以我不但不觉得自己怎么样,相反我有时候感到自己弱爆了,最多也就达到周围人的平均水平,那我还有什么理由不去做得更好呢?

这边,非常有必要跟大家说的是,努力并不和牺牲健康划等号,我创业至今4年多只熬过3次夜,12点半以后睡觉有3次,其余都在12点前睡觉,我坚持每周规律有氧运动,目前已坚持连续120周跑步,俞敏洪也讲过之前年轻的时候每天2点多睡,早上8点多起,后来发现不行,他也提到了李开复先生的例子,之后12点前睡,每天6点前起床,每天睡的总时间没变,并且每天跑步1.5~2公里,7点多开始工作,9点到公司办公室上班。

我深以为事业应当是场长跑,在大家的能力范围内把握好自己,平时跑步的伙伴们可能知道,有个东西叫配速(英文中叫 pace),你忽快忽慢的,今天努力学习到凌晨3点,明天睡个懒觉晚上失眠浪费时间,都是不正确的,所以我们要持续得努力——让"努力常态化"融入自己的血液,这个世上不存在什么真正的捷径,更不要走任何极端。(我在知乎个人专栏有一文"比我少工作245年,还跟我比天赋比勤奋?"讲的也是这个努力常态化和坚持的道理。)

第四层含义

不一定每个人都要做到金色的那个状态,但希望咱们世为的每个人,至少做的绿色的这个状态,世为价值观的一部分"出生在世,当有所作为"告诉我们,不应虚度年华,不论在哪个领域、天赋高低、都应当有自己的作为,发挥自己的光和热。

我之前也强调过,我们足够包容,因此尊重每个差异化个体的不同定位,我并不一刀切地希望每一个世为人都成为金色的那部分,但我之前开会也有说过:很多人说人与人的差距是在课后、工作之余拉开的,但我却觉得往往绝大部分人在工作、学习的8个小时内都没有好好去珍惜。我们每天工作的8小时,可是我们最青春年华阶段每天24小时中最宝贵的白天8小时啊!

需要补充说明的是,你们认为好好把本职工作按部就班地执行好了,算是图8-8中1.01的365次方吗?我认为这最多只能算是1.00的365次方,甚至0.99

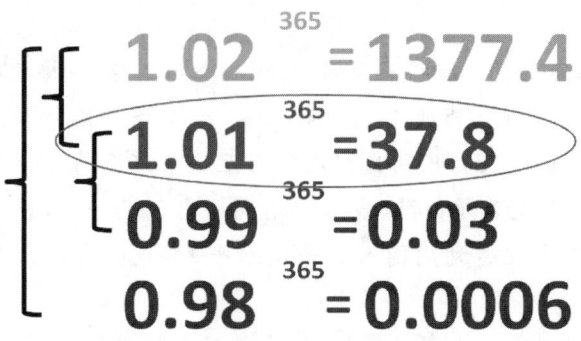

图 8-8

的365次方,我们应当去思考、反省自己哪些地方可以做得更好?时间管理如何做?如何给客户提供更好的服务?更好地帮助客户提升能力?如何帮助团队提升效率等,这样才能基本满足1.01的365次方。所以希望我们至少从今天开始,善待自己的青春!从每天工作的8小时开始!

第五层含义

世为的价值观另一部分,世为世为,为人在世,"世"在人为,要做事先做人,守正出奇;只要努力,定有收获,世在人为!(下图是挂在我办公室墙上的一幅字"世在人为")

上周读了几本书,其中第二遍读《支付战争》这本书,当中涉及"社会法则"与"自然法则"的部分,社会法则指的是比如你通过一些关系、捷径去通路子,做成一些事,自然发展指的是种瓜得瓜种豆得豆,给我的启发是,我们不能依赖社会法则,而是要首先端正心态遵循自然法则去耕耘,与此同时善用社会法则在恰当

的时候去杠杆化我们的付出。纯粹依赖社会法则的人或企业走不了太远,持之以恒坚守自然法则善用社会法则的早晚都会成功。所以,我始终坚信,只要你努力了,就一定有收获,或大或小、或早或晚罢了！天道酬勤！

第六层含义

我来看大括弧内的每一项,不论你处于其中的哪个公式的阶段,比如说是最下面这个,你是绝望了？然后进入源源不断负能量的恶性循环吗？是不是因为你觉得赶上公式一的可能性很低？那我觉得你过于悲观了,记得刚才我讲的"二八法则"了吧？这告诉我们,绝大多数人都处于红色的阶段,只有小部分人处于绿色的这部分,极小部分人才属于金色的这部分,如果你能从现在开始,成为绿色或者金色的部分,不需太多时间,可能是一年,你就可以成为非常优秀的人！Never too late to start！

第七层含义

是这些公式背后的前提含义。那就是"方向比努力更重要",我想加入世为的伙伴们应当每个人都经常见到"方向的力量"这五个字,以及我常在演讲中提到的"方向比努力更重要"的含义。

我愿意相信每一个加入世为的伙伴,都是明确自己的方向和目标的,都是有明确的职业目标的,我们世为的中文口号说的是"基于职业发展的留学定制服务",我们公司英文的 slogan 是 Shine your way！即,让我们照亮你的前行之路！我反复强调,我们可以少签几个客户,但务必先把学生的职业规划给做好,给学生指出最适合他职业发展的道路来,不论是不是会因为做好了职业规划反倒不出国留学了！都要义无反馈去做！做一个教育业从业者该做的、本着良心的、最基本的事情。有舍才有得,过去几年来找我咨询的客户每年都有5%左右因为在我做完职业规划后而放弃出国,一时之间我们的确"流失"了这些客户,这是舍,但陆续这些客户都有给我们再介绍有出国需求的客户,这就是得。不但有舍才有得,往往先舍而后得之。不舍不得,小舍小得,大舍大得。一切不以学生职业发展为导向的留学咨询服务都是耍流氓！我们世为人绝不可做此等本末倒置、掩耳盗铃之事！所以我们能给学生指引方向,我们自己也更需要有明确的职业目标和定位！如果你们中的某一位或某几位出现了暂时的迷茫,请不吝告知,随时来找我。

请老师们帮忙,把它挂在公司办公区的墙上,希望大家时常看到它,谨记在心、行动在手、奋发图强、持之以恒！

后　　续

　　《方向的力量——商科职业规划》（修订版）是继第一版之后进一步为商科专业学生定制的职业规划工具性书籍。在此书的结尾，笔者希望再一次强调关于阅读此书需要注意的一些地方。

　　作为信息量极大、专业性也较强的书籍，读者在阅读第一遍后很可能只对一些自己感兴趣的、更为浅显易懂的内容印象深刻，对于其他行业仍旧感受不够深刻。根据笔者的教学经验，这是一个正常的现象，如果你对于其中的特定行业与工作印象深刻，则很可能说明你对此很厌恶或很感兴趣，因此刺激到你的大脑皮层记忆，而没有印象的那些行业并不一定就完全不适合你，下面我们就来看看针对这三种情况如何正确地去进行下一步的处理。

　　如果你是很感兴趣某个特定行业或工作，由于本书所描述的工作与行业较为具体和实际，因此很可能你的性格与此行业或工作也较为合适，这样很好，说明至少你有了一个较为明确的方向，但是笔者仍旧建议你及时动手开始投简历、留意身边的各类机会，抓紧时间开始实践。

　　如果部分读者对其中的一些行业与工作并没有太多的感觉，记住这并不一定代表你真的不适合该行业或该工作，因为本书中所描述的部分以及角度一定存在或多或少的片面性与主观性，因此或许根据一些性格职业测试的结果去尝试会有意外的收获。

　　如果部分读者对某行业某类工作产生了强烈的排斥，这些被排斥的工作有可能是之前他们心中的理想工作，那么让笔者觉得较为欣慰的是，因为通过读了此书接下来能够让不少读者少走弯路。不知道有多少人往往在就职后才恍然大悟，可受制于诸多因素难以脱身，这些人中的大部分因此在丧失兴趣与斗志的状态下郁郁寡欢地为生计而生活，大多数人的职业生涯发展也因此受到了极大的限制。

总之，希望大家端正阅读和使用此书的心态，不要指望一步到位，要沉下心来将目标逐渐聚焦和明确，并务必要付诸实践去验证、去比较，在我们的职业发展各个阶段中，很少有人可以直接定位到最适合自己的方向，我们需要做的，只是通过比较，选出更适合你的。

人生有无数个十字路口，人生规划与职业规划随着时代的发展、周围人情世故的变迁等诸多不确定因素需要不断进行微调，但类似于管理咨询公司为客户进行的一年期、三年期、五年期战略规划与后续执行一样，我们仍然有必要拟定未来的大方向，以便在今后遇到人生的每一个十字路口进行微调之时拥有更果断更明智的决断能力！

对于书中内容的解释与澄清

书中职业规划涉及大量的行业信息,其中一部分来自笔者对之前工作的总结,一部分来源于众多业内人士的内幕消息,也有部分资源是采集自各权威报纸、书籍与网站。对于源于第三方媒体与渠道的信息笔者都事先进行确认,对于允许引用的来源都进行了标注,若存在疏漏与任何不妥之处请及时告之,笔者会立即做出相应的处理。

另外,有相当一部分的行业、部门、岗位的薪资数据属于较为敏感的信息资源,经与相关法律人士反复商榷最终还是决定不在书中公开,若有读者需要进一步的数据,可以通过报名参加"陈老师商科职业规划公益私塾"或以下的方式与笔者进行沟通,获取更深入的相关信息。

由于笔者学识有限,加之编写时间限制,虽经诸位友人多番协助校对,但书中难免出现一些纰漏,望大家谅解。

还要请广大读者注意,由于本书的特殊性,其中包含大量的行业第一手信息与数据,时效性上会受到相关行业发展和演变的影响,希望读者在自己感兴趣的方向上以最新的信息数据为准。

如果读者遇到任何疑惑,或有任何建议,欢迎通过以下方式积极反馈:

微信号:chsw37

知乎:陈思炜

添加作者个人微信
获陈思炜亲自答疑

特 别 鸣 谢

本书自在美国初稿完成再至反复修改最终得以完成终稿离不开家人的支持,离不开出版社编辑老师的专业指导,也离不开众多朋友们的热心帮助与中肯建议,你们的智慧给予了笔者许多启发,引导着笔者不断优化编写思路,以更为客观的、逻辑辩证的、科学的思路将各类庞杂的信息做有序而有效的整合,将专业性过强、理解难度较大的内容结合实例、图表、数字与解释更好地带给读者。

借此,笔者想向以下朋友们致以最衷心的感谢!

➢ 笔者的母校约翰·霍普金斯大学(The Johns Hopkins University):Dr. Demir Yener, Dr. Jim Liew, Dr. Alex. P. T, Dr. Kevin Lenegan, Katy Montgomery, Oksana Carlson;

➢ 金融、市场营销、管理咨询、财务会计、供应链与物流、酒店管理、人力资源管理等各行各业的朋友们:Gable Gao、王晨、顾睿彦、Jason Yang、唐志红、王浩、王幽悠、胡惟昕、汪虹杉、严少骅、陈俊成、刘怡辰、Adeel Quraishi、Brian Smole、Mathew Nesbitt、Saud AlKahtani、杨涛、戴维、李晓珊、王诗蓓、潘奇宝、陈捷、陈怡喆、Eugene Ju、Bassam Alwabel、孔忆梦、卢珏、赵保明、袁涵雅千、邱辛、赵磊杰、杨力、杨毅(以上排名不分先后)。